# TARRAGONA Climbs

## Pete O'Don

Published by / Editorial: POD CLIMBING

Topos / Ressenyes / Reseñas ©Pete O'Don

Photography / Fotografía ©Pete O'Donovan

Text / Texto ©Pete O'Donovan / Albert Cortés

Maps / Mapes / Mapas © Pete O'Donovan / Netmaps S.A.

ISBN 978-0-9567006-1-2

Climbing is a dangerous activity, which can lead to serious injury or even death. Although every effort has been made to ensure the accuracy of all the information contained in this guidebook, neither the authors nor anyone else involved in its production accepts responsibility for errors it may contain, nor are liable for any personal injuries or damage to property arising from its use. The inclusion of a zone or sector in this guidebook does not imply a legal right to climb there.

Escalar és una activitat perillosa que pot suposar ferides greus o fins i tot la mort. Tot i que s'han dut a terme tots els esforços per tal que la informació que us oferim en aquest llibre sigui el més acurada possible, ni els autors d'aquest llibre, ni ningú altre involucrat en aquest, accepten cap tipus de responsabilitat pels errors que hi puguin haver, ni seran responsables dels accidents personals o danys a la propietat que se'n puguin derivar degut al seu ús.

Escalar es una actividad peligrosa que puede suponer heridas graves o incluso la muerte. Aunque hemos hecho lo posible para que la información contenida en este libro sea lo más exacta posible, ni los autores de este libro, ni nadie más involucrado en éste, aceptan ningún tipo de responsabilidad por los errores que pueda contener, ni serán responsables de los accidentes perso- nales o daños a la propiedad que se puedan derivar debido a su uso.

Cover / Portada: **Broadway** 8c+ • El Pati • Siurana • Dani Andrada (*Pag. 188*)

# Table of Contents • Taula de Continguts

# Table of Contents • Tabla de Contenido

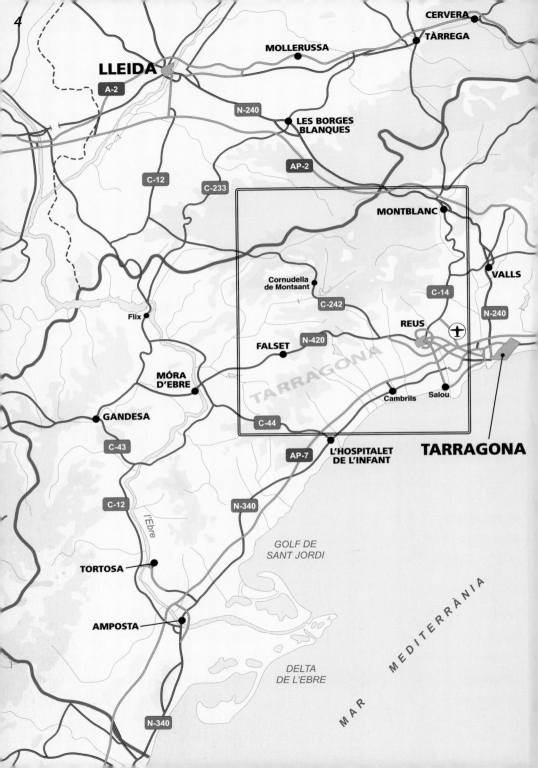

N-II
Montserrat
1236 m
TERRASSA
SABADELL
IGUALADA
A-2
C-16
C-58
N-II
CATALUNYA
BARCELONA
AP-7
N-340
VILAFRANCA
DEL PENEDÈS
C-32
EL VENDRELL
VILANOVA I LA GELTRÚ
N-340

N

20 Km

**AREA COVERED BY
GUIDEBOOK**

**ÀREA INCLOSA A
LA GUIA**

**ÁREA INCLUIDA EN
LA GUÍA**

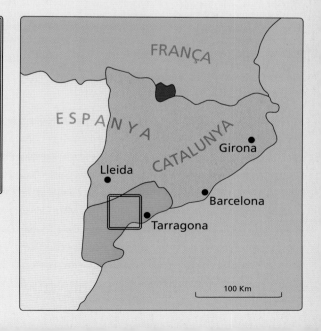

FRANÇA

ESPANYA

CATALUNYA

Girona

Lleida

Barcelona

Tarragona

100 Km

Our first and foremost acknowledgement goes to anyone who has ever cleaned, equipped, or re-equipped a route in this area (of whom many are included in the list below). It is often hard and dirty work, as well as expensive.

Next in line come the many, many climbers who have helped with the guidebook itself, ranging from those who have supplied information and checked topos, to others who have shown the utmost patience in front of the camera lens.

Thanks also to everyone, climbers and non-climbers alike, involved in translations and proof reading, and to those whose advice on the more technical aspects of producing the book has been invaluable.

Finally, a big thank you to our sponsors.

The order in which the following list of names appear is alphabetical, and bears no relationship to the magnitude of the owner's contribution. Inevitably there will be those who we have inadvertently overlooked, and to these people we offer out sincere apologies.

El nostre primer i més important agraïment va adreçat a tots els que han contribuït a netejar, equipar o re-equipar alguna via en aquesta zona; tasques sovint dures, brutes i també costoses, més avall els esmentem.

A tots aquells escaladors que ens han ajudat a fer la guia: subministrant informació, comprovant ressenyes i demostrant molta paciència davant la càmera fotogràfica.

Gràcies també a tots aquells altres, involucrats en les traduccions i correccions, sense el seu assessorament tècnic aquest llibre no hagués estat possible.

Finalment, gràcies als nostres patrocinadors.

L'ordre d'aparició en aquesta llista és alfabètic i, de cap manera, reflexa la magnitud de la seva contribució. Les nostres disculpes a aquells que havent participat d'alguna manera en la realització d'aquesta obra no hagin estat anomenats. A tots ells les nostres més sinceres excuses.

Nuestro primer y principal agradecimiento es para todo aquel que ha contribuido a limpiar, equipar o reequipar alguna vía en esta zona; tareas a menudo duras, sucias y también costosas, muchos de los cuales serán mencionados más adelante.

A todos los escaladores que nos han ayudado en la realización de la guía: proporcionándonos información, comprobando los topos y mostrando una gran paciencia delante de la cámara fotográfica.

Queremos dar la gracias también a todos los que han realizado las traducciones, correcciones y asesoramiento técnico, sin su colaboración esta guía no habría sido posible.

Finalmente, gracias a nuestros patrocinadores.

El orden de aparición en esta lista es alfabético y no refleja la importancia de su contribución. Nuestras más sinceras disculpas para todos aquellos que de alguna manera han participado en la realización de esta obra y no han sido mencionados.

**Pete O'Donovan • Dani Andrada  September 2012.**

Javi Alarcón • Oscar Alcaraz • Pere Alegre • Toni Arbonés • Jordi Besora • Emili Bou • Santi Brulles
Anna Cáceres • Miriam Caravaca • Miki Cardona • Pol Carod • Serge Casteran • Joan Chaparro
Nic Collins • Nico Contreras • Albert Cortés • Manel Cortès • Enric Dalmau • Núria del Río • Romy Gasull
Òscar Giménez • Niall Grimes • Toni Guíu • Xavi Guíu • Dave Hesleden • Luis Justamante • Ali Kennedy
Tash Kennedy • Michelle Kim Theisen • Noemi Langankamp • Paul Langankamp • Jose Macias
Jordi Magriñà • Quico Magriñà • Edu Marín • Joel Martí • Mariona Martí • Angelet Melendez • Dionis Mestres
Kate Mills • Salva Muñoz • Damien O'Sullivan • Daila Ojeda • Óscar Oliver • Adam Ondra • Glyn Padgett
Vicent Palau • José Luis Palao • Graham Parkes • Gaz Parry • Pata • Jordi Pijuan • Pep Poblet • Jordi Pou
Rebeca • Sisco Ricart • Rosa Rius • Josep Rius • Àngels Rius-O'Donovan • Manel Sanromà • Alex Schweikart
Joan Manel Sedó • Esther Seddon • Chris Sharma • Andy Sinclair • Mike Waters • Richard Wheeldon

# CRAG ATTACK 42

## Perfect sport-climbing pack

- ✔ AdaptiveFit™ harness for maximum carry comfort

- ✔ Improved front grab handle for belay stance

- ✔ Strong haul loop in orange for immediate identification

- ✔ Front bungee cord for easy access storage

- ✔ Double ripstop 2RN nylon fabric

- ✔ Lid with external pocket and twin-buckle closure

- ✔ Hip-belt gear loops, perfect for multi-pitch climbing

### Introduction

The autonomous region of Catalunya lies in the north-east corner of Spain, bordered by France to the north and the Mediterranean Sea to the east. It has a rich distinctive culture, its own unique language, and great pride in its history.

Tarragona is the most southerly of Catalunya's four provinces and its landscape is one of great variety and diversity offering everything from sandy beaches on the coast to rugged and impressive mountain ranges inland. The vast majority of Tarragona's 900,000 inhabitants live in the larger coastal cities, meaning the interior remains very sparsely populated, with few towns having more than 5,000 inhabitants. For climbers, particularly those seeking single-pitch sport-routes, Tarragona is an absolute treasure trove, and widely regarded as one of the finest venues in Europe.

To catalogue every climbing area in the region would result in a book so thick as to become unwieldy and we have therefore largely concentrated on the northern part of the province, encompassing the Serra de Prades and Serra de Montsant mountains, though we also offer a 'taster' selection of sectors from the Llaberia and Tivissa ranges, slightly further south. The zones featured in this guidebook range from those whose reputations as centres of climbing excellence are already very well established to those which, apart from visits by local climbers, have previously received very little attention.

The selection of sectors from within each zone has been limited by various factors, not the least of which is space. Furthermore, we do not wish to undermine local guidebooks (where they exist) by providing blanket coverage. It is inevitable that some climbers will think we have omitted important sectors, but we feel that the majority will be happy with our selection. Within these pages even a regular visitor should find enough climbing to occupy many happy years.

*Climate:* Tarragona is blessed with an excellent climate for rock climbing, and given a certain degree of flexibility it should be possible to find good conditions at just about any time of year.

In winter, stable conditions predominate, with very cold nights followed by clear sunny days, though some of the lower-lying areas can be susceptible to fog at this time of year. Spring and autumn weather can be unpredictable, although both seasons generally afford a high proportion of climbing days. That said, some of the zones are situated at altitudes in excess of 1,000m and more than a few Easter visitors have been surprised by late snowfall.

As with much of the Mediterranean, summers here can be extremely hot, but even at this time of year it is often possible to find reasonable climbing conditions on favourably oriented sectors.

*Transport:* there are excellent motorway links to Tarragona from the rest of Spain, as well as from mainland Europe. Visitors from further afield will probably choose to fly to one of Catalunya's three major airports, Girona, Barcelona or Reus. Of these, Reus is by far the most convenient, situated less than an hour away from many of the zones covered in this guidebook, but recent re-scheduling by one of the major low-cost airlines has meant a reduction in flights to this particular airport. Girona lies furthest away at approximately 2h15min (to the closest zone).

Public transport is generally very good in Catalunya and there are excellent bus links throughout much of Tarragona province. However, we recognize that the majority of climbers will probably choose to visit the area by car, either their own or a rental-vehicle.

On the subject of driving, a word of warning regarding the unsurfaced tracks found on approaches to some of the cliffs in the guidebook: unless otherwise mentioned, at the time of writing, and in dry conditions all are drivable in 'normal' (non 4x4) vehicles, providing sufficient care is taken. However, heavy rain may change the state of a track drastically over a very short period of time, or even trigger rock slides rendering it impassable. Hire-car drivers, in particular, should bear in mind that even the 'extended' insurance policies offered by many companies do not cover off-road travel, nor damage to the undersides of their vehicles (it's stated in the small print).

*Accommodation:* the Tarragona region is well geared for tourism of all kinds, and the variety of accommodation on offer ranges from rural campsites to 5* hotels. In spring, summer and autumn, camping can be a very pleasant option: the sites are generally immaculately clean and often feature amenities such as swimming pools, laundry rooms and bar/restaurants. During the colder months most visitors require a roof more substantial than canvas over their heads. Here are some of the options available:

1) Campsite Bungalows: these are usually self-catering with private sanitary facilities.

2) Refugis/Albergs: these establishments offer bed (usually dormitory-style but smaller rooms are sometimes available) as well as meals, if required. Some also have facilities for those wishing to cook for themselves.

3) Hostals and Hotels: many in the area offer surprisingly reasonable half-board rates, particularly in the off-peak season.

4) Rental apartments and houses: this the best solution for parties wishing to self-cater.

These days virtually anywhere offering accommodation has some form of web-presence and a simple Internet search should yield many results.

*Continued on page 10* ▷

**BOOSTIC**     **INSTINCT VS**     **VAPOUR V**

Scarpa shoes designed by the legendary Heinz Mariacher are skilfully hand crafted in Italy - a combination which delivers the most outstanding power, precision and performance product.

# www.scarpa.co.uk

Handmade in Italy. Established in 1938

◁ *Continued from page 8*
### Climbing Equipment

*In-situ gear:* one of the criteria for selecting the zones and sectors for inclusion in the guide is that the bolt protection and belays/lower-offs on the majority of routes should be of a 'good' standard. In practice this generally means expansion 'parabolts' with a diameter of 10mm or 12mm (depending on the hardness of the rock) or 'glue-in' bolts. A very small number of routes included still feature older 8mm 'spits', though these are gradually being replaced. Belays and lower-offs generally have two anchor-bolts with a connecting chain and either a ring, maillon or karabiner for threading the rope. It must be remembered that the equipping of rock climbs in Catalunya is a completely unregulated activity, and a route's inclusion in this guidebook is NOT a guarantee of the reliability of its in-situ gear. This is especially pertinent to lower-offs, which range from devices manufactured specifically for this purpose, to home-made rigs consisting of old rope and leave-behind alloy karabiners. The good news is that at the time of writing (and to the best of our knowledge) in recent years there has not been a single serious incident of in-situ gear failure in the region covered by the guidebook. However, it is inevitable that over time in-situ gear will deteriorate and it is up to the individual climber to assess the state of fixed material at the time of their attempts: if an in-situ quickdraw (an increasingly common feature on the harder routes) shows signs of wear then back it up with one of your own; if a lower-off karabiner shows excessive wear (and it doesn't take long with alloy krabs!) or has its gate seized open, leave behind one of your own karabiners. It is a small price to pay for peace of mind.

More information on in-situ gear can be found on page 18.

*Single-pitch:* a 70m single rope and around 15 quickdraws will be sufficient for all but a very few of the one-pitch routes covered in this guide. Climbs longer than 35m invariably feature intermediate lower-off points, though a few 'super-pitches' (only in Margalef) are so steep that it is almost impossible to maintain any sort of contact with the rock while lowering off, and these require an 80m rope.

*Multi-pitch:* all the multi-pitch climbs in our selection feature bolt belays and protection. The use of single or double ropes is often a matter of personal choice, though for routes where rappel descents are appropriate the latter option is often preferable and sometimes essential.

The wearing of helmets is strongly advised though is ultimately a matter of personal choice.

### Bouldering

Although we do not include any specific information about bouldering in this guidebook, several of the zones featured, in particular La Riba, Arbolí and La Mussara, offer many excellent problems. Details of certain areas can be found in the local guidebook *Bloc - Muntanyes de Prades* by Marius Riera and Jord Felíu.

### Access and Crag Etiquette

As more climbers visit the region pressure on the local environment will inevitably increase and we must all strive to minimise our impact. Two zones, Montsant and Margalef, are situated within the Parc Natural del Montsant, and rules and regulations concerning usage of the area (displayed on notice boards throughout the park) must be obeyed. A number of sectors in several zones are subject to seasonal bird-bans: details of exclusion dates are given on the appropriate pages, and we ask that climbers adhere rigorously to these. One or two zones also have access issues with local landowners. The following 'Don'ts' should be a matter of common sense, but personal experience shows that this is sadly not the case:

DON'T leave any litter at the crags (and this includes cigarette butts and used finger tape!). Orange and Banana peel may be biodegradable, but it takes months or even years to break down, and in the meantime is simply an eyesore. Take it away with you!

DON'T let your dog run amok; you may regard your pet as utterly adorable, but it is simply not fair to assume that other crag-users feel the same way.

DON'T defecate anywhere near the crag or anywhere near footpaths used by other climbers or walkers. It is incredible in this day and age that some folks still think it is perfectly fine to leave their barely covered faeces, together with streams of used toilet paper, in the middle of, or next to, footpaths, or perhaps behind a tree, just a few metres away from the route they happen to be trying. This is not only unacceptable it is utterly disgusting! Of course, the best solution is to make use of the facilities at a campsite, refugi or bar, before you set out for the day. However, if you must 'go' in the wild then move as far away from the crag and footpaths as possible and afterwards bury your waste so no one else has to see it, smell it, or stand in it. Dog owners should also make sure to clean up after their pets. Shit is shit, wherever it comes from. Female climbers should on no account leave discarded tampons behind: it is known that certain small mammals consume these, with invariably fatal results.

DON'T block tracks or field entrances by inconsiderate parking.

DON'T behave in an irresponsible way when dealing with the local inhabitants. Goodwill often takes years to earn but can be lost in one single stupid moment.

***Introducció:*** Catalunya, al nord-est de la península ibèrica, és una terra culturalment rica, orgullosa de la seva història i la seva llengua. Els seus paisatges amarats d'aquesta realitat, ens mostren alhora indrets meravellosos per la pràctica de l'escalada.

Tarragona és la província més al sud de Catalunya, té un paisatge variat i divers, oferint-nos des de platges de sorra blanca a la costa, fins a agrestes muntanyes a l'interior.

La immensa majoria dels 900.000 habitants de Tarragona viuen a la franja costera, cosa que fa que l'interior estigui, comparativament, poc poblat, amb poques poblacions de més de 5.000 habitants.

Pels escaladors, especialment pels amants de l'escalada esportiva, Tarragona és una autèntica meravella, coneguda internacionalment com un dels millors llocs d'Europa per practicar aquesta disciplina.

Si volguéssim esmentar totes les zones on s'escala, necessitaríem un llibre tan gruixut que no el podríem ni arrossegar, per tant, ens hem concentrat en la part nord de la província, que inclou la Serra de Prades i la Serra del Montsant. Aquesta guia abasta des de zones ja reconegudes internacionalment de fa anys, a d'altres poc freqüentades pels escaladors locals que encara no són prou conegudes.

La selecció de sectors de cada zona ha estat limitada per diversos factors, no només per l'espai. A més a més, no volem que la nostra guia afecti les guies locals (cas que n'hi hagi) i, així, no donem una cobertura total de la zona. És inevitable que alguns escaladors pensin que no esmentem sectors importants, però pensem que la majoria estaran contents amb la nostra selecció. Amb la nostra guia fins i tot un visitant habitual de la zona té vies per unes quantes vides.

## Clima

Tarragona té un clima molt bo per a escalar, i si som una mica flexibles, trobarem bones condicions tot l'any. A l'hivern, les condicions anticiclòniques predominen, amb nits molt fredes seguides de dies assolellats, tot i que a les zones baixes podem trobar-hi boira. Durant la primavera i la tardor, el temps és una mica més difícil de predir, però solen ser en general bons dies per escalar. Tot i això, algunes de les zones estan situades a més de 1000 metres i uns quants visitants de Setmana Santa han estat, de vegades, sorpresos per la neu de final de primavera. I pel que fa a l'estiu, com a tot el Mediterrani, ja ho sabem… pot fer molta calor! No obstant, podem trobar alguns sectors amb bones orientacions per escalar sense patir una calor extrema!

## Transport

Tarragona està ben comunicada per carretera i autopista amb la resta de Catalunya i el transport entre les poblacions que esmentem a la guia està garantit amb autobús públic, excepte a Siurana. No obstant, el vehicle privat o de lloguer us pot ser de molta utilitat.

Pel que fa a la conducció, en general totes les pistes de terra són transitables amb un turisme normal, però en cas de pluges intenses, el ferm pot esdevenir difícilment transitable. Pels que portin un vehicle de lloguer, cal tenir en compte que l'assegurança no sol cobrir la conducció per pistes sense asfaltar. Llegiu-vos be la lletra petita!

## Dormir

A Tarragona, podem trobar de tot, des d'hotels de 5 estrelles fins a càmpings. A la primavera, l'estiu i la tardor, el càmping sembla una bona opció, i generalment aquests establiments tenen piscina, restaurant i bugaderia.

Pel que fa a èpoques més fredes i amb nits més llargues, els hostals, albergs, cases rurals o els refugis, seran més adequats.

Avui en dia és fàcil trobar a la web tota la informació necessària sobre allotjament i una simple cerca us donarà resultats i opcions de tot tipus.

## Material d'escalada

Material fix: Un dels criteris que hem utilitzat per seleccionar les zones i sectors d'aquest llibre, és que els ancoratges i reunions siguin en la majoria de les vies de bona qualitat. En la pràctica això suposa parabolts de diàmetre 10 o 12, depenent de la duresa de la roca. Algunes vies encara tenen spits de 8mm., tot i que a poc a poc es van renovant. Les reunions normalment tenen 2 ancoratges amb una cadena que els uneix i una anella o mosquetó per passar-hi la corda. Cal recordar que l'equipament de les vies a Catalunya no està regulat i la inclusió d'una via en aquest llibre no és garantia de la fiabilitat del material. Això és molt rellevant pel que fa a les reunions, que varien des de productes manufacturats per aquest fi o bé altres fets de manera casolana, incloent cadena, grillet i mosquetons comprats a les ferreteries. Les bones notícies és que, fins ara (i pel que sabem), en els últims anys i a la zona que cobreix aquest llibre, no hi ha hagut cap incident amb els ancoratges. No obstant, és inevitable que amb el pas del temps el material es faci malbé i per tant caldrà que comproveu l'estat de l'equipament fix quan l'hagueu d'utilitzar: si alguna cinta fixa (molt comunes a les vies dures) sembla gastada, reforceu-la amb una de vostra; si el mosquetó de despenjar-vos de la reunió està gastat o la tanca queda oberta, deixeu un mosquetó vostre: és un preu petit per tal de tenir tranquil·litat. Més informació del material fix ho podeu trobar a les pàgines 18-20.

Quasi totes les vies d'escalada esportiva d'un llarg que hem seleccionat en aquest llibre, estan perfectament equipades amb bons ancoratges

*Continua a la pàgina 14* ▷

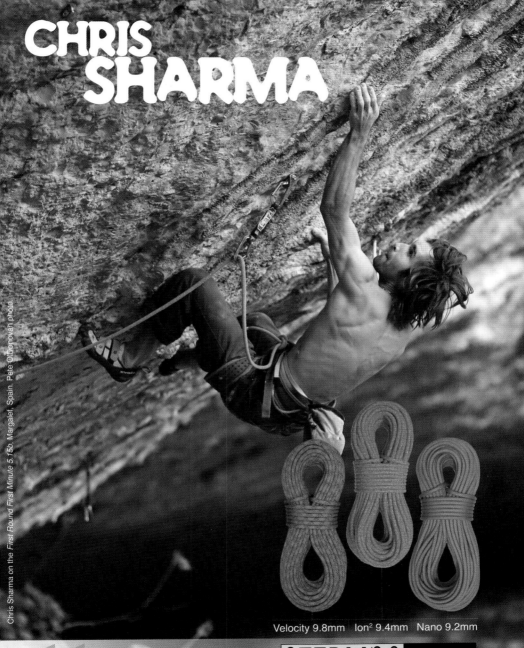

CHRIS
SHARMA

Chris Sharma on the *First Round First Minute 5.15b*, Margalef, Spain. Pete O'Donovan photo.

Velocity 9.8mm  Ion² 9.4mm  Nano 9.2mm

◁ *Ve de la pàgina 12*

i reunions. Per tant, una corda de 70 metres i 15 cintes seran suficients en gairebé tots els casos, excepte en determinades ocasions (només a Margalef). Si és el cas, que desploma molt i la via fa més de 35 metres, haureu de dur una corda de 80 metres.

Vies llargues: Totes les que ressenyem estan equipades, i utilitzar corda simple o doble és una qüestió personal, però si voleu rapelar, la doble corda és sens dubte el millor.

Aconsellem dur casc, ja que la caiguda de pedres per causes naturals o per altres escaladors més enlairats que nosaltres, és sempre una possibilitat real.

### Escalada en bloc

Tot i que no incloem informació sobre escalada en bloc en aquesta guia, moltes zones tenen bons blocs per escalar, especialment la Riba, Arbolí i la Mussara ens ofereixen excel·lents possibilitats. Per informació més detallada consulteu la guia local *Bloc – Muntanyes de Prades* de Màrius Riera i Jordi Feliu.

### Accés i comportament a les parets

Cada cop hi ha més escaladors que visiten la zona, i això, inevitablement fa pressió sobre el medi ambient. Per això cal esforçar-se per minimitzar l'impacte de la nostra visita. Dues zones, Montsant i Margalef, estan situades dins del Parc Natural del Montsant, amb normes específiques sobre l'us de l'àrea (hi ha cartells explicatius per tota la superfície del parc) que cal seguir. Alguns sectors tenen prohibicions temporals per protecció de rapinyaires. Els detalls i dates exactes els teniu a les pàgines corresponents, us demanem que els respecteu totalment sense fer-ne cap excepció. Un parell de zones també tenen problemes d'accés amb els seus propietaris.

La llista següent és de recomanacions de sentit comú… però tristament aquest sentit, és el menys comú de tots. Si us plau, sigueu respectuosos amb el nostre entorn per tal que els que vinguin després de vosaltres, puguin gaudir del que ens ofereix la natura:

NO deixeu brutícia als sectors (esparadrap i burilles inclosos). Les peles de taronja o de plàtan són biodegradables, però en gran quantitat són desagradables a la vista, els costa de desaparèixer.

NO deixeu els gossos lliures si hi ha més gent a la vora, especialment canalla. Potser creieu que el vostre animal és adorable, però és possible que la resta de gent, no pensi el mateix.

NO defequeu a prop dels sectors… allunyeu-vos una mica… Sembla mentida la quantitat de gent que fa les seves necessitats massa a prop del sector. Si realment en teniu necessitat… aneu ben lluny i tapeu-ho perfectament. No cal dir que els propietaris de gossos, haurien de fer el mateix amb les tifes que els seus cans deixen al peu de les parets.

NO llenceu tampons. Alguns mamífers es poden ennuegar.

NO bloquegeu amb el vostre vehicle l'accés als camps de cultiu, aparqueu correctament.

NO tingueu comportaments irresponsables amb la població local. Costa molts anys de guanyar el respecte de la gent de la zona, i molts pocs minuts de perdre-la.

***Introducción****:* Cataluña, al nordeste de la península ibérica, rica en cultura, con lengua propia y orgullosa de su historia, es inmensamente rica en roca.

Tarragona, la provincia más al sur de Cataluña tiene un paisaje variado y diverso que nos ofrece desde playas de arena blanca a agrestes montañas en su interior.

La gran mayoría de los 900.000 habitantes de Tarragona vive en la franja costera. El interior está poco poblado y hay pocos núcleos con más de 5.000 habitantes.

Para los escaladores, especialmente los amantes de la escalada deportiva, Tarragona es una auténtica maravilla, conocida internacionalmente como uno de los mejores destinos de Europa para practicar esta disciplina.

Si quisiéramos mencionar todas las zonas donde se puede escalar, necesitaríamos un libro tan gordo que no lo podríamos ni levantar, por tanto, nos hemos concentrado en la parte norte de la provincia, la cual incluye la Serra de Prades y la Serra del Montsant. Esta guía abarca desde zonas con prestigio internacional de hace años hasta otras que, aparte de las visitas de los escaladores locales, no son todavía suficientemente conocidas.

La selección de sectores de cada zona ha sido limitada también por otros factores, no sólo por el espacio. Además, no queremos que nuestra guía afecte a las guías locales (donde las haya) y así, no daremos una cobertura total de la zona. Es inevitable que algunos escaladores piensen que no mencionamos sectores importantes, pero pensamos que la mayoría estarán contentos con nuestra selección. Con nuestra guía, incluso el visitante asiduo tiene vías para unas cuantas vidas.

***Clima****:* Tarragona tiene un clima muy bueno para escalar todo el año y si somos un poco flexibles, encontraremos buenas condiciones todo el año.

En el invierno, predominan las condiciones anticiclónicas, con noches muy frías seguidas de días soleados, aunque en las zonas bajas puede aparecer la niebla en esta época. Durante la primavera y el otoño, el tiempo es un poco difícil de predecir, pero suelen ser en general buenos días para escalar. Aun y así, algunas de las zonas están situadas a más de 1000 metros y unos cuantos visitantes de Semana Santa a veces se han visto sorprendidos por una nevada de final de primavera.

Y respecto al verano, como en todo el Mediterráneo, ya lo sabemos… puede hacer mucho calor. No obstante, podemos encontrar algunos sectores con buenas orientaciones para escalar sin sufrir un calor extremo.

***Transporte****:* Tarragona está bien comunicada por carretera y autopista con el resto de España y el transporte público entre las poblaciones que mencionamos en la guía está garantizado, excepto en Siurana. No obstante, el vehículo privado o de alquiler os dará mucha más libertad de movimiento.

Por lo que respecta a las pistas de acceso, en general, son todas transitables con un vehículo normal, pero si ha habido lluvias intensas, esto puede cambiar drásticamente.

Para los que lleven un vehículo de alquiler, hay que tener en cuenta que el seguro no suele cubrir la conducción por pistas sin asfaltar. ¡Leeros bien la letra pequeña!

***Dormir****:* podemos encontrar de todo, desde hoteles de 5 estrellas hasta campings. En primavera, verano y otoño, el camping parece una buena opción, y generalmente estos establecimientos disponen de piscina, restaurante y lavandería.

En épocas más frías y con noches más largas, los hostales, albergues, casas rurales o refugios, serán más adecuados.

Hoy en día es fácil encontrar en la web toda la información necesaria sobre alojamiento, una simple búsqueda os dará resultados y opciones de todo tipo.

### Material de escalada

Material fijo: uno de los criterios que hemos utilizado al seleccionar las zonas y sectores de este libro, es que los anclajes y descuelgues sean en la mayoría de las vías de buena calidad. En la práctica esto supone "parabolts" con un diámetro de 10 o 12 mm, dependiendo de la dureza de la roca. Un pequeño número de vías todavía tienen spits de 8mm., aunque estos progresivamente se están reemplazando. Las reuniones y descuelgues generalmente tienen 2 anclajes (parabolts) con una cadena que los une y una anilla o mosquetón para pasar la cuerda.

Hay que recordar que el equipamiento de vías en Cataluña no está regulado, y que la inclusión de una vía en esta guía no es garantía de la fiabilidad del equipamiento fijo. Esto es especialmente importante en los descuelgues, que van desde productos industriales expresamente diseñados para esto, a soluciones caseras con cadenas, grilletes y mosquetones comprados en ferreterías. Las buenas noticias, es que por lo que sabemos, en los últimos tiempos no ha habido ningún incidente en las zonas cubiertas por este libro. Sin embargo, es inevitable que el paso del tiempo desgaste el material fijo, y cada escalador debe comprobar el material que va a usar: si una cinta fija (muy común en vías difíciles) parece desgastada, reforzarla con una vuestra; si un mosquetón muestra un excesivo desgaste, o tiene el cierre abierto, dejad uno de vuestros mosquetones: es un precio pequeño para una gran tranquilidad.

Más información del equipamiento fijo en las páginas 18-20. Casi todas las vías de escalada deportiva de un largo que hemos seleccionado en esta guía están perfectamente equipadas con buenos anclajes y reuniones. Por tanto, una cuerda de 70 metros y 15 exprés serán suficientes, excepto en determinadas ocasiones (sólo en Margalef). Si se da el caso que desploma mucho y la vía tiene más de 35 metros, deberéis de usar una cuerda de 80 metros.

Vías largas : todas las que reseñamos están equipadas, el uso de una  cuerda simple o doble es cuestión personal, pero si queréis rapelar la doble cuerda es sin duda lo mejor.

Aconsejamos llevar casco, ya que la caída de piedras por causas naturales o por otros escaladores más elevados que vosotros es siempre una posibilidad real.

**Escalada en bloque**: aunque no incluimos información sobre la escalada en bloque en esta guía, muchas zonas tienen buenos bloques para escalar, especialmente la Riba, Arbolí y la Mussara os ofrecen excelentes posibilidades. Para información más detallada consultad la guía local *Bloc – Muntanyes de Prades* de Màrius Riera y Jordi Feliu.

### Acceso y comportamiento en las paredes

Cada vez hay más escaladores que visitan la zona, y esto inevitablemente ejerce presión sobre el medio ambiente. Por esto, hay que esforzarse para minimizar el impacto de nuestra visita. Dos zonas, Montsant y Margalef, están situadas dentro del Parc Natural del Montsant, con normas específicas sobre el uso del área (hay carteles explicativos por toda la superficie del parque) que hay que obedecer. Algunos sectores tienen prohibiciones temporales por protección de rapaces. Los detalles y fechas exactas los tenéis en las páginas correspondientes, y os pedimos que los respetéis totalmente y sin excepción. También, hay problemas de acceso con los propietarios en un par de zonas.

La lista siguiente, nos da recomendaciones de sentido común, pero tristemente este sentido, es el menos común de todos. Por favor, sed respetuosos con nuestro entorno, para  que los que  vengan después de vosotros gocen de la naturaleza:

NO dejéis basura en los sectores… (esparadrapo y colillas incluidas). Las pieles de naranja o plátano son biodegradables, pero en gran cantidad son desagradables a la vista, les cuesta desaparecer.

NO dejéis los perros sin atar si hay más gente alrededor, especialmente niños. Quizás creáis que vuestra mascota es adorable, el resto de los visitantes puede que no piensen lo mismo.

NO defequéis cerca de los sectores… alejaros un poco. Parece mentira la cantidad de gente que hace sus necesidades demasiado cerca de las paredes. Esto no es sólo inaceptable, sino asqueroso. Si realmente tenéis necesidad ir bien lejos y tapar perfectamente vuestra obra de arte. Huelga decir que los propietarios de perros deberían hacer lo mismo con los "regalitos" que sus canes dejan a pie de pared.

NO tiréis tampones. Algunos mamíferos se pueden ahogar.

NO bloqueéis con vuestro vehículo los accesos a los campos de cultivo. Aparcad correctamente.

NO tengáis comportamientos irresponsables con la población local. Cuesta muchos años ganarse su respeto y un  sólo estúpido instante para perderlo.

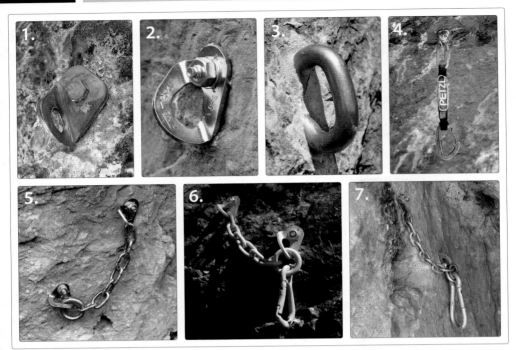

**1. 8mm 'Spit' bolt:** typical of routes equipped in the late 1980's and early 1990's. Most of these have now been replaced by modern bolts. Reliability: reasonable.

**2. Parabolt, 10mm or 12mm, with zinc-plated hanger:** by far the most commonly used protection on modern sport climbs in Spain. Stainless steel varieties are often used on cliffs suffering from seepage. Reliability: excellent, provided the rock is good and correct installation practices have been followed.

**3. Glue-in Bolt:** non-expansion ring-bolt secured by resin or adhesive. Reliability: excellent provided the correct adhesive and fixing techniques have been used during placement.

**4. In-situ quickdraw with maillon:** an increasingly common sight on the very hardest climbs. Reliability: completely dependent on the condition of the quickdraw!

**5. Belay/lower-off with ring:** commercially manufactured device with two hangers connected by a heavy-duty chain, and a welded ring for threading the rope. Reliability: excellent, though correct technique is required for safely threading the rope.

**6. Belay/lower-off with karabiner (1):** commercially manufactured device with two hangers connected by a heavy-duty chain, a welded ring, and a fixed karabiner. Reliability: excellent when new but decreases dramatically over time as wear on the karabiner increases.

**7. Belay/lower-off with karabiner (2):** homemade set-up using parabolts, hangers, industrial chain, and a karabiner which may or may not be UIAA certified. Commonly used by new route equippers in the region on account of the far lower cost compared to commercial lower-off/karabiner units. Reliability: generally good, though completely dependent on the condition of the karabiner.

**1. Spit de 8mm:** típic de les vies equipades a finals dels 80 i principis dels 90. Molts d'aquests han estat canviats per parabolts. Seguretat: raonable.

**2. Parabolt, 10 o 12mm, amb plaqueta zincada:** el més comú a tota Espanya per protegir vies d'escalada esportiva. Sovint són d'acer inoxidable si estan en zones amb filtracions. Seguretat: excel·lent.

**3. Ancoratge químic:** Ancoratge sense expansió, generalment fixat amb resina epoxi. Fiabilitat: excel·lent, sempre i quan s'hagi instal·lat correctament.

**4. Cinta fixa amb maillon:** està esdevenint molt comú en les vies difícils. Seguretat: depèn totalment de les condicions de la cinta!

**5. Reunió amb anella:** fabricació industrial exclusiva per a l'escalada, disposa de dues plaquetes unides

*Continua a la pàgina 20 ▷*

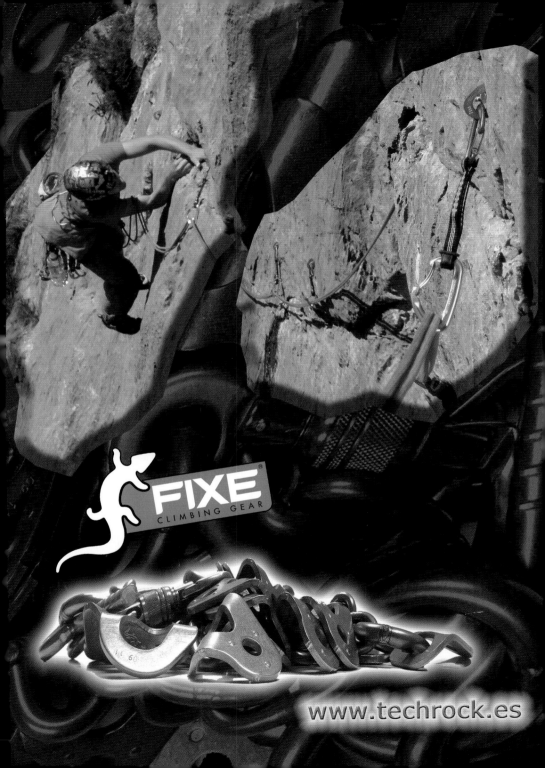

◁ *Ve de la pàgina 18*

per una cadena i una anella soldada per passar la corda. Seguretat: excel·lent, tot i que cal ser curosos en passar la corda per l'anella.

**6. Reunió amb mosquetó (1):** fabricació industrial exclusiva per a l'escalada, disposa de dues plaquetes unides per una cadena, una anella soldada i un mosquetó fix. Seguretat: excel·lent quan és nou, però baixa molt quan el mosquetó es va gastant degut a l'ús.

**7. Reunió amb mosquetó (2):** muntatge casolà, utilitzant parabolts, plaquetes, cadena i mosquetó, que pot o no ser homologat per la UIAA. Molt utilitzat pels equipadors de la regió, ja que el seu cost és baix comparat amb els de fabricació industrial. Seguretat: bona, però depèn totalment de l'estat del mosquetó.

**1. Spit de 8mm:** típico de las vías equipadas a finales de los 80 y principios de los 90. Muchos de estos han sido cambiados por parabolts. Seguridad: razonable.

**2. Parabolt, 10/12mm con plaqueta zincada:** el más común en toda España para proteger vías de escalada deportiva. A menudo son de acero inoxidable si están en zonas con filtraciones. Seguridad: excelente.

**3. Anclaje químico:** Anclaje sin expansión, generalmente fijado con resina epoxi. Fiabilidad: excelente, siempre y cuando se haya emplazado correctamente.

**4. Cinta fija con maillon:** Muy común en les vías difíciles. Seguridad: ¡depende totalmente de las condiciones de la cinta!

**5. Reunión con anilla:** fabricación industrial exclusiva para la escalada, dispone de dos plaquetas unidas por una cadena y una anilla soldada para pasar la cuerda. Seguridad: excelente, aunque hay que ser cuidadosos al pasar la cuerda por la anilla.

**6. Reunión con mosquetón (1):** fabricación industrial exclusiva para la escalada, dispone de dos plaquetas unidas por una cadena, una anilla soldada y un mosquetón fijo. Seguridad: excelente cuando es nuevo, pero baja mucho cuando el mosquetón se va gastando debido al uso.

**7. Reunión con mosquetón (2):** montaje casero, utilizando parabolts, plaquetas, cadena y mosquetón, que puede o no, ser homologado por la UIAA. Muy utilizado por los equipadores de la región, ya que su coste es bajo comparado con los de fabricación industrial. Seguridad: generalmente buena, pero depende totalmente del estado del mosquetón.

**The climbing locations** in the guidebook are described in terms of zones and sectors. A sector is usually an individual crag; a zone is a group of sectors. Some of the more extensive zones (Siurana, for example) have been split into several 'sub-zones' to help simplify approach information.

Each zone has a written introduction providing information on the style of climbing, best season to visit, and approaches to individual sectors. Maps and 'overview' pictures of the zone provide additional visual information.

For those with Satnavs or personal GPS devices, latitude & longitude co-ordinates (WGS 84 system) are given for key parking areas. These may appear on maps or overview pictures, or both.

Information regarding individual sectors — orientation, approach time and difficulty, and the steepness of the rock — is displayed in symbol form (see pages 24-25 for more details).

The majority of sector topos are photograph-based, but in instances where it has been impossible to obtain workable photos, for example where the tree cover is simply too great, or a sector is situated in a narrow gully, we have substituted line-drawings.

Routes are marked on topos using bicolour lines in various colour-combinations. The different colours have no significance in terms of grade or quality. Thinner, single colour dashed lines denote the existence of 'trad' routes, which are not described in the guidebook. Individual routes are listed in tables displaying the route's number as it appears on the topo, name, length in metres, and difficulty (French grading system). Where sectors feature link-up and hybrid routes, which may start up one climb, move onto another, and finish up yet another, we give information on the sequence of routes to follow. Finally, a 'tick box' is provided so that climbers may keep a record of their ascents.

**Els llocs d'escalada** a la guia s'anomenen zones i sectors. Un sector és normalment una paret individualitzada. Una zona és un grup de sectors. Hem dividit algunes de les zones més extenses (per exemple, Siurana) en diferents 'sub-zones' per a simplificar les explicacions sobre com aproximar-se als diferents sectors.

Cada zona té una introducció que dóna informació del tipus d'escalada, millor època i aproximacions. Mapes i fotografies panoràmiques donen informació addicional de com aproximar-se a la zona.

Pels que tinguin GPS també facilitem les coordenades dels pàrquings (sistema WGS 84). Aquesta informació pot aparèixer als mapes, a les fotografies panoràmiques o als dos llocs.

La informació sobre els sectors – orientació, temps d'aproximació, dificultat i inclinació de la paret – s'assenyala amb un pictograma (podeu trobar més detalls a les pàgines 24-25).

La majoria de les vies estan dibuixades a les ressenyes sobre fotografia i s'han fet servir línies de dos colors diferents, ja que això ens permet distingir millor les diferents vies destacant sobre el color de la roca. Els colors no guarden cap relació amb el grau de dificultat o qualitat de les vies. Les línies discontínues, més primes i d'un sol color indiquen l'existència d'una via clàssica no descrita a la guia. Llistades en taules, les vies mostren el número (tal i com apareix a la ressenya), nom, llargada en metres i dificultat (graduació francesa). Si hi ha connexions i similars (que comencen en una via i acaben en una altra) donem informació de la combinació de vies. També hi ha un requadre per marcar les vies que encadenem.

***Los lugares de escalada*** en la guía se llaman zonas y sectores. Un sector es normalmente una pared individualizada. Una zona es un grupo de sectores. Hemos dividido algunas de las zonas más extensas (por ejemplo, Siurana) en diferentes 'subzonas' para simplificar las explicaciones sobre cómo llegar a los diferentes sectores.

Cada zona tiene una introducción que da información del tipo de escalada, mejor época y aproximaciones. Los mapas y fotografías panorámicas dan información general de cómo aproximarse a la zona.

Para los que tengan GPS también facilitamos las coordenadas de los parkings (sistema WGS 84). Esta información puede aparecer en los mapas, en las fotografías panorámicas o en ambos sitios.

Información sobre los sectores – orientación, tiempo de aproximación, dificultad e inclinación de la pared – se señala con un pictograma (más información en las páginas 24-25).

La mayoría de les vías están dibujadas en las reseñas sobre fotografía y se han usado líneas de diferentes colores, ya que esto nos permite distinguir mejor las diferentes vías destacando sobre el color de la roca. Los colores no tienen ninguna relación con el grado de dificultad o calidad. Las líneas más finas, discontinuas y normalmente de un solo color indican la existencia de una vía clásica no descrita en la guía. Las vías están listadas en tablas que muestran el número (tal y como aparece en la topo), nombre, longitud en metros y dificultad (graduación francesa). Si hay conexiones y similares (que empiecen en una vía i acaben en otra) damos información de la combinación de vías. También hay un recuadro para marcar las vías encadenadas.

*Dani Andrada

www.chillaz.com

General orientation of the sector
*Orientació general del sector*
Orientación general del sector

Length and nature of approach
*Durada i tipus d'aproximació*
Duración y tipo de aproximación

| | | |
|---|---|---|
| Very Overhanging | *Molt desplomat* | Muy extraplomado |
| Overhanging | *Desplomat* | Extraplomado |
| Vertical | *Vertical* | Vertical |
| Slab | *Placa* | Placa |
| Long Routes (More than 2 pitches) | *Vies Llargues (Més de 2 llargs)* | Vías Largas (Más de 2 largos) |

| Nº[1] | Nm[2] | | Dif[3] | Mts[4] | ✓ |
|---|---|---|---|---|---|
| 13 | **Calipso** | | 6c | 30 | ☐ |
| 3 | **Rauxa** | L1[5] | 7a+ | 27 | ☐ |
| | | L1+L2[6] | 7b | 40 | ☐ |
| 27 | **Vieja Vida** (26 > 27 > 33)[7] | | 8b | 15 | ☐ |
| 46 | ??[8] | | ??[9] | 23 | ☐ |
| 47 | **Mejorando Imagen** (proj)[10] | | 9a? | 25 | ☐ |
| 42 | Proj.[11] | | ?? | 15 | ☐ |

[1] Number of the route as it appears on the topo

*Número de la via tal i com apareix a la ressenya*

Número de la vía tal y como aparece en la reseña

[2] Name of the route
*Nom de la via*
Nombre de la vía

[3] Difficulty of the route
*Dificultat de la via*
Dificultad de la vía

[4] Length of the route in metres
*Longitud de la via en metres*
Longitud de la vía en metros

[5] Difficulty to the first lower-off point
*Dificultat fins la primera reunió*
Dificultad hasta el primer descuelgue

[6] Difficulty to the 2nd lower-off without resting on the 1st
*Dificultat fins la 2ona reunió sense reposar a la 1era*
Dificultad hasta el 2° descuelgue sin descansar en el 1°

[7] Combination of other routes to follow for a particular climb or link-up. For example: start up route Nº 26, continue up route Nº 27 and finish on route Nº 33.

*Combinació de diferents vies a seguir en una determinada escalada o connexió.*
*Per exemple: comenceu a la via 26, continueu per la 27 i acabeu per la 33.*

Combinación de diferentes vías a seguir en una determinada escalada o conexión.
Por ejemplo: empezar por la vía 26, seguir por la 27 y acabar por la 33.

[8] Name of route unknown
*Nom de la via desconegut*
Nombre de la vía desconocido

[9] Grade of route unknown
*Grau de la via desconegut*
Grado de la vía desconocido

Named project for which a grade has been estimated
*Projecte amb nom, pero amb grau estimat*
Proyecto con nombre pero con grado estimado

Unnamed project for which no grade has been estimated
*Projecte sense nom i sense grau estimat*
Proyecto sin nombre y sin grado estimado

*Colze de Nena* 7a+ • Siurana
Michelle Kim Theisen (Pag. 176)

Thinner single-colour lines denote routes which are not listed in the guidebook, but shown as an aid to identyfying those which are.
*Les línies d'un sol color i més primes indiquen vies que no figuren a la guia però es mostren com a fi d'identificació.*
Las líneas de un sólo color y más delgadas indican vías que no figuran en la guía pero se muestran para fines de identificación.

[14] Individual pitch gradings
*Graduació per llargs*
Graduación por largos

[13] **(R)** signifies multi-pitch routes equipped for rappel descent

**(R)** *significa vies llargues que estan equipades per rapelar*

**(R)** significa vías largas que están equipadas para rapelar

| Nº | Nm | Dif | Mts | ✓ |
|---|---|---|---|---|
| 3 | **Dídac (R)**[13] | 6b+ | 55 | ☐ |
| | L1 6b+, L2 6a+[14] | | | |
| | L3 6b+ | | | |

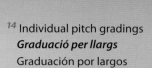

| Zone / Zona / Zona | Pages / Pàgines / Páginas | Best Seasons / Millors Èpoques / Mejores Épocas | Approaches / Aproximacions / Aproximaciones | Sectors / Sectors / Sectores |
|---|---|---|---|---|
| La Riba | 32-45 | | 10-15 | 7 |
| Els Cogullons | 46-69 | | 15-45 | 4 |
| El Penitent | 70 - 83 | | 10-15 | 2 |
| Mont-ral | 84 - 101 | | 10-20 | 12 |
| La Mussara | 102 - 129 | | 5-20 | 11 |
| Vilanova de Prades | 130 - 155 | | 5-10 | 11 |
| Siurana | 156 - 231 | | 1-20 | 23 |
| Arbolí | 232 - 257 | | 3-15 | 10 |
| Montsant | 258 - 309 | | 10-60 | 12 |
| Margalef | 310 - 363 | | 3-30 | 13 |
| Llaberia / Tivissa | 364 - 394 | | 1-40 | 10 |

| Routes Vies Vías | Climbing Escalada Escalada | > 6a | 6a+ > 6c | 6c+ > 7b | 7b+ > 8a | 8a+ > 8c | 8c+ > 9b | Projects Projectes Proyectos | ? |
|---|---|---|---|---|---|---|---|---|---|
| 122 | ▮▮ L | 26 | 38 | 42 | 15 | | | 1 | |
| 191 | ▮▮ | 41 | 47 | 57 | 31 | 6 | | 4 | 7 |
| 97 | ▮▮ | 17 | 48 | 31 | 1 | | | | |
| 136 | ▮▮ | 35 | 54 | 33 | 9 | | | | 5 |
| 243 | ▮▮ L | 65 | 78 | 67 | 25 | 1 | | 1 | 6 |
| 266 | ▮▮ | 55 | 74 | 65 | 53 | 6 | | 8 | 5 |
| 737 | ▮▮▮ L | 67 | 151 | 216 | 183 | 77 | 12 | 26 | 5 |
| 257 | ▮▮ L | 50 | 48 | 80 | 53 | 4 | | 21 | 1 |
| 379 | ▮▮▮ L | 28 | 107 | 114 | 81 | 27 | | 13 | 9 |
| 387 | ▮▮▮ | 50 | 63 | 57 | 80 | 76 | 25 | 33 | 3 |
| 145 | ▮▮▮ | 28 | 14 | 25 | 42 | 17 | 1 | 9 | 9 |

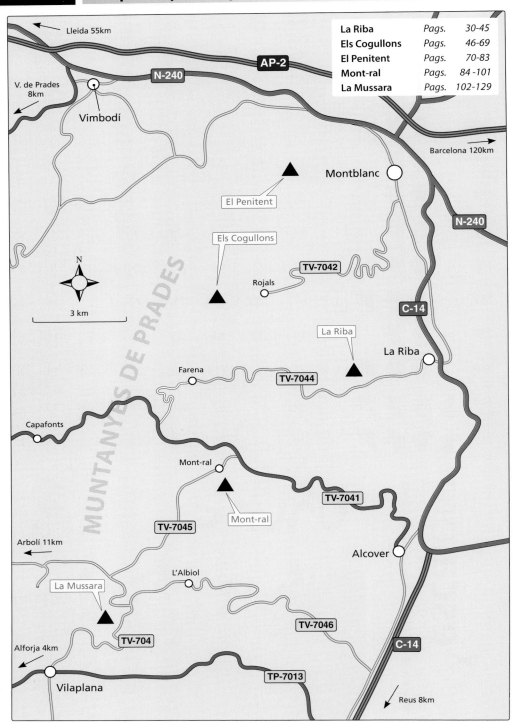

Lleida 55km

N-240

AP-2

| La Riba | Pags. | 30-45 |
| Els Cogullons | Pags. | 46-69 |
| El Penitent | Pags. | 70-83 |
| Mont-ral | Pags. | 84-101 |
| La Mussara | Pags. | 102-129 |

V. de Prades 8km

Vimbodí

Barcelona 120km

El Penitent

Montblanc

Els Cogullons

N-240

N

TV-7042

Rojals

3 km

C-14

La Riba

MUNTANYES DE PRADES

La Riba

Farena

TV-7044

Capafonts

Mont-ral

TV-7041

Mont-ral

TV-7045

Arbolí 11km

Alcover

L'Albiol

La Mussara

TV-7046

TV-704

C-14

Alforja 4km

Vilaplana

TP-7013

Reus 8km

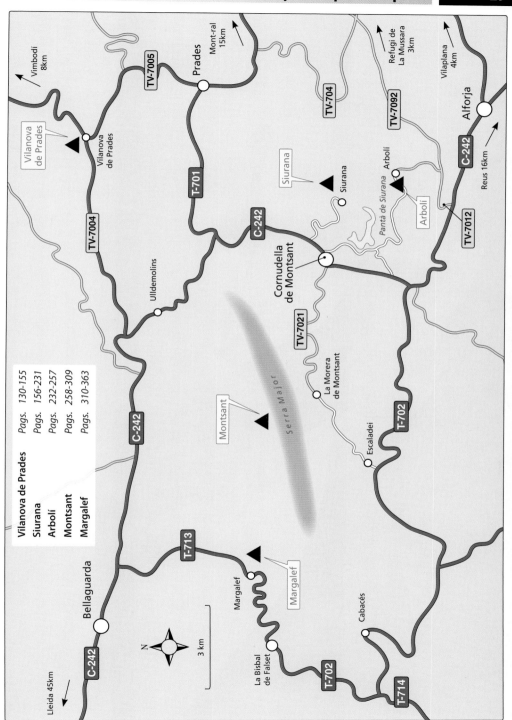

Vimbodi 8km

TV-7005

Prades

Mont-ral 15km

Refugi de La Mussara 3km

Vilaplana 4km

TV-704

TV-7092

Alforja

Vilanova de Prades

Vilanova de Prades

Siurana

Siurana

Arbolí

Arbolí

C-242

Reus 16km

TV-7004

T-701

C-242

Uldemolins

Pantà de Siurana

TV-7012

Cornudella de Montsant

Vilanova de Prades    Pags.  130-155
Siurana    Pags.  156-231
Arbolí    Pags.  232-257
Montsant    Pags.  258-309
Margalef    Pags.  310-363

TV-7021

La Morera de Montsant

Serra Major

Montsant

Escaladei

T-702

C-242

T-713

Margalef

Margalef

Cabacés

Bellaguarda

C-242

Lleida 45km

N

3 km

La Bisbal de Falset

T-702

T-714

# La Riba

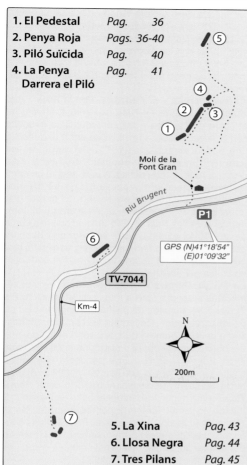

Molí de la
Font Gran

Riu Brugent

P1

GPS (N)41°18'54"
(E)01°09'32"

TV-7044

Km-4

N

200m

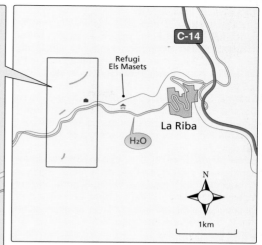

C-14

Refugi
Els Masets

La Riba

H₂O

N

1km

One of La Riba's best-kept secrets is sector *La Penya Darrera El Piló,* where amazingly the rock is still almost as rough as the day the routes were first climbed more than 20 years ago!

The majority of cliffs have a south-easterly orientation meaning climbing in La Riba can be a year-round activity, with excellent conditions to be found both on mid-winter mornings and early afternoons, as well as breezy summer evenings. Furthermore, the rock is extremely quick to dry-out, even after prolonged rainfall.

***Approaches - El Pedestal,* Penya Roja & Piló Suïcida***: follow the TV-7044 uphill through the town of La Riba then continue driving west for approximately 1.5km to an obvious parking area (P1) directly below the cliffs and opposite a derelict mill - *Molí de la Font Gran* - on the other side of the river. On foot, follow an obvious path down into and across the riverbed then past the mill, heading directly towards the cliffs. The first section of rock reached is *El Pedestal,* with *Penya Roja* starting immediately to its right and *Piló Suïcida* further right again (10-12min). *Note:* this section of the River Brugent is normally dry but after prolonged and heavy rainfall it can flood spectacularly and become impossible to cross. Fortunately this is a rare event.

***La Penya Darrera El Piló***: as for the previous approaches but approximately halfway between the river and the cliffs, while passing a large boulder on the left, a well-marked trail cuts right off the main path and heads first rightwards and then straight up the wooded hillside, passing to the right of a large pinnacle. Shortly after the terrain begins to level out the path splits by a metal signpost: take the left fork (marked *Cim de la Penya Roja*) which leads up and left to the base of the sector (12 min).

**Introduction**: This wonderful and historic climbing area situated in the delightful valley of the River Brugent just west of the town of La Riba, is one of Tarragona's oldest sport-climbing venues, with the great majority of routes having been established during the 1980's.

Throughout the 90's this was an extremely popular zone with both local and foreign climbers, but in recent years the number of visitors has fallen dramatically. In view of the quality of both the rock and the climbing, particularly in the middle grades, this neglect is entirely unwarranted. Indeed, some of the 5th and 6th grade routes on the magnificent *Penya Roja* are amongst the finest in the region, although it has to be said that their popularity has added a certain degree of polish to the holds.

A little further up the scale, sector *La Xina* (the location of one of Spain's earliest climbing competitions) hosts an excellent selection of athletic and pumpy 7's.

*Continued on page 32* ▷

◁ *Continued from page 31*

It is also possible to approach this sector from the upper right-hand part of *Penya Roja*, passing below *Piló Suïcida* and continuing up the ever fainter trail for a further 25m, then scrambling up a short gully on the left (fixed rope) to ledges below the routes (15 min).

**La Xina**: follow the 'normal' approach for *La Penya Darrera El Piló* to where the path splits by the metal signpost. Fork right here (marked *La Xina*) and continue up the narrow trail to the base of the sector (15 min).

**Llosa Negra**: from P1 walk up the road (west) for approximately 400m and locate a metal signpost on a boulder for *Llosa Negra* marking the start of a path descending into the riverbed. Cross the river diagonally rightwards and continue along a vague trail to a fixed rope hanging down a steep corner. Climb this (not easy with a heavy rucksack) to a rocky terrace then scramble up and left to the base of the sector (10 mins). This approach is unsuitable for non-climbers and dogs.

**Els Tres Pillans**: as for the previous sector, but continue walking up the road for a further 350m (750m from P1) then turn left onto a semi-hidden footpath (cairn at the start) leading up into a narrow side-valley. Pass through a boulder-arch and continue past a solitary bolted route on the left. The first routes described are situated approximately 200m from the road, while the attractive twin pillars forming the focus of the sector lay some 30m further up the valley (10 min).

**Maps on page 31.**

**Introducció**: Aquesta meravellosa i històrica zona d'escalada situada a l'atractiva vall del Riu Brugent just a l'oest del poble de la Riba, és una de les zones més antigues d'escalada esportiva de Tarragona i va ser majoritàriament equipada durant els anys 80.

Durant els 90 va ser una zona molt visitada tant pels locals com pels forasters, però actualment el nombre de visitants ha disminuit considerablement. No s'entén aquest abandonament si tenim en compe la qualitat de la roca i els tipus d'escalada, especialment en els graus mitjans. De fet, algunes de les vies de 5è i 6è graus que hi ha a la *Penya Roja* són de les millors de la regió, encara que cal dir que estan una mica polides.

Si pugem en l'escala de graduacions, el sector *La Xina* (on es van fer una de les primeres competicions d'escalada a Espanya) té una excel·lent selecció de vies de 7è grau que us deixaran els braços ben inflats.

Un dels secrets més ben guardats de la Riba és el sector *La Penya Darrera El Piló* on les vies estan exactament com el dia que es van equipar.

La majoria dels sectors tenen orientació sud-est i això vol dir que s'hi pot escalar tot l'any, trobant molt bones condicions ja sigui al mig de l'hivern fins a mitja tarda o a les tardes d'estiu on potser bufarà una brisa refrescant. A més a més, la roca s'asseca molt ràpidament, fins i tot després d'una pluja torrencial.

**Aproximacions - El Pedestal, Penya Roja i Piló Suïcida**: seguiu la TV-7044 cap amunt, travessant el poble de La Riba i després continueu conduint cap a l'oest durant aproximadament 1.5km fins a una evident zona pàrquing (P1) just davant de les parets i d'un antic molí enrunat - *Molí de la Font Gran* - a l'altra banda del riu. A peu, seguiu un camí visible que creua el riu, passa pel costat del molí i porta directament cap als sectors. El primer que trobareu és *El Pedestal*, a la dreta d'aquest comença la *Penya Roja* i el *Piló Suïcida* una mica més amunt (10-12 minuts). *Nota*: aquesta part del curs del riu Brugent està normalment sec, però si ha plogut molt, potser no podreu creuar-lo. Per sort, això no passa gairebé mai.

**La Penya Darrera El Piló**: igual que les aproximacions anteriors però a mig camí entre el riu i la *Penya Roja*, després de passar un enorme bloc de pedra a l'esquerra, cal seguir un camí ben marcat cap a la dreta primer i que després s'enfila pel mig del bosc, passant per la dreta d'una agulla de roca. Aviat el terreny es fa menys pendent i el camí es divideix en arribar a un senyal metàl·lic. Agafeu el de l'esquerra (al senyal hi diu *Cim de la Penya Roja*) i en 1 minut arribareu a la base del sector (12 minuts en total). També hi podreu anar des de la *Penya Roja*, passant per sota el *Piló Suïcida* i continuant uns 25 metres per un senderó poc marcat, per acabar pujant per una canal amb una corda fixa fins al sector (15 minuts en total).

**La Xina**: continueu l'aproximació "normal" per *La Penya Darrera el Piló* fins on el camí es divideix en dos al senyal metàl·lic. Gireu a la dreta (marcat *La Xina*) i continueu pel caminet fins al peu del sector (15 minuts).

**Llosa Negra**: des de P1 seguiu la carretera direcció contrària a La Riba durant aproximadament 400 metres i busqueu un senyal metàl·lic *Llosa Negra* que marca l'inici del camí que baixa al llit del riu. Creueu el riu en diagonal cap a la dreta i seguiu un senderó poc marcat fins una corda fixa que penja d'un diedre vertical. Pugeu-hi (no és fàcil amb una motxilla pesada) i arribareu a una feixa. Ara només us caldrà grimpar fins al peu del sector (10 minuts). Aquesta aproximació és inadequada per a no escaladors o gossos.

**Els Tres Pilans**: igual que pel sector anterior, però continueu caminant per la carretera uns 350 metres més (750 metres des del P1) i llavors gireu cap a l'esquerra per un camí (fita a l'inici) que us durà

Penya Roja

La Penya
Darrera El Piló

La Xina

El Pedestal

Piló Suïcida

La Xina

P1
10 min

per dins d'una vall estreta i bonica. Passeu per un arc de roca i continueu fins que passareu una via solitària a l'esquerra. Les primeres vies descrites apareixen ben aviat (200 metres des de la carretera) mentre que les dues agulles bessones que formen l'epicentre del sector estan a uns 30 metres més amunt (10 minuts).

**Mapes a la pàgina 31.**

**Introducción**: Esta maravillosa e histórica zona de escalada situada en el pintoresco valle del Riu Brugent justo al oeste del pueblo de La Riba, es una de las zonas más antiguas de escalada deportiva de Tarragona, y fue mayoritariamente equipada durante los años 80.

Durante los 90 fue una zona muy visitada, tanto por los escaladores locales como extranjeros, pero actualmente el ritmo de afluencia ha caído bastante. A la vista de la calidad de la roca y del tipo de escalada, especialmente en grados medios, este abandono es injustificable. De hecho, algunas de las vías de 5º y 6º que encontramos en la *Penya Roja* son de las mejores de la región, aunque cabe admitir que el precio de la popularidad ha comportado un cierto grado de sobamiento en algunas de ellas.

Si subimos en la escala de dificultad, el sector *La Xina* (donde por cierto se celebró una de las primeras competiciones de escalada en España) tiene una excelente selección de vías de 7º que os dejarán los brazos bien hinchados.

Uno de los secretos mejor guardados de la Riba es el sector *La Penya Darrera El Piló*, donde las vías están sin pulir, exactamente como el día en que se equiparon.

La mayoría de los sectores tienen una orientación sureste, lo cual significa que podréis escalar todo el año, encontrando muy buenas condiciones ya sea en pleno invierno hasta media tarde o por las tardes de verano cuando quizás sople una brisa refrescante. Además, la roca se seca rápidamente, incluso después de una lluvia torrencial.

***Aproximaciones - El Pedestal, Penya Roja y Piló Suïcida***: entre Tarragona y Lleida sobre la N-240 seguid la TV-7044 cruzando el pueblo de La Riba y después continuad conduciendo hacia el oeste durante aproximadamente 1.5km hasta una zona evidente de aparcamiento (P1) justo delante de las paredes y de un antiguo molino en ruinas - *Molí de la Font Gran* - al otro lado del río. A pie, tomad un camino manifiesto que cruza el río, pasa por el lado del molino y os lleva directamente hacia los sectores. El primero que encontraréis es *El Pedestal* e inmediatamente después de éste y a su derecha la *Penya Roja* y el *Piló Suïcida* un poco más arriba (10-12 minutos). *Nota:* esta parte del curso del río

*Continúa en la página 34* ▷

◁ *Viene de la página 33*

Brugent normalmente está seco, pero si ha llovido mucho quizás no podréis cruzarlo. Por suerte esta situación casi nunca se da.

**La Penya Darrera El Piló**: igual que las aproximaciones anteriores, pero a medio camino entre el río y la *Penya Roja*, después de pasar un enorme bloque de piedra a la izquierda, hay que seguir un camino bien marcado, primero hacia la derecha y que luego va subiendo por el bosque, pasando por la derecha de una aguja de roca evidente. Luego el terreno se hace menos pendiente y el camino se divide al llegar a una señal metálica. Tomad el de la izquierda (en la señal pone *Cim de la Penya Roja*) y en 1 minuto llegaréis a la base del sector (12 minutos en total). También podréis ir desde la *Penya Roja* pasando por debajo del *Piló Suïcida* y continuando unos 25 metros por un sendero poco marcado, para acabar trepando por una canal con una cuerda fija hasta el sector (15 minutos en total).

**La Xina**: tomad la aproximación "normal" para *La Penya Darrera el Piló* hasta donde el camino se divide en dos en la señal metálica. Girad a la derecha (marcado *La Xina*) y continuad por el caminito hasta el pie del sector (15 minutos).

**Llosa Negra**: desde el P1 seguid la carretera dirección contraria a La Riba durante unos 400 metros y buscad una señal metálica *Llosa Negra* que marca el inicio del camino que baja al lecho del río. Cruzad el río en diagonal hacia la derecha y seguid un sendero poco marcado hasta una cuerda fija que cuelga de un diedro vertical. Subidlo (no es fácil con una mochila pesada en la espalda) y llegaréis a una repisa. Ahora sólo os queda trepar hasta el pie del sector (10 minutos). Esta aproximación es inadecuada para no escaladores o perros.

**Els Tres Pilans**: igual que para el sector anterior pero continuad andando por la carretera unos 350 metros más (750 metros desde el P1) y entonces girad a la izquierda por un caminito (hito al inicio) que os llevará por dentro de un vallecito estrecho y bonito. Pasad por un arco de roca y continuad hasta que paséis una vía solitaria a la izquierda. Las primeras vías descritas aparecen bien pronto (200 metros desde la carretera) mientras que las dos agujas gemelas que forman el epicentro del sector están unos 30 metros más arriba (10 minutos).

***Mapas en la página 31.***

*Directa Reus (L1+L2)* 6c
Penya Roja • La Riba
Dave Hesleden *(Pag. 37)*

| N° | Nm | Dif | Mts | ✓ |
|----|----|-----|-----|---|
| 1 | **Hakuna Matata** | 6c | 7 | ☐ |
| 2 | **Curt i Distant** | 7a | 10 | ☐ |
| 3 | **Mala Baba** | 7b+ | 13 | ☐ |
| 4 | **La Chica de la Puerta 16** | 7a | 13 | ☐ |
| 5 | **La Chica... Direct** | 7b+ | 13 | ☐ |
| 6 | **Más Difícil Todavía** | 7a | 15 | ☐ |
| 7 | **Más Difícil...Direct** | 7b+ | 15 | ☐ |
| 8 | **Menjar Menjant** | 6c | 15 | ☐ |
| 9 | **La Via de Brian** | 6b+ | 15 | ☐ |
| 10 | **Eclipse** | 6a+ | 15 | ☐ |
| 11 | **Círculo Vicioso** | 6a | 14 | ☐ |
| 12 | **Ho Sento Molt** | V | 8 | ☐ |
| 13 | **Mastegataxes** | IV+ | 8 | ☐ |

El Pedestal

P1
10 min

**La Directíssima+Directa** 6a+
Penya Roja • La Riba
Albert Cortés *(Pag. 37)*

| Nº | Nm | | Dif | Mts | ✓ |
|----|----|----|----|----|----|
| 14 | **Karrum** | L1 | 6b+ | 15 | ☐ |
| | | L2 | 6b+ | 20 | ☐ |
| 15 | **Sotacarro** | | 7a | 15 | ☐ |
| 16 | **Cal Fer-ho** | | 7a | 17 | ☐ |
| 17 | **Figuerola-Magriñà (R)** | | 6a | 60 | ☐ |
| | L1 6a, L2 V+, L3 V | | | | |
| 18 | **La Directa** | | 6c | 15 | ☐ |
| 19 | **Beicon Legal (R)** | | 6c+ | 60 | ☐ |
| | L1 6b+, L2 6b+, L3 6c+ | | | | |

| Nº | Nm | | Dif | Mts | ✓ |
|----|----|----|----|----|----|
| 20 | **Directa Reus (R)** | | 6b+ | 55 | ☐ |
| | L1 6b+, L2 6b+, L3 6b+ | | | | |
| | L4 6b (L1+L2 = 6c) | | | | |
| 21 | **La Directíssima (L1)** | | 6a+ | 30 | ☐ |
| | **& Directa** | | | | |
| 22 | **Missió Impossible** | | 7a+ | 25 | ☐ |
| 23 | **Chorben Nuden** | | 7a | 20 | ☐ |
| 24 | **Magí** | L1 | 6a | 15 | ☐ |
| | | L2 | 6a | 15 | ☐ |
| 25 | **Variant Germans** | | V | 15 | ☐ |

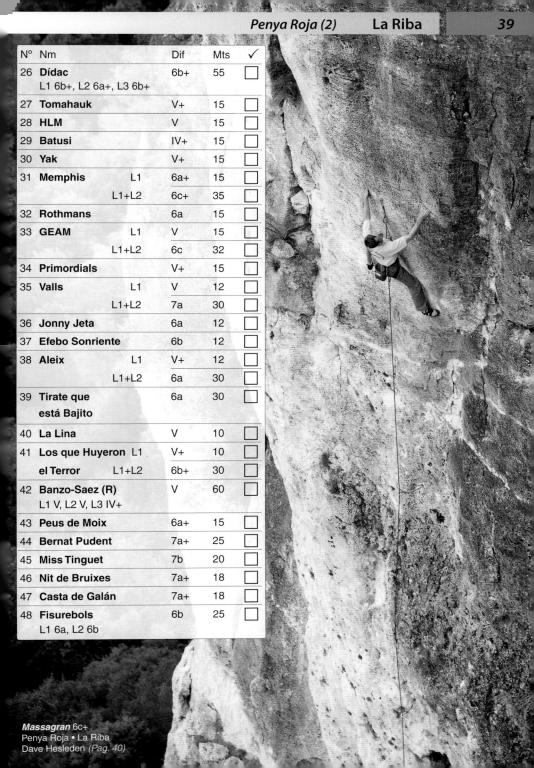

| Nº | Nm | | Dif | Mts | ✓ |
|----|----|----|----|----|----|
| 26 | **Dídac** | | 6b+ | 55 | ☐ |
| | L1 6b+, L2 6a+, L3 6b+ | | | | |
| 27 | **Tomahauk** | | V+ | 15 | ☐ |
| 28 | **HLM** | | V | 15 | ☐ |
| 29 | **Batusi** | | IV+ | 15 | ☐ |
| 30 | **Yak** | | V+ | 15 | ☐ |
| 31 | **Memphis** | L1 | 6a+ | 15 | ☐ |
| | | L1+L2 | 6c+ | 35 | ☐ |
| 32 | **Rothmans** | | 6a | 15 | ☐ |
| 33 | **GEAM** | L1 | V | 15 | ☐ |
| | | L1+L2 | 6c | 32 | ☐ |
| 34 | **Primordials** | | V+ | 15 | ☐ |
| 35 | **Valls** | L1 | V | 12 | ☐ |
| | | L1+L2 | 7a | 30 | ☐ |
| 36 | **Jonny Jeta** | | 6a | 12 | ☐ |
| 37 | **Efebo Sonriente** | | 6b | 12 | ☐ |
| 38 | **Aleix** | L1 | V+ | 12 | ☐ |
| | | L1+L2 | 6a | 30 | ☐ |
| 39 | **Tirate que está Bajito** | | 6a | 30 | ☐ |
| 40 | **La Lina** | | V | 10 | ☐ |
| 41 | **Los que Huyeron** | L1 | V+ | 10 | ☐ |
| | **el Terror** | L1+L2 | 6b+ | 30 | ☐ |
| 42 | **Banzo-Saez (R)** | | V | 60 | ☐ |
| | L1 V, L2 V, L3 IV+ | | | | |
| 43 | **Peus de Moix** | | 6a+ | 15 | ☐ |
| 44 | **Bernat Pudent** | | 7a+ | 25 | ☐ |
| 45 | **Miss Tinguet** | | 7b | 20 | ☐ |
| 46 | **Nit de Bruixes** | | 7a+ | 18 | ☐ |
| 47 | **Casta de Galán** | | 7a+ | 18 | ☐ |
| 48 | **Fisurebols** | | 6b | 25 | ☐ |
| | L1 6a, L2 6b | | | | |

*Massagran* 6c+
Penya Roja • La Riba
Dave Hesleden *(Pag. 40)*

P1
15 min

| N° | Nm | Dif | Mts | ✓ |
|----|-----|-----|-----|---|
| 49 | **Panini de Paura** | 7a | 28 | ☐ |
| 50 | **El Món Màgic del Màgic Bruffi** | 7a | 25 | ☐ |
| 51 | **Massagran** | 6c+ | 30 | ☐ |
| 52 | **Bichoparra** | 6b | 30 | ☐ |
| 53 | **Via del Barbes** | 6c | 30 | ☐ |
| 54 | **Mala Pell** | 7b | 30 | ☐ |
| 55 | **Via de l'Eduard** L1 6a+, L2 6b+, L3 6b+ | 6b+ | 60 | ☐ |
| 56 | **Santacana** L1 6a, L2 6a+ | 6a+ | 45 | ☐ |

| N° | Nm | Dif | Mts | ✓ |
|----|-----|-----|-----|---|
| 57 | **Cristo versus Arizona** | 7a+ | 30 | ☐ |
| 58 | **Resaca Verbenera** L1 V+, L2 6a | 6a | 35 | ☐ |
| 59 | **Malporro** L1 6a, L2 6a | 6a | 38 | ☐ |
| 60 | **Alegre-Bonet** L1 V+, L2 6b | 6b | 40 | ☐ |
| 61 | **Gitano Blanc** | 6a | 20 | ☐ |
| 62 | **Yu-wu** | V+ | 20 | ☐ |
| 63 | **Ploms** (L1) | 6a | 20 | ☐ |
| 64 | **Sopa de Ganso** | 6a+ | 20 | ☐ |
| 65 | **??** | 7a | 20 | ☐ |

| N° | Nm | Dif | Mts | ✓ |
|----|----|-----|-----|---|
| 1 | **Travesti** | 7a | 18 | |
| 2 | **Soliombra** | 6b | 16 | |
| 3 | **Moixo Banyut** | 6c+ | 25 | |
| 4 | **Laila** | 6b+ | 18 | |
| 5 | **Solvencia Contrastada** | 7a+ | 25 | |
| 6 | **La Via d'en Pau** | 6c | 25 | |
| 7 | **Brut com un Xino** | 6a+ | 25 | |
| 8 | **Touching Minds** | 6b/+ | 25 | |
| 9 | **Herbes Aromàtiques** | 6c | 25 | |
| 10 | **Aal Izz Well!** | 6b | 22 | |
| 11 | **Mombasa Beach** | 6b+ | 24 | |
| 12 | **Malindi** | 6c | 22 | |
| 13 | **Sueño Infantil** | 6b | 25 | |

*La Via d'en Pau* 6c
La Penya Darrera El Piló
La Riba • Jordi Besora *(Pag. 4)*

*Mombasa Beach* 6b+
La Penya Darrera El Piló
La Riba • Jordi Besora *(Pag. 41)*

| N° | Nm | Dif | Mts | ✓ |
|----|----|-----|-----|---|
| 1 | **Marcel** | 6a | 12 | ☐ |
| 2 | **Pilar legato** | 6a | 12 | ☐ |
| 3 | **Tian An Men** | 6b+ | 12 | ☐ |

| N° | Nm | Dif | Mts | ✓ |
|----|----|-----|-----|---|
| 4 | **La Daga y el Puñal** | 6b | 15 | ☐ |
| 5 | **Madrid Forever** | 6c | 18 | ☐ |
| 6 | **Coll Torçat (Esq.)** | 6c+ | 20 | ☐ |
| 7 | **Coll Torçat (Dreta)** | 7a | 20 | ☐ |
| 8 | **??** | 7c | 25 | ☐ |
| 9 | **Código de Marras** | 7a | 20 | ☐ |
| 10 | **Comando Violeta** | 7b | 23 | ☐ |
| 11 | **Jocs de Llit** | 7c | 23 | ☐ |
| 12 | **Vendetta** | 7c | 25 | ☐ |
| 13 | **Connexió (12 > 14)** | 7c+/8a | 25 | ☐ |
| 14 | **Durruti Column** | 7c+ | 25 | ☐ |
| 15 | **Amanece que no es Poco** | 7a+ | 25 | ☐ |
| 16 | **Todo es Posible en Domingo** | 7b | 25 | ☐ |
| 17 | **Fino Laina** | 6c+ | 25 | ☐ |
| 18 | **Pecatta Minuta** | 7c | 22 | ☐ |
| 19 | **Fabela (proj)** | 8a+? | 18 | ☐ |

P1
15 min

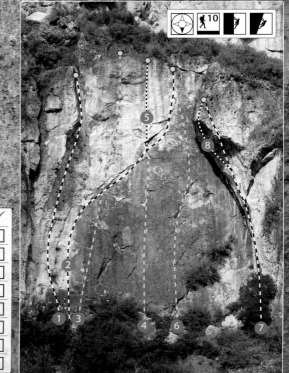

| Nº | Nm | Dif | Mts | ✓ |
|----|-----|------|-----|---|
| 1 | **Querido Key Mago** | 8a | 17 | ☐ |
| 2 | **Normal (Borges)** | V | 20 | ☐ |
| 3 | **Cercalejos** | 7b | 17 | ☐ |
| 4 | **Ying Yang** (4 > 2) | 6b | 15 | ☐ |
| 5 | **Robi Jud** (4 > 5) | 7a | 17 | ☐ |
| 6 | **Equinox** | 6a+ | 15 | ☐ |
| 7 | **Insh Allah!** | 7b+ | 15 | ☐ |
| 8 | **Insh Allah! (direct)** | 7b+ | 15 | ☐ |

| N° | Nm | Dif | Mts | ✓ |
|----|----|-----|-----|---|
| 11 | Climbing Crash & News of Himalaya | 7a | 10 | ☐ |
| 12 | ?? | 7c+ | 10 | ☐ |
| 13 | La Diagonal | 6c+ | 12 | ☐ |
| 14 | Tú si que Triunsf | 7c | 8 | ☐ |
| 15 | Macarena | 6b+ | 10 | ☐ |
| 16 | El Kura de mi Barrio tiene un 131 | 6c+ | 12 | ☐ |
| 17 | Mery Plexiglas | 7b | 12 | ☐ |
| 18 | Silencio se Vuela | 7b | 12 | ☐ |
| 19 | Llastrofobia | 6c | 12 | ☐ |
| 20 | Dibuja un Obispo | 7a+ | 10 | ☐ |
| 21 | Diumenge de Raps | 6a+ | 7 | ☐ |
| 22 | Triana | 6a | 7 | ☐ |
| 23 | Francés Completo | 6c+ | 12 | ☐ |
| 24 | Je suis Dessolé | 7b | 14 | ☐ |
| 25 | Pels Pèls | 6c+ | 15 | ☐ |

| N° | Nm | Dif | Mts | ✓ |
|----|----|-----|-----|---|
| 9 | Amorrat al Piló | 7b | 15 | ☐ |
| 10 | Galifardeu | 7c+ | 15 | ☐ |

*Roella Blanca* 7c • Mola Roquerola
Cogullons • Ali Kennedy *(Pág. 68)*

# Els Cogullons

*Introduction:* This zone is amongst the most remote and least frequented in the region. The approaches to its various sectors, which are widely spaced throughout a large area of pine-forested hills about 1,000m above sea level, require demanding off-road driving along unsurfaced tracks (which are pretty rough at the best of times and become impassable in anything other than a 4x4 after heavy rain) and/or walk-ins of between 15 and 45 minutes.

However, for those seeking to escape the crowds and who are not put off by a challenge, Els Cogullons is a very rewarding area in which to climb. The situations are often spectacular and the rock-quality invariably superb. In particular, the magnificent south-facing wall of *Mola Roquerola* is considered by local connoisseurs to be one of the finest sectors in the whole region.

The zone's heyday was back in the early 1990's when, using the magnificently situated *Refugi dels Cogullons* as a base, a dedicated group of local climbers established the majority of routes. Sadly, the Refugi fell into disuse and is currently closed.

With the exception of sector *Les Gralles*, with its complex series of pinnacles and gullies, much of the rock here is south-facing and therefore at its best on clear, still, sunny days in the colder months of the year.

Many of the routes are of the short, sharp variety, and those searching for easy ticks should definitely look elsewhere!

There is currently a bird-ban at *Mola Roquerola* running from January 1st to June 30th, effectively limiting the climbing season on this particular sector to just a few short weeks in late autumn and early winter. That said, reasonable conditions can sometimes be found during afternoons and evenings in late summer and early autumn, once the crag has entered the shade.

*Note:* this is a remote and complex area crisscrossed by a multitude of old tracks and paths. Pay particular attention to the approach descriptions and maps as getting lost is easy and could have serious consequences.

*Approaches - General:* from Montblanc follow a winding mountain-road — the TV-7042 — for 12km up to the delightful village of Rojals. At the end of the village the paved road abruptly changes to unsurfaced track. There is a no-entry sign for cars and motorbikes where the track begins but the rule is only enforced during periods of high fire risk.

*Mas de Carles:* from the village drive approximately 500m along the unsurfaced track (signposted *Camí de l'Arlequí/Els Cogullons*) and park at the first major junction, where the *Camí de l'Arquelí* turns sharply left and the main *Els Cogullons* track continues directly ahead (P1). On foot, follow the left-hand track for 100m then turn right onto a well-marked footpath (*GR-171* - red & white paint marks) and follow this across cultivated fields. Approximately 100m after entering the forest and just by a metal *Caça Controlada* signpost, a smaller trail branches left off the main path. Follow the left-hand trail for approximately 500m, descending

*Continued on page 48* ▷

◁ *Continued from page 47*
all the time, then turn left again onto another narrow path (cairn at the start) which is rather indistinct in places but well marked by further cairns. This path leads up to the right-hand side of the terrace running along the base of the sector (20 min).

**Mas d'en Llort:** follow the unsurfaced track from Rojals towards *Els Cogullons*. After approximately 1.2km, and 50m before reaching a prominent metal *Benvinguts ("Welcome")* signpost, turn right and then immediately take the left-hand of two forestry tracks. After approximately 750m there is a junction with another, wider track. Park here (P2) by a metal *Caça Controlada* sign and also a larger wooden signpost of the Catalan Forestry Service. On foot, follow the track leftwards, uphill for approximately 250m then turn right (cairn) onto another forestry track. Continue along this for approximately 750m (ignoring a left-fork after 250m) to where the track ends at a grassy clearing. Those with 4x4 vehicles (and the necessary skills) can actually drive to this point (P3) if they wish to. Continue along a well-marked footpath (cairns and green paint marks) heading down and left through the forest, passing just to the left of a limestone pinnacle at one point. Just before reaching the lowest point of the valley there is a natural spring and man-made pool. Shortly after this the path joins another unsurfaced track. Turn right onto this and continue past a ruin on the left (the original *Mas d'en Llort*) and then a second disused house (the 'new' *Mas d'en Llort*). Immediately after the second house turn left onto a footpath and follow this for 50m to the first isolated buttresses at the left-hand end of the sector. For the main part of the sector continue along the path, which soon divides — there is a wooden signpost here for *Font de Castanyola/Mas d'en Soler*. Take the lower (right-hand) path. The first routes on the main sector are encountered 50m from the fork (30 minutes from P2, 15 minutes from P3). This is an extensive sector and the routes on its far right-hand side require a further 10-15 minutes of walking along increasingly vegetated paths directly below the wall.

**Les Gralles:** from Rojals drive along unsurfaced tracks following directions for *Els Cogullons* for approximately 5km until reaching a junction just below the old Refugi. Turn right and follow a track southwards (signposted *Farena/Mas de Mateu*) for 350m to park (P4) at a flat grassy area known as the *Coll d'en Serra*. On foot, continue along the main track for approximately 500m to where it crosses a dry streambed. About 150m further on the track splits: take the left fork and continue for a further 150m to where the track fades out. It is actually possible to drive to this point (P5) but in anything other than perfectly dry conditions a 4x4 vehicle is required. Continue along a narrow footpath (marked by three red-painted dots) forking left after 20m, to reach the first routes of *Pata Negra* 100m from the end of the track (15 minutes from P4, 5 minutes from P5). Consult the overview diagram on page 62 for the location of the various 'sub-sectors' within this sector.

**Mola Roquerola:** from P4 follow a well-marked footpath signposted *Farena/Mas de Mateu* (yellow and white paint marks). After a period of descent the path crosses a stream then turns sharply right, following the stream bank, before veering left again and continuing uphill. At the next split follow the left fork (again signposted *Farena/Mas de Mateu)* which soon joins a forestry track. Follow this downhill for approximately 400m to the ruins of *Mas de Mateu* just visible through the trees on the right. Approximately 60m further on a small path (marked by a cairn and yellow and white paint marks on a tree) heads rightwards. Follow this through the trees and at the next junction of paths (where there is a natural water spring) turn right onto a vague trail marked by a metal signpost *Mola Roquerola*. Continue uphill, passing a limestone outcrop after 100m and occasional green paint marks on the trees, until a level rocky shelf is reached at the beginning of the sector (30 min). *Note:* apart from the final section (after the water spring) the whole way is marked by yellow and white paint marks. Follow these and you shouldn't get lost.

An alternative approach avoiding any off-road driving is possible from the village of Farena, situated 14km west of the town of La Riba on the TV-7044 (10km after the climbing zone *La Riba* described on pages 30-45). The walk is both longer and considerably more strenuous than the 'normal' way! Park approximately 100m after Farena on the road to Capafonts, just before a sharp left-hand bend. Walk back 30m towards the village then turn left onto a well-marked footpath signposted *Mas de Mateu/Els Cogullons* and marked at intervals with yellow and white painted stripes. After 5 minutes the path splits: take the right-hand fork and continue uphill through the forest. The path soon divides again: here take the left fork (the right fork is signposted *Cami Vell de Mas de Mateu)*. The path now steepens considerably and progress becomes rather gruelling. After approximately 30 minutes of walking the angle finally relents where the path crosses a level sandstone plateau. Shortly after this the path joins a forestry track, just by a large, circular metal water tank. Continue following the track uphill for 200m then turn left onto a footpath (another signpost here for *Mas de Mateu/Cogullons)* which is followed for 70m to a natural water spring. This is the junction with the 'normal' approach. Continue as before (45 min).

*Maps on pages 54 - 55.*

*Oh Noi!* 6c
Les Gralles • Cogullons
Salva Muñoz *(Pag. 65)*

**Introducció:** Aquesta zona és de les més remotes i poc freqüentades de la regió. Les aproximacions als diversos sectors, que estan dispersos al voltant de boscos de pins sobre els 1.000 metres d'alçada, requereixen una mica de conducció 4x4 per pistes forestals (que en general no són gaire bones especialment si ha plogut) o bé d'aproximacions a peu de15 a 45 minuts.

No obstant, pels que busquin allunyar-se de les multituds i no els espantin les grans distàncies, aquesta és una zona molt recomanable per escalar. El panorama és fantàstic i la qualitat de la roca excel·lent. Especialment la Mola Roquerola (orientació al sud-est) és considerada pels escaladors locals com uns dels millors sectors d'aquesta guia.

El punt àlgid de l'escalada als Cogullons va ser a mitjans dels 90, quan utilitzant com a base privilegiada el refugi dels Cogullons, un grup d'escaladors locals va equipar la majoria de les vies. Malauradament, el refugi va caure en l'oblit i ara encara està tancat al públic.

Amb l'excepció del sector *Les Gralles*, amb la seva caòtica dispersió d'agulles, canals i parets, moltes de les parets son d'orientació sud, i per tant, millor anar-hi durant el mig de l'hivern.

Moltes de les vies són curtes, intenses i els que busquin graus regalats, aquí no els trobaran!

Hi ha un període d'exclusió de l'escalada per tal de protegir les aus a la *Mola Roquerola*, que va des de l'1 de gener fins el 30 de juny i limita l'escalada al sector a unes setmanes de la tardor i a l'inici de l'hivern. També podem trobar bones condicions a les tardes d'estiu, quan l'ombra arriba a la paret al voltant de les 3 de la tarda.

*Nota:* aquesta zona és una mica remota i difícil en termes d'orientació, entrecreuada per múltiples pistes forestals i camins. Estigueu a l'aguait amb les descripcions de les aproximacions i mapes, ja que perdre'ns podria tenir conseqüències serioses.

**Aproximacions - General**: des de Montblanc seguiu l'enrevessada carretera TV-7042 que us porta fins l'encantador poble de Rojals. Al final del poble s'acaba l'asfalt i comença la pista forestal. Hi ha un cartell de *prohibit el pas a motos i cotxes* però no en cal fer cas llevat que sigui temporada d'alt risc d'incendis.

**Mas de Carles**: des del poble conduïu 500 metres per la pista forestal (indicació *Camí de l'Arlequí/Els Cogullons)* i aparqueu a la primera cruïlla, on el *Camí de l'Arlequí* gira bruscament cap a l'esquerra i el camí principal cap a *Els Cogullons* va recte (P1). A peu, seguiu la pista de l'esquerra durant 100 metres i després gireu a la dreta per un camí ben marcat (GR-171) amb pintura vermella i blanca i continueu a través de camps de cultiu. Aproximadament 100 metres després d'entrar al bosc i justament en arribar davant d'un cartell de *Caça controlada,* un senderó trenca cap a l'esquerra i deixa el camí principal. Seguiu-lo durant 500 metres, sempre en descens, i després gireu a l'esquerra per un altre camí estret (fita a l 'inici) que es fa fonedís en alguns casos però que està marcat amb fites. Aquest camí us porta al costat dret d'una feixa

*Normal de L'Esparrec* 5+
Les Gralles • Cogullons
Albert Cortés *(Pag. 65)*

que passa per la base del sector (20 minuts).

**Mas d'en Llort**: seguiu la pista forestal des de Rojals cap a Els Cogullons. Després d'uns 1.2km, i 50 metres abans del cartell "Benvinguts", gireu a la dreta i immediatament després agafeu la pista forestal de l'esquerra, d'entre les dues que hi ha. Després d'uns 750 metres hi ha un creuament amb una altra pista més ampla. Aparqueu aquí (P2) al costat d'un senyal metàl·lic *Caça controlada* i un altre de fusta del *Departament d'Agricultura*. A peu, continueu per la pista cap a l'esquerra costa amunt durant uns 250 metres i després gireu a la dreta (fita) per una altra pista forestal. Continueu uns 750 metres més (ignorant un trencall als 250 metres) fins on la pista acaba en un petit prat. De fet, els que tingueu 4x4 (i sigueu hàbils al volant) podeu conduir fins aquest punt (P3). Continueu per un camí ben marcat (fites i pintura verda) que va avall i a l'esquerra pel bosc i després passa a l'esquerra d'una agulla de roca. Abans d'arribar a la part més baixa de la vall, trobareu una font i un petit dipòsit d'aigua artificial. Després, aquest camí s'uneix a una pista forestal. Agafeu-la i continueu caminant fins a trobar unes ruïnes a l'esquerra (el *Mas d'en Llort* original) i després una segona casa (el "nou" *Mas d'en Llort*). Immediatament després de la segona casa, gireu a l'esquerra per un senderó i seguiu-lo 50 metres fins a les primeres parets aïllades a l'extrem esquerre del sector. Per la part principal del sector, continueu pel camí, que aviat es divideix – hi ha un senyal de fusta *Font de Castanyola/Mas d'en Soler*. Agafeu el camí de baix (dreta). Les primeres vies del sector apareixen als 50 metres (30 minuts des del P2, 15 minuts des del P3). Aquest sector és molt extens i les vies de l'extrem dret requereixen de 10 a 15 minuts més d'aproximació per camins que discorren pel peu de la paret cada cop més envaït per la vegetació.

**Les Gralles**: des de Rojals continueu per la pista forestal seguint els indicadors *Els Cogullons* durant aproximadament 5km fins que arribeu a l'encreuament sota l'antic refugi. Gireu a la dreta i seguiu una pista cap al sud (cartell *Farena/Mas de Mateu*) durant 350 metres i aparqueu (P4) en un pla herbós, conegut com a *Coll d'en Serra*. A peu, continueu per la pista principal durant 500 metres fins que creua un torrent sec. 150 metres després la pista es divideix: Agafeu el trencall de l'esquerra i continueu 150 metres més fins que la pista desapareix. De fet, es pot conduir fins aquest punt (P5) però si la pista no està perfectament seca necessitareu un 4x4. Continueu pel camí estret (marcat amb 3 punts vermells) que va cap a l'esquerra 20 metres després i arriba a les primeres vies del sector *Pata Negra* al cap de 100 metres des del final de la pista (15 minuts del P4, 5 minuts del P5). Consulteu el mapa general a la pàgina 62 per localitzar els diversos "sub-sectors" d'aquest sector.

**Mola Roquerola**: des del P4, seguiu un camí ben marcat amb el senyal *Farena/Mas de Mateu* (pintura groga i blanca). Després d'una estona el camí creua un torrent i gira bruscament a la dreta, seguint la riba del torrent, abans de girar cap a l'esquerra i continuar cap amunt. Al proper encreuament agafeu trencall de l'esquerra (cartell *Farena/Mas de Mateu*) que aviat s'uneix a una pista fores- tal. Seguiu-la cap avall durant aproximadament 400 metres fins les ruïnes del *Mas de Mateu* que s'albira entremig dels arbres a la nostra dreta. 60 metres més endavant trobareu un arbre (marques de pintura groga i blanca) i una fita al començament d'un camí cap a la dreta. L'agafareu i caminareu entre els arbres fins el proper encreuament on hi ha una font amb aigua potable. Llavors, gireu a la dreta un altre cop per un camí una mica fonedís amb un cartell *Mola Roquerola* i continuareu cap amunt, passant unes roques al cap de 100 metres i tant en tant trobareu algunes marques de pintura verda als arbres. Al final arribareu a una feixa de roca que és el començament del sector (30 minuts). *Nota:* a banda de la part final (després de la font) tot el camí està marcat amb pintura groga i blanca. Seguiu les marques i no us perdreu.

Teniu una aproximació alternativa, des del poble de Farena, evitant la conducció per pistes forestals. Farena, està situat a 14km de la Riba, a la carretera TV-7044 (10km després de la zona d'escalada *La Riba* descrita a les pàgines 30-45). Tingueu en compte que la caminada és considerablement més llarga i cansada que la de l'aproximació descrita abans. Aparqueu uns 100 metres després del poble de Farena, direcció Capafonts just abans d'una corba tancada cap a l'esquerra. Camineu enrere 30 metres cap al poble i després agafeu a l'esquerra un sender ben marcat amb el senyal *Mas de Mateu/Cogullons* i pintat a intervals amb bandes blanques i grogues. Després de 5 minuts el camí es divideix: aquí agafeu el trencall de la dreta i continueu amunt pel mig del bosc. El camí es torna a dividir: agafeu el trencall de l'esquerra (el de la dreta té un senyal *Camí Vell de Mas de Mateu*). El camí és ara força pendent i esgotador. Després de 30 minuts de dura pendent, aquesta es suavitza i el camí travessa una explanada d'arenisca. Poc després, el camí s'uneix a una pista forestal, justament on hi ha un dipòsit d'aigua metàl·lic. Continueu per la pista durant 200 metres i després gireu a l'esquerra per un caminet (senyal *Mas de Mateu/Cogullons*) que al cap de 70 metres us portarà a la font que hem esmentat en l'aproximació anterior. Seguiu les indicacions de l'altra aproximació i en un total de 45 minuts arribareu al sector.

***Mapes a les pàgines 54 - 55***.

**Introduccción**: Esta zona es una de las más remotas y poco frecuentadas de la región. Las aproximaciones para los diversos sectores que están dispersos alrededor de bosques de pinos sobre los 1000 metros de altura, requieren un poco de conducción 4x4 por pistas forestales (que en general no son demasiado buenas, especialmente si ha llovido) o bien aproximaciones a pie de entre 15 a 45 minutos.

No obstante, para los que busquen alejarse de las multitudes y no les asusten las grandes distancias ésta es una zona recomendable para disfrutar de la escalada. El panorama es extraordinario y la roca excelente. Especialmente la *Mola Roquerola* (orientacion al sur) es considerada por los escaladores locales uno de los mejores sectores de los que abarca esta guía.

El punto álgido de la escalada en los Cogullons fue a mediados de los 90, cuando usando como base privilegiada el refugio de los Cogullons, un grupo de escaladores locales equipó la mayoría de las vías. Desafortunadamente, el refugio cayó en el olvido y aún permanece cerrado al público.

Exceptuando el sector *Les Gralles*, con su caótica dispersión de agujas, canales y paredes, muchas de éstas son de orientación sur y por lo tanto mejor ir en pleno invierno.

Muchas de las vías son cortas, intensas y por lo gerneral los grados son bastante duros.

Hay un período de regulación de la escalada por protección de aves rapaces en la *Mola Roquerola*, desde el 1 de enero hasta el 30 de junio, limitando la escalada en este sector a unas pocas semanas del otoño y el inicio del invierno. Aún así, también podemos encontrar buenas condiciones por las tardes de verano cuando la sombra llega a la pared alrededor de las 3 de la tarde.

*Nota*: esta zona es algo remota y difícil en cuanto a la orientación entrecruzada por múltiples pistas forestales y caminos. Prestad especial atención a las descripciones de las aproximaciones y mapas, ya que perderse, podría tener serias consecuencias.

**Aproximaciones - General**: desde Montblanc seguid la tortuosa carretera TV-7042 que os llevará hasta el encantador pueblo de Rojals. Al final del pueblo el asfalto se acaba y empieza una pista forestal. Hay un cartel de "prohibido el paso a motos y coches" pero no hay que hacer caso salvo que sea temporada de alto riesgo de incendios.

**Mas de Carles**: desde el pueblo, conducid 500 metros por la pista forestal (indicación *Camí de l'Arlequí/Els Cogullons*) y aparcad en el primer cruce, donde el *Camí de l'Arlequí* gira bruscamente hacia la izquierda y el camino principal hacia *Els Cogullons* va recto (P1). A pie, seguid la pista de la izquierda durante 100 metros y después girad a la derecha por un camino bien marcado (GR-171)

con pintura roja y blanca y continuad a través de campos de cultivo. Aproximadamente 100 metros después de entrar en el bosque y justo al lado de un cartel de *Caça controlada,* un sendero tuerce a la izquierda y deja el camino principal. Seguidlo durante 500 metros, siempre en descenso, y después girad a la izquierda por otro camino estrecho (hito al inicio) que se pierde en algunos tramos pero que tiene hitos a intervalos. Este camino os lleva al lado derecho de la repisa rocosa que va por la base del sector (20 minutos).

**Mas d'en Llort**: seguid la pista forestal desde Rojals hacia Els Cogullons. Después de unos 1.2km y 50 metros antes del cartel "Benvinguts", girad a la derecha e inmediatamente después tomad la pista forestal de la izquierda, de entre las dos que hay. Después de unos 750 metros hay un cruce con otra pista más ancha. Aparcad aquí (P2) al lado de una señal metálica *Caça controlada* y otra de madera del *Departamento de Agricultura*. A pie, continuad por la pista hacia la izquierda y hacia arriba durante unos 250 metros y después girad a la derecha (hito) por otra pista forestal. Continuad aproximadamente durante 750 metros (ignorando un desvío a 250 metros) hasta donde la pista acaba en un pequeño prado. De hecho, los que tengan un 4x4 (y sean hábiles) pueden conducir hasta este punto (P3). Continuad por un camino bien marcado (hitos y pintura verde) que va tirando hacia abajo y a la izquierda por el bosque que en un momento dado, pasa al lado de una aguja de roca. Antes de llegar a la parte más baja del valle encontraréis una fuente y un pequeño depósito artificial. Después, este camino se une a otra pista forestal. Girad a la derecha por esta pista y continuad hasta pasar unas ruinas a la izquierda (el *Mas d'en Llort* original) y después una segunda casa (el "nou" *Mas d'en Llort*). Inmediatamente después de la segunda casa, girad a la izquierda por un sendero y seguidlo 50 metros hasta las primeras paredes aisladas en el extremo izquierdo del sector. Para la parte principal del sector continuad por el camino que pronto se divide – hay una señal de madera *Font de Castanyola/Mas d'en Soler*. Tomad el camino de abajo (derecha). Las primeras vías del sector aparecen a 50 metros desde el desvío (30 minutos desde el P2, 15 minutos desde el P3). Este sector es extenso y las vías del extremo derecho requieren de 10 a 15 minutos más de aproximación por caminos al pie de pared, cada vez más invadidos por la vegetación.

**Les Gralles**: desde Rojals, continuad por la pista forestal siguiendo los indicadores *Els Cogullons* durante aproximadamente 5km hasta que lleguéis al cruce bajo el refugio. Girad a la derecha y seguid una pista hacia el sur (cartel *Farena/Mas de Mateu*) durante 350 metros y aparcad (P4) en una explanada con hierba, *Coll d'en Serra*. A pie, continuad por la pista principal durante 500 metros hasta que cruza un torrente seco. 150 metros después la pista se divide: tomad el desvío de la izquierda y continuad 150 metros más hasta que la pista desaparece. De hecho, se puede conducir hasta este punto (P5) pero si la pista no está perfectamente seca necesitaréis un 4x4. Continuad por un camino estrecho (marcado con 3 puntos rojos) que va hacia la izquierda 20 metros después, llegaréis a las primeras vías del sector *Pata Negra* al cabo de 100 metros desde el final de la pista (15 minutos del P4, 5 minutos del P5). Consultad el mapa general de la página 62 para localizar los diversos "sub-sectores" de este sector.

**Mola Roquerola**: desde el P4, seguid un camino bien marcado con la señal *Farena/Mas de Mateu* hacia el oeste (pintura amarilla y blanca). Al cabo de un rato, el camino cruza un arroyo y gira bruscamente a la derecha, siguiendo la ribera del arroyo, antes de girar hacia la izquierda y continuar hacia arriba. En el próximo cruce tomad el desvío de la izquierda (indicado con el cartel *Farena/Mas de Mateu*) que pronto se une a una pista forestal. Seguidla hacia abajo durante unos 400 metros hasta las ruinas del *Mas de Mateu*, el cual se vislumbra entre los árboles a vuestra derecha. 60 metros más adelante, encontraréis un hito y un árbol con marcas de pintura blanca y amarilla que os indican el inicio de un camino (a la derecha). Tomadlo y seguidlo por entre los árboles hasta el próximo cruce donde hay una fuente de agua potable.Entonces, girad a la derecha por un camino un poco perdido con una señal a *Mola Roquerola* y continuad hacia arriba, pasando unas rocas al cabo de 100 metros y a veces marcas de pintura verde en los árboles. Al final llegaréis a una ancha repisa que es el inicio del sector (30 minutos). *Nota:* a parte del tramo final (después de la fuente) todo el camino está marcado con pintura amarilla y blanca. Seguidlas y no os perderéis.

Tenéis una aproximación alternativa desde el pueblo de Farena evitando la conducción por pistas forestales. Farena está situado a 14km de la Riba, en la carretera TV-7044 (10km después de la zona de escalada *La Riba* descrita en las páginas 30-45). Tened en cuenta que la caminata es considerablemente más larga y dura que la descrita anteriormente. Aparcad aproximadamente 100 metros después del pueblo de Farena dirección Capafonts y justo antes de una curva cerrada a la izquierda. Andad 30 metros dirección Farena y después tomad un sendero a la izquierda bien marcado con la señal *Mas de Mateu/Cogullons* y pintado a intervalos con bandas blancas y amarillas. Al cabo de 5 minutos el camino se divide: tomad el ramal de la derecha y seguid hacia arriba por el bosque. El camino se divide otra vez: tomad el de la izquierda (el de la derecha tiene una señal *Camí Vell de Mas de Mateu*). El camino es ahora muy empinado y agotador. Después de unos 30 minutos de dura pendiente, ésta se suaviza cuando el camino atraviesa una explanada de arenisca. Poco después, el camino se une a una pista forestal, justamente donde hay un depósito de agua metálico. Continuad por la pista hacia arriba durante 200 metros y después girad a la izquierda por un sendero (señal *Mas de Mateu/Cogullons*) que al cabo de 70 metros os llevará a la fuente ya mencionada en la aproximación anterior. Seguid las indicaciones de la otra aproximación y en unos 45 minutos llegaréis al sector.

*Mapas en las páginas 54 -55.*

***Situaditis*** 6b • Mola Roquerola
Cogullons • Jose Macías *(Pag. 68)*

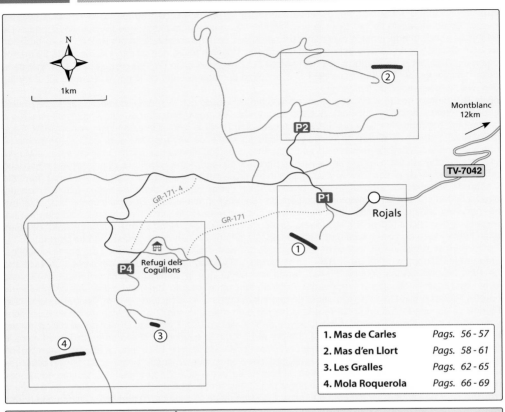

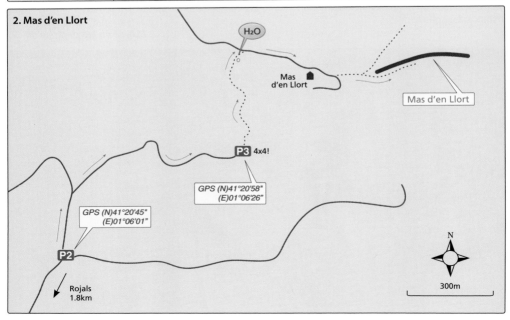

### 2. Mas d'en Llort

H₂O

Mas d'en Llort

Mas d'en Llort

P3 4x4!

GPS (N)41°20'58"
(E)01°06'26"

GPS (N)41°20'45"
(E)01°06'01"

P2

Rojals
1.8km

300m

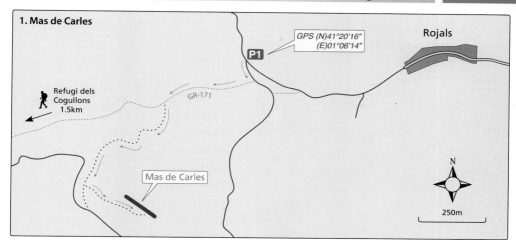

**1. Mas de Carles**

GPS (N)41°20'16"
(E)01°06'14"

P1

Rojals

Refugi dels
Cogullons
1.5km

GR-171

Mas de Carles

N

250m

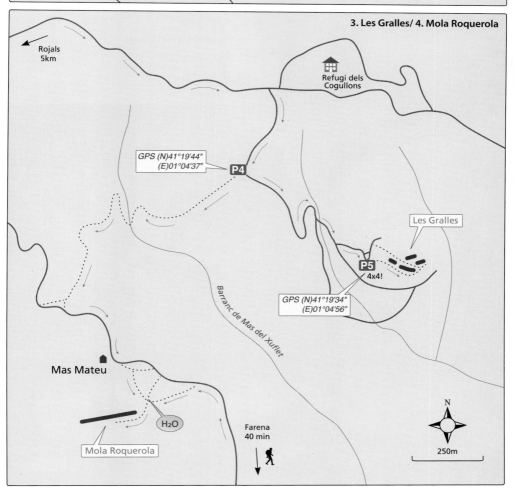

**3. Les Gralles/ 4. Mola Roquerola**

Rojals
5km

Refugi dels
Cogullons

GPS (N)41°19'44"
(E)01°04'37"

P4

Les Gralles

P5
4x4!

GPS (N)41°19'34"
(E)01°04'56"

Barranc de Mas del Xuflet

Mas Mateu

H₂O

Farena
40 min

Mola Roquerola

N

250m

| Nº | Nm | Dif | Mts | ✓ |
|----|-----|-----|-----|---|
| 1 | **Fes, Fes** | 7b/+ | 15 | ☐ |
| 2 | **Xipella** | 8a+ | 15 | ☐ |
| 3 | Proj. | 8b+? | 15 | ☐ |
| 4 | **Guinomania** (proj) | 8a? | 15 | ☐ |
| 5 | **Spurgator** | 6c+ | 12 | ☐ |
| 6 | **Amparito** | 6b+ | 12 | ☐ |
| 7 | **La Farandula** | 6c+ | 12 | ☐ |
| 8 | **Entre Labios anda el Juego** | 7a+ | 13 | ☐ |
| 9 | **Suasang** | 7a+ | 13 | ☐ |
| 10 | **Astrolabio** | 7c | 13 | ☐ |
| 11 | **La Coca de Barberà** | 7b/+ | 13 | ☐ |
| 12 | **A la Llarga** | 6b | 15 | ☐ |
| 13 | **Desnonats i Rebotats** | 6c+ | 16 | ☐ |
| 14 | **Baile Agarrao** | 7a+ | 17 | ☐ |
| 15 | **Mimount** | 7b+ | 15 | ☐ |
| 16 | **Stress** | 7b+ | 15 | ☐ |

1 - 5

6 - 17

18 - 31

| Nº | Nm | Dif | Mts | ✓ |
|----|----|----|----|----|
| 17 | **Argamboy** | 7a | 14 | ☐ |
| 18 | **Bingo de Ganxet** | 7a | 12 | ☐ |
| 19 | **De Pet o no Puc** | 6b | 12 | ☐ |
| 20 | **Jazz de Pagès** | 7b | 16 | ☐ |
| 21 | **Tralla** | 7a+ | 16 | ☐ |
| 22 | **Thai** | 7a | 15 | ☐ |
| 23 | **Siam** | 6c | 15 | ☐ |
| 24 | **Guix** | 6c+ | 15 | ☐ |

| Nº | Nm | Dif | Mts | ✓ |
|----|----|----|----|----|
| 25 | **Ta Tens** | 6c | 15 | ☐ |
| 26 | **Dom Dom** | 7a+ | 15 | ☐ |
| 27 | **Candelaria** | 7a+/b | 15 | ☐ |
| 28 | **Criatura** | 6a | 15 | ☐ |
| 29 | **I Grega** | 7b+ | 16 | ☐ |
| 30 | **Directa al Cervell** | 7b+ | 16 | ☐ |
| 31 | **Perruquet** | 7b+/7c | 15 | ☐ |

P1 20 min

| N° | Nm | Dif | Mts | ✓ |
|----|-----|-----|-----|---|
| 1 | **Andante con Motor** | 6b | 10 | ☐ |
| 2 | **Ramón** | 6a | 12 | ☐ |
| 3 | **Pernill de Puça** | 6b | 14 | ☐ |
| 4 | **Takao** | 6b+ | 14 | ☐ |
| 5 | **Renao** | 6b | 13 | ☐ |
| 6 | **Vudú** | 6a+ | 10 | ☐ |
| 7 | **Gudú** | 6b+ | 12 | ☐ |
| 8 | **Así se ve Más** | 6b+ | 14 | ☐ |

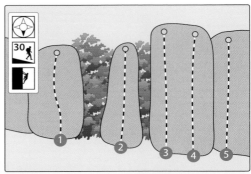

| N° | Nm | Dif | Mts | ✓ |
|----|----|----|----|----|
| 9 | **Boca Pecadora** | 6b+ | 14 | ☐ |
| 10 | **Plou i fa Sol** | 7b | 13 | ☐ |
| 11 | **Toc de Retirada** | 6b+ | 15 | ☐ |
| 12 | **La Pell de Gallina** | 7b | 15 | ☐ |
| 13 | **Mai Diguis mai Més** | 7a+ | 15 | ☐ |
| 14 | **Eau de Tacerd** | 7a+ | 15 | ☐ |
| 15 | **Botxiquilles** | V | 16 | ☐ |
| 16 | **Els Tres Serditus** | 7a+ | 15 | ☐ |

| N° | Nm | Dif | Mts | ✓ |
|----|----|----|----|----|
| 17 | **Caciones Desnudas** | 7b+ | 15 | ☐ |
| 18 | **Toi Onso** | 7a+ | 15 | ☐ |
| 19 | **Cimbel Boys** | 6c | 15 | ☐ |
| 20 | **Paco Taramban** | 6b+ | 15 | ☐ |
| 21 | **Kin Broquil** | 6b+ | 15 | ☐ |
| 22 | **Cool del Jaumet** | 6b | 15 | ☐ |
| 23 | **Hombre Jarra** | 6b+ | 15 | ☐ |
| 24 | **Taloç** | 7a+ | 15 | ☐ |

*Hombre Jarra* 6b+ • Mas d'en Llort
Cogullons • Jordi Besora *(Pag. 59)*

Routes / Vies / Vías 25 - 45: Pag. 61

25 - 27    28 - 34    35 - 37    38 - 39    40 - 45

*Cool del Jaumet* 6b • Mas d'en Llort
Els Cogullons • Jordi Besora *(Pag. 59)*

| N° | Nm | Dif | Mts | ✓ |
|---|---|---|---|---|
| 25 | **No Cal Pica** | 7a | 12 | ☐ |
| 26 | **La Casa dels Misteris** | 7a+ | 12 | ☐ |
| 27 | **Alpesport** (proj) | ?? | 13 | ☐ |
| 28 | **La Socarrimada** | 6c | 12 | ☐ |
| 29 | **Atracció Fatal** | 6c+ | 13 | ☐ |
| 30 | **Demà m'afaitaràs** | 6c | 14 | ☐ |
| 31 | **La Pistonada** | 6c+ | 14 | ☐ |
| 32 | **Pepsi Conya** | 6b+ | 15 | ☐ |
| 33 | **Botifarró** | 6b | 12 | ☐ |
| 34 | **Extraños en un Tren** | 7b | 12 | ☐ |

| N° | Nm | Dif | Mts | ✓ |
|---|---|---|---|---|
| 35 | **L'Esquirol** | 6a | 14 | ☐ |
| 36 | **Burxoc** | 6a | 14 | ☐ |
| 37 | **Mikola** | 6a+ | 15 | ☐ |
| 38 | **Cuanto tiempo Silvestre** | 7a | 15 | ☐ |
| 39 | **La Cafetera** | 6b+ | 15 | ☐ |

| N° | Nm | Dif | Mts | ✓ |
|---|---|---|---|---|
| 40 | **Ya vez Truz** | 7c | 13 | ☐ |
| 41 | **Devórame otra vez** | 8a | 13 | ☐ |
| 42 | **??** | ?? | 14 | ☐ |
| 43 | **Suaument em Mata...** | 7b+ | 15 | ☐ |
| 44 | **Me & Mrs Jones** | 7b+ | 15 | ☐ |
| 45 | **Supermanso** | 7a | 13 | ☐ |

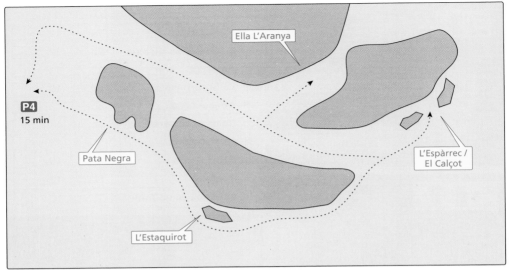

Ella L'Aranya

P4
15 min

Pata Negra

L'Espàrrec /
El Calçot

L'Estaquirot

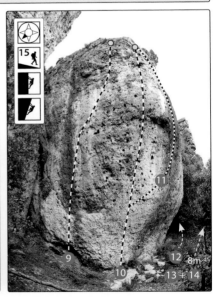

| N° | Nm | Dif | Mts | ✓ |
|----|----|----|----|----|
| 1 | **Fulanito de Tal** | 5 | 12 | |
| 2 | **El Gran Wyoming** | 4+ | 12 | |
| 3 | **Variant de Txapat** | 5 | 12 | |
| 4 | **Txapat per Defunció** | 5 | 12 | |
| 5 | **Tararí que te Vi** | 5+ | 12 | |
| 6 | **La Pila del Greix** | 6a | 7 | |
| 7 | **Siames Aromàtic** | 6a | 12 | |

| N° | Nm | Dif | Mts | ✓ |
|----|----|----|----|----|
| 8 | **Pata Negra** | 6b | 12 | |
| 9 | **Burilla Sarnosa** | 6a | 7 | |
| 10 | **Corcó Social** | 6b+ | 8 | |
| 11 | **El Kap Rapat** | 6c | 8 | |
| 12 | **La Titaranya** | IV | 7 | |
| 13 | **Esperó Caradura** | V+ | 12 | |
| 14 | **Fisurut Caradura** | 6a | 12 | |

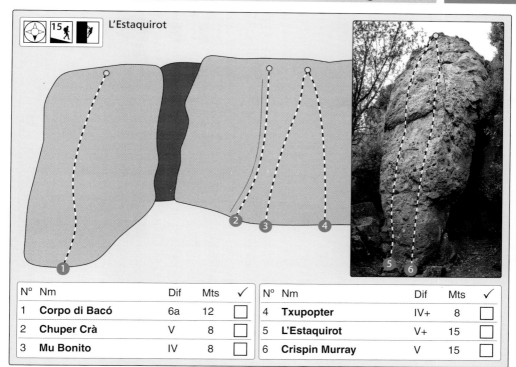

L'Estaquirot

| N° | Nm | Dif | Mts | ✓ |
|----|-----|-----|-----|---|
| 1 | **Corpo di Bacó** | 6a | 12 | ☐ |
| 2 | **Chuper Crà** | V | 8 | ☐ |
| 3 | **Mu Bonito** | IV | 8 | ☐ |

| N° | Nm | Dif | Mts | ✓ |
|----|-----|-----|-----|---|
| 4 | **Txupopter** | IV+ | 8 | ☐ |
| 5 | **L'Estaquirot** | V+ | 15 | ☐ |
| 6 | **Crispin Murray** | V | 15 | ☐ |

*L'Esparracada* 6b+
Les Gralles • Cogullons
Salva Muñoz *(Pag. 65)*

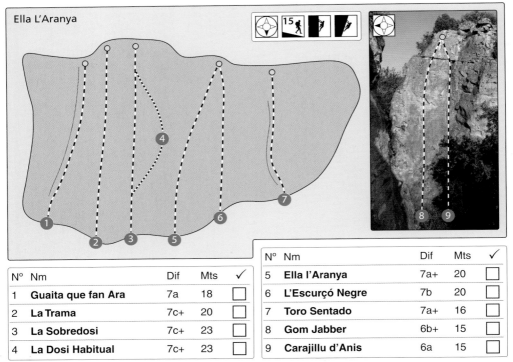

Ella L'Aranya

| Nº | Nm | Dif | Mts | ✓ |
|----|----|----|----|----|
| 1 | **Guaita que fan Ara** | 7a | 18 | ☐ |
| 2 | **La Trama** | 7c+ | 20 | ☐ |
| 3 | **La Sobredosi** | 7c+ | 23 | ☐ |
| 4 | **La Dosi Habitual** | 7c+ | 23 | ☐ |

| Nº | Nm | Dif | Mts | ✓ |
|----|----|----|----|----|
| 5 | **Ella l'Aranya** | 7a+ | 20 | ☐ |
| 6 | **L'Escurçó Negre** | 7b | 20 | ☐ |
| 7 | **Toro Sentado** | 7a+ | 16 | ☐ |
| 8 | **Gom Jabber** | 6b+ | 15 | ☐ |
| 9 | **Carajillu d'Anis** | 6a | 15 | ☐ |

L'Espàrrec / El Calçot

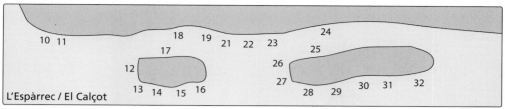

L'Espàrrec / El Calçot

| Nº | Nm | Dif | Mts | ✓ |
|----|----|-----|-----|---|
| 10 | **Pupi Chou** | 6a | 10 | |
| 11 | **Letania contra el Miedo** | 7b+ | 10 | |
| 12 | ?? | 5+ | 15 | |
| 13 | **Araeljailjo** | 6a+ | 15 | |
| 14 | **Normal de l'Espàrrec** | 5+ | 15 | |
| 15 | **Billi Vivillo** | 6a+ | 15 | |
| 16 | **L'Esparracada** | 6b+ | 15 | |
| 17 | **El Maleante** | 7a+ | 15 | |
| 18 | **Rampampimfla** | 6b+ | 12 | |
| 19 | **Oh Noi!** | 6c | 12 | |
| 20 | **Variant Bocabadat** | 7a+ | 12 | |

| Nº | Nm | Dif | Mts | ✓ |
|----|----|-----|-----|---|
| 21 | **Bocabadat** | 7a | 12 | |
| 22 | **Macrobiòtic no Estricte** | 6c+ | 12 | |
| 23 | **Pim, Pam** | 5+ | 12 | |
| 24 | **...de la Bagasseta** | 6a | 12 | |
| 25 | **Wolldam** | 7a | 12 | |
| 26 | **El Banyut** | 7b+ | 12 | |
| 27 | **Malestruc** | 7a | 12 | |
| 28 | **Escurçons dels Cogullons** | 6a | 12 | |
| 29 | **Bestia Parda** | 6a+ | 10 | |
| 30 | **La Calçotada** | 5+ | 10 | |
| 31 | **Tomax** | 6a | 10 | |
| 32 | **Denis** | 6a+ | 12 | |

| Nº | Nm | Dif | Mts | ✓ |
|----|-----|-----|-----|---|
| 1 | ?? | 6a+ | 20 | |
| 2 | ?? | 6a | 20 | |
| 3 | **Kamasutra** | 7b+ | 20 | |
| 4 | **Thailandés** | 6a | 15 | |
| 5 | **Birmano** | 6a | 15 | |
| 6 | **Francés** | 6a+ | 15 | |
| 7 | **Griego** | 6a+ | 15 | |
| 8 | **La Pinga Firminga** | 6a | 15 | |
| 9 | **Mi Minga Dominga** | 6c+ | 15 | |
| 10 | **Mandinga Bolinga** | 7a | 17 | |
| 11 | **Variant** | 7b | 17 | |

| Nº | Nm | Dif | Mts | ✓ |
|----|-----|-----|-----|---|
| 12 | **Bondage** | 7b | 10 | |
| 13 | **Penitenciàgite** | 7c | 10 | |
| 14 | **Matute** | 7a | 15 | |
| 15 | **Cagada Rock** | 7b | 15 | |
| 16 | **Desperta Ferro** | 8a+ | 18 | |
| 17 | **Paella Mixta** | 7b+ | 18 | |
| 18 | **Familia Monster** | 7a | 18 | |
| 19 | **Bolongo hasta la Muerte** | 7b | 20 | |
| 20 | **Kabernícola** | 6b | 20 | |
| 21 | **Karnaza Forestal** | 8a | 17 | |
| 22 | ?? | 8a+ | 20 | |

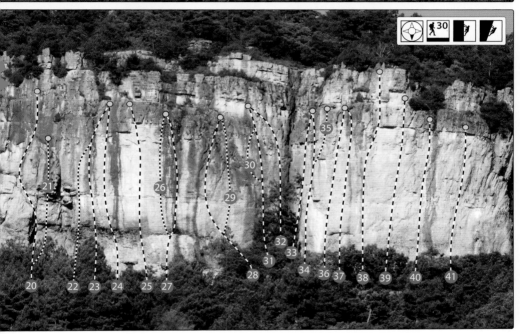

| N° | Nm | Dif | Mts | ✓ |
|---|---|---|---|---|
| 23 | **Mirandolina la Pérfida** | 8b | 20 | ☐ |
| 24 | **Tirant lo Blanc** | 8a | 20 | ☐ |
| 25 | **El Profesional** | 8b+ | 20 | ☐ |
| 26 | ?? | 8a+ | 18 | ☐ |
| 27 | **Testa di Caccio** | 7c | 18 | ☐ |
| 28 | **De Negro Satén** | 7b | 18 | ☐ |
| 29 | **Sisters Falo** | 6b+ | 17 | ☐ |
| 30 | **Ramirurromu (Esquerra)** | 6c+ | 20 | ☐ |
| 31 | **Ramirurromu (Dreta)** | 7a | 20 | ☐ |
| 32 | **Umeboshi** | 6c+ | 18 | ☐ |

| N° | Nm | Dif | Mts | ✓ |
|---|---|---|---|---|
| 33 | **Penélope** | 6c | 18 | ☐ |
| 34 | **Txop Suey de Poll** | 7a+ | 20 | ☐ |
| 35 | **Curry frai rais viz Vegeteibols** | 7b+ | 20 | ☐ |
| 36 | **Nefertiti** | 6c | 20 | ☐ |
| 37 | **La Socarrimada** | 7c+ | 20 | ☐ |
| 38 | **Males Notícies** | 7c+ | 25 | ☐ |
| 39 | **El Proteinete** | 7c | 23 | ☐ |
| 40 | **Herme Argoflot** | 7b | 20 | ☐ |
| 41 | **Kin Bé de Déu** | 7b | 20 | ☐ |

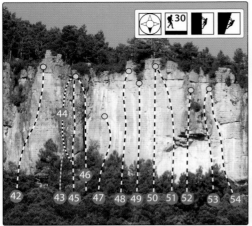

*Penitenciàgite* 7c
Mola Roquerola • Cogullons
Salva Muñoz *(Pag. 66)*

| N° | Nm | Dif | Mts | ✓ |
|----|-----|-----|-----|---|
| 42 | **Megapubilla** | 7a | 20 | ☐ |
| 43 | ?? | 7a | 18 | ☐ |
| 44 | **Maletsigermis** | 6a | 18 | ☐ |
| 45 | **Passión Fruite** | 6a+ | 18 | ☐ |
| 46 | **Spurgame Mucho** | 5+ | 18 | ☐ |
| 47 | **Situaditis** | 6b | 15 | ☐ |
| 48 | **Tónica per Tutti** | 7b | 20 | ☐ |
| 49 | **Kin Samalé** | 7c | 18 | ☐ |
| 50 | **Roella Blanca** | 7c | 21 | ☐ |
| 51 | ?? | 7c+? | 21 | ☐ |
| 52 | **El Despermar** (proj?) | 8a? | 18 | ☐ |
| 53 | **Foc entre les Cames** (proj) | ?? | 18 | ☐ |
| 54 | **Hermes Trimegisto** | 7a | 18 | ☐ |

| N° | Nm | Dif | Mts | ✓ |
|----|-----|-----|-----|---|
| 55 | **Txotxo Loco** | 7b+/c | 12 | ☐ |
| 56 | **Aramatxeku** | 6b | 12 | ☐ |
| 57 | **Aramakotxu** | 6a+ | 12 | ☐ |
| 58 | **Aratalargu** | 6b | 10 | ☐ |
| 59 | **B-52's** | 5+ | 8 | ☐ |
| 60 | **Estrellita Castro** | 5 | 8 | ☐ |
| 61 | **Maminga Laminga** | 5+ | 8 | ☐ |
| 62 | **Labitbitu** | 6a | 10 | ☐ |
| 63 | **Limabiti** | 5+ | 10 | ☐ |

***Roella Blanca*** 7c • Mola Roquerola
Cogullons • Ali Kennedy *(Pag. 68)*

# El Penitent

*Introduction:* Exactly why the El Penitent remained undeveloped until so recently (the first sport-route was only established in 2005) is something of a mystery: these impressive limestone cliffs are clearly visible on the hillside above Montblanc, a town through which many local and visiting climbers have driven over the years on their way to other crags in the region.

So why the neglect? Well, the fact is that transforming 'raw' cliffs into viable sport-climbing areas often requires a great deal of physical effort (not to mention expense) and here was no exception. Paths had to be cut through dense vegetation and stabilized across wobbly boulder-slopes, and considerable amounts of loose rock needed removing from the walls before the 'fun' work of actually equipping could begin.

The result of this Herculean effort is an excellent zone of nearly 100 routes, offering fine technical climbing on vertical or slightly overhanging walls, all very well equipped with modern glue-ins or Parabolts. Although a few harder routes *do* exist it is in the 6a-7a range that El Penitent excels.

With the exception of a handful of routes the cliffs face predominantly south-east and this means climbing is possible not only on sunny winter mornings, until mid or late-afternoon, but also in the evenings during the warmer months of the year.

As with any relatively new climbing area some of the rock is still a little on the fragile side and should be handled with care.

Another thing prospective visitors need to take into account is the steep and rugged 3km off-road track leading from Montblanc up to the main parking area: in dry conditions local climbers make the journey in just about anything on wheels with sufficient clearance, but it is not something for the faint-hearted. Following rain it may well be impossible in anything other than a 4x4.

***Approach****:* approaching Montblanc from the north-west on the N-240, midway between *Km-36* and *Km-35* turn off onto the TV-2421 and follow this (signposted *Montblanc centre)* into the town. On reaching the main road through the town centre turn left, then at the large roundabout turn right (there is a *Bon Àrea* restaurant on the right here). Approaching from the south on the C-14, midway between *Km-34* and *Km-35* turn onto the N-240a and follow this into Montblanc reaching the aforementioned large roundabout after 1.1Km. Continue driving up *Avinguda de Manuel Ribé* through the outskirts of town then, where this road finishes in a dead-end, turn right onto the *Carrer de Josep M. Tossàs* then left again onto an unnamed road, which finishes abruptly (at the moment) about 150m beyond some recycling containers and beneath a small electricity pylon (P1). The track begins here. Follow the track, forking left at a junction after 300m, and thereafter ignoring all deviations both left and right. Other than a short cemented section soon after the start the rest is pure off-road and very rough. After approximately 2.9km park (P2) in a small clearing opposite the far left-hand side of the cliffs, which are clearly visible on the right. If you are in the correct place you will see a small building with a green metal door about 20m metres down a path on the right. Walk down to the building then turn sharply right onto a well-marked path signposted *Roques del Penitent*, and follow this up and right to the left-hand side of **El Penitent la Pasquala**. The path continues rightwards beneath **Roquer del Penitent** (10-15 min.)

An alternative approach involving no off-road driving is also possible. Park by the pylon at the end of the road (P1) then walk up the track, taking the first junction leftwards after 300m. Continue until 20m before the concreted section then turn right onto a well-marked footpath and follow this up into the valley. During the first few hundred metres there are several side paths leading off both left and right: ignore these. Continue up the main path (blue crosses painted on rocks in its upper section) to a junction with a wider track. Turn left and follow this for 25m to a sharp left-hand bend then turn right onto a cleared footpath heading up through the forest. On reaching a huge limestone boulder turn right again, scrambling up a path on the left-hand side of the boulder, then continue up an indefinite trail (marked by cairns) to the foot of the sector (40 min.) Much harder on the legs but a damn site easier on the clutch and suspension!

*Maps on page 72.*

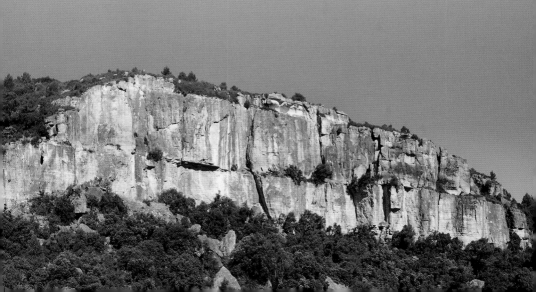

*Introducció*: Montblanc, per la seva privilegiada ubicació, és un poble molt conegut per milers d'escaladors que hi han passat en direcció a altres sectors de la zona, malgrat això, El Roquer del Penitent, situat just per sobre, no ha estat equipat, sorprenentment, fins fa ben poc (la primera via és de 2005).

Llavors, a que és deguda aquesta manca d'interès? La veritat és que convertir unes parets en una zona d'escalada esportiva requereix un gran esforç físic i financer i aquest cas no va ser pas l'excepció. Abans de poder començar amb l'equipament de les vies, es van d'haver d'obrir i netejar camins entre la vegetació espessa, treure els blocs inestables de les parets i finalment netejar el peu de via.

El resultat de tant d'esforç ha estat una excel·lent zona de gairebé 100 vies que ofereix una escalada tècnica sobre parets verticals o lleugerament desplomades, totes molt ben equipades amb ancoratges químics o parabolts. Tot i que hi ha algunes vies força difícils, la gran majoria estan entre 6a-7a i és en aquests graus on el Roquer del Penitent mostra tota la seva vàlua.

Amb l'excepció d'un grapat de vies, les parets tenen orientació sud-est això vol dir que a l'hivern s'hi pot escalar durant tot el dia i en els mesos més calorosos a la tarda. Com és normal en les zones d'escalada noves, encara podem trobar una mica de roca fràgil. Aneu amb cura.

Els nous visitants hauran de tenir en compte la pista d'accés: des de Montblanc hi ha uns 3km de camí força dret i amb corbes fins arribar al pàrquing del sector. Si està seca, els escaladors locals pugen amb gairebé qualsevol vehicle, però si ha plogut serà quasi impossible llevat que tingueu un 4x4.

*Aproximació*: si us aproximeu a Montblanc des del nord-oest per la N-240, entre els Km 36 i 35, agafeu la TV-2421 direcció a *Montblanc centre* cap al poble. Quan estigueu al carrer principal gireu a l'esquerra i quan arribeu a la rotonda, a la dreta (restaurant *Bon Àrea*). Si veniu des del sud per la C-14, entre els Km 34 i 35, gireu cap a la N-240a seguiu-la durant un 1.1km i arribareu a la rotonda abans esmentada. Continueu per *l'Avinguda Manuel Ribé* cap amunt fins als afores del poble on aquesta acaba, gireu cap a la dreta pel *Carrer Josep Maria Tossàs* i després a l'esquerra per un carrer sense nom, que acaba de sobte a uns 150 metres més enllà d'uns contenidors d'escombraries i sota una torre elèctrica (P1). La pista comença aquí. Seguiu-la durant uns 300 metres fins arribar a una cruïlla on agafareu el trencall de l'esquerra, continueu amunt per aquesta pista ignorant les desviacions de la dreta i

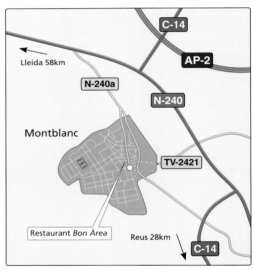

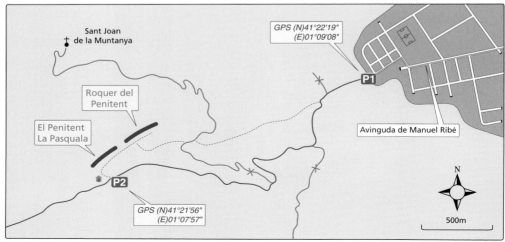

El Penitent La Pasquala
(Pags. 75 - 77)

Roquer del Penitent
(Pags. 78 - 83)

P2
10 min

P1 40 min

l'esquerra. A part d'un tram curt cimentat prop del començament de la pista, en general és bastant dolenta. Després de 2.9km, aparqueu (P2) en un petit espai just davant de la cinglera. Si heu arribat a lloc, veureu una petita caseta (font tancada) amb una porta verda a uns 20 metres del camí cap al sector. Passeu la caseta i continueu pel camí (senyal *Roquer del Penitent*) cap a dalt i a la dreta fins arribar al sector (10-15 minuts). El camí arriba pel peu de via fins al final del sector.

Si no voleu conduir per la pista també hi podeu anar caminat. Aparqueu on hi ha la torre elèctrica (P1), aneu per la pista durant uns 300 metres i a la primera cruïlla agafeu el trencall de l'esquerra, continueu per aquesta fins 20 metres abans d'arribar a la part cimentada, llavors agafeu a la dreta un sender ben marcat que s'endinsa cap a la vall. Durant els primers centenars de metres trobareu altres senders, però vosaltres continueu sempre pel camí principal ( trobareu pedres amb creus pintades de color blau) fins que arribeu a un encreuament amb una pista més ampla. Gireu a l'esquerra i continueu uns 25 metres més fins a una corba tancada a l'esquerra, gireu a la dreta per un caminet que va pel mig del bosc. Quan arribeu a un enorme bloc de pedra, gireu a la dreta un altre cop pujant pel sender que hi ha al costat esquerre del bloc, seguiu un camí menys definit (fites) fins arribar al sector (40 minuts).

**Mapes a la pàgina 72**.

**Introducción**: La razón por la cual el Roquer del Penitent no se ha equipado hasta hace poco (la primera vía es del 2005) es un hecho misterioso: estas atractivas paredes se ven muy bien, justamente encima de Montblanc, un pueblo por el cual han pasado cientos de de escaladores a lo largo de los tiempos hacia los otros sectores de la zona.

Entonces, ¿a qué es debida esta falta de interés? Convertir una pared de roca en una zona atractiva para escalar requiere mucho trabajo y no sólo físico sino también financiero y este caso no fue una excepción: los caminos tuvieron que ser desbrozados y estabilizados. Las paredes se tuvieron que limpiar de bloques inestables hasta que se pudo empezar

a equipar. El resultado de tanto esfuerzo ha sido una excelente zona de casi 100 vías que ofrece una escalada técnica sobre muros verticales o ligeramente extraplomados, todas ellas muy bien equipadas con anclajes químicos o parabolts. Aunque hay vías muy duras, la mayoría están entre 6a-7a y es en estos grados donde el Roquer del Penitent nos muestra su mejor cara. Con algunas excepciones, la pared mira al suroeste, y por lo tanto podremos escalar en invierno todo el día y en verano por la tarde. Como suele pasar con casi todas las zonas de escalada nuevas, todavía podemos encontrar algo de roca suelta, id con cuidado.

Los que accedan por primera vez deben de tener

*Continúa en la página 74* ▷

◁ *Viene de la página 73*

en cuenta que la pista de acceso desde Montblanc es de 3km de largo, muy empinada y con curvas hasta llegar a la zona de aparcamiento del sector. Si está seca, los escaladores locales suben con cualquier tipo de vehículo, pero si ha llovido será casi imposible a menos que tengáis un 4x4.

***Aproximación****:* si os aproximáis a Montblanc desde el noroeste por la N-240, entre los km 36 y 35, tomad la TV-2421 hacia *Montblanc centre* dirección al centro del pueblo. Cuando lleguéis a la calle principal, girad a la izquierda y al llegar a la rotonda girad a la derecha (restaurant *Bon Àrea*) siguiendo la *Avinguda Manuel Ribé*. Si venís desde el sur por la C-14, entre los km 34 y 35, tomad la N-240a y seguidla durante 1.1km hacia Montblanc hasta llegar a la rotonda antes mencionada. Seguid la *Av. Manuel Ribé* hacia arriba hasta las afueras del pueblo, donde se acaba girad a la derecha por la *C/ Josep M. Tossàs* y después hacia la izquierda otra vez por una calle sin nombre que se acaba de golpe a unos 150 metros después de unos contenedores de basura y bajo una torre eléctrica (P1). La pista empieza aquí. Seguid la pista y tomad a la izquierda al cabo de 300 metros y continuad por la pista principal ignorando desviaciones a derecha e izquierda. A parte de algunos tramos de cemento, el resto es una pista bastante mala. Después de 2.9km aparcad (P2) en un pequeño espacio justo delante de las paredes. Si estáis en el lugar correcto, veréis una pequeña caseta (fuente cerrada) con una puerta verde a unos 20 metros por el camino hacia el sector. Pasad la caseta y continuad por el camino (señal *Roquer del Penitent*) hacia arriba y a la derecha hasta llegar al sector (10-15 minutos). El camino llega por el pie de vía hasta el final del sector.

Hay otra posibilidad de llegar al sector sin haber de conducir por la pista. Aparcad en el P1 y continuad por la pista siguiendo por la izquierda después de 300 metros. Unos 20 metros antes de llegar a la pista de cemento, tomad un sendero bien marcado a la derecha que penetra en un valle. Durante los primeros centenares de metros hay otros senderos, continuad por el principal. Seguid y al final encontraréis unas marcas de pintura azul hasta un cruce con una pista ancha. Girad a la izquierda y continuad durante 25 metros más hasta una curva cerrada a la izquierda, id a la derecha por un sendero desbrozado que serpentea por el bosque. Cuando lleguéis a un enorme bloque de piedra, girad a la derecha otra vez subiendo por un camino por el lado izquierdo del bloque de piedra y seguid por otro menos definido (hitos) hasta llegar al sector (40 minutos). ***Mapas en la página 72.***

| N° | Nm | Dif | Mts | ✓ |
|----|----|-----|-----|---|
| 1 | **Irati** | 6b | 12 | ☐ |
| 2 | **Vanessa** | 6a+ | 10 | ☐ |
| 3 | **Joana** | 6b | 10 | ☐ |
| 4 | **Força Far\$a** | 6b+ | 12 | ☐ |
| 5 | **L'Amagada** | V | 10 | ☐ |
| 6 | **Follanius** | 6c+ | 13 | ☐ |

| N° | Nm | Dif | Mts | ✓ |
|----|----|-----|-----|---|
| 7 | **L'Estabornit** | V | 15 | ☐ |
| 8 | **Pep de la Cacharrita** | 6b | 15 | ☐ |
| 9 | **Lluis Esparverat** | 7a+ | 15 | ☐ |
| 10 | **Joan Petroli** | 6a+ | 15 | ☐ |
| 11 | **Ramón Wynn's** | 7a | 15 | ☐ |
| 12 | **Pau Tibant** | V | 15 | ☐ |

*Viejas Glorias* 6b+
El Penitent la Pasquala
Pep Poblet *(Pag. 76)*

| Nº | Nm | Dif | Mts | ✓ |
|----|----|-----|-----|---|
| 13 | **Les Gitanes de Montblanc** | 7a | 20 | ☐ |
| 14 | **Chicharrón de Pirarucú** | 6b | 20 | ☐ |
| 15 | **Si no m'enredo** | 6b+ | 18 | ☐ |
| 16 | **Living les Bepes** | 6b+ | 18 | ☐ |
| 17 | **I Tant** | 6b | 32 | ☐ |
| 18 | **Si Vès** | 6a | 32 | ☐ |
| 19 | **Viejas Glorias** | 6b+ | 32 | ☐ |

| Nº | Nm | Dif | Mts | ✓ |
|----|----|-----|-----|---|
| 20 | **Eternes Promeses** | 6c | 32 | ☐ |
| 21 | **Alimaña Profunda** | 7b | 30 | ☐ |
| 22 | **Bar Coyote** | 6c | 30 | ☐ |
| 23 | **Mono al Dit** | 7b | 30 | ☐ |
| 24 | **Infierno de Cobardes** | 7a | 30 | ☐ |
| 25 | **La Salamandra** | 7a+ | 30 | ☐ |
| 26 | **El Dia Darrer** | 6b | 30 | ☐ |

| Nº | Nm | Dif | Mts | ✓ |
|----|-----|-----|-----|---|
| 27 | **La Goluda** | 6c | 30 | ☐ |
| 28 | **Alpine Stars** | 6b+ | 30 | ☐ |
| 29 | **Paraula d'Honor** | 6c+ | 18 | ☐ |
| 30 | **Repós Etern** | 7b+ | 18 | ☐ |
| 31 | **Pink Martini** | 7a | 18 | ☐ |
| 32 | **Rampa Final** | 6c | 18 | ☐ |

| Nº | Nm | Dif | Mts | ✓ |
|----|-----|-----|-----|---|
| 33 | **Via de l'Anna** | 6c | 18 | ☐ |
| 34 | **Cau de Dragons** | 6c | 18 | ☐ |
| 35 | **Via de la Núria** | 6c | 18 | ☐ |
| 36 | **Baba i Resa** | V | 13 | ☐ |
| 37 | **El Pas de Por** | V+ | 13 | ☐ |
| 38 | **Al Fil** | 6a | 13 | ☐ |

*El Dia de la Béstia* 7a+
Roquer del Penitent
Jordi Besora *(Pag. 82)*

*The Velvet Underground* 7a+
Roquer del Penitent • Alfredo *(Pag. 80)*

| N° | Nm | Dif | Mts | ✓ |
|----|-----|-----|-----|---|
| 1 | **Cal Sherpa de Barberà** | 6a | 12 | |
| 2 | **Cal Català** | 6b | 12 | |
| 3 | **Cal Pubill Carrater** | 6b | 12 | |

| N° | Nm | Dif | Mts | ✓ |
|----|-----|-----|-----|---|
| 4 | **Cal Torrodà** | 6b+ | 12 | |
| 5 | **Obres Púbiques** | 6c | 12 | |
| 6 | **Dragó Suicida** | V+ | 12 | |
| 7 | **L'Incertivol** | 6a+ | 12 | |

Behind the Pinnacle
Darrere de l'Agulla
Detrás de la Aguja

| Nº | Nm | Dif | Mts | ✓ |
|----|----|-----|-----|---|
| 8 | **L'Escorpi** | 6c | 12 | ☐ |
| 9 | **L'Escurçó** | 6b | 12 | ☐ |
| 10 | **L'Esparver** | V+ | 12 | ☐ |
| 11 | **Sis i Quart** | 6a+ | 12 | ☐ |
| 12 | **Variant Cabrón** | V+ | 12 | ☐ |
| 13 | **Blade Runner** | 6c | 15 | ☐ |
| 14 | **Penombra** | 6b | 15 | ☐ |
| 15 | **Espelunca** | 6b+ | 15 | ☐ |

| Nº | Nm | Dif | Mts | ✓ |
|----|----|-----|-----|---|
| 16 | **L'Escala de Jacob** | 6c | 15 | ☐ |
| 17 | **Pinça Birmana** | 6c+ | 15 | ☐ |
| 18 | **2/4's de Sis** | 6a | 15 | ☐ |
| 19 | **Tots Sants** | 6a | 15 | ☐ |
| 20 | **Pols Oposats** | 6c+ | 25 | ☐ |
| 21 | **Wanted Cal Xixonenc** | 6b+ | 28 | ☐ |
| 22 | **Terrània** | 6a+ | 28 | ☐ |
| 23 | **La Diada** | 6b+ | 28 | ☐ |
| 24 | **Marinada Onírica** | 6b | 30 | ☐ |
| 25 | **En el nom del Pare** | 7a | 30 | ☐ |

| Nº | Nm | Dif | Mts | ✓ |
|----|----|-----|-----|---|
| 26 | **The Velvet Underground** | 7a+ | 32 | ☐ |
| 27 | **Cicatriu** | 6c | 18 | ☐ |
| 28 | **L'Home Estàtic** | 7b | 18 | ☐ |
| 29 | **La Puça** | 7b | 18 | ☐ |
| 30 | **El Santuari** | 6b+ | 18 | ☐ |
| 31 | **Eledos** | 7b | 15 | ☐ |
| 32 | **El Temple del Sol** | 7a+ | 15 | ☐ |
| 33 | **Pedra de Foguera** | 6c+ | 17 | ☐ |
| 34 | **El Rei del Mambo** | 6c+ | 17 | ☐ |
| 35 | **Vulva de Neu** | 6c+ | 17 | ☐ |
| 36 | **Capità Enciam** | 6a | 18 | ☐ |

*El Temple del Sol* 7a+
Roquer del Penitent
Joel Martí *(Pag. 80)*

| N° | Nm | Dif | Mts | ✓ |
|----|----|-----|-----|---|
| 37 | **Orelletes** | 6c+ | 20 | ☐ |
| 38 | **Abd el Karim** | 6a+ | 20 | ☐ |
| 39 | **Polvo Gris** | 6c+ | 18 | ☐ |
| 40 | **Béstia Parda** | 7a | 18 | ☐ |
| 41 | **El dia de la Béstia** | 7a+ | 18 | ☐ |
| 42 | **Joaneta** | 7b | 18 | ☐ |

| N° | Nm | Dif | Mts | ✓ |
|----|----|-----|-----|---|
| 43 | **El Portallunes** | 6a | 18 | ☐ |
| 44 | **Starlsbars** | 6c | 18 | ☐ |
| 45 | **Silverado** | 7a | 18 | ☐ |
| 46 | **Ton Pubill** | 6b | 18 | ☐ |
| 47 | **Home de Poca Fe** | 6b+ | 18 | ☐ |
| 48 | **Pick & Roll** | 6c+ | 18 | ☐ |
| 49 | **Camí de Perdició** | 6c+ | 20 | ☐ |

| Nº | Nm | Dif | Mts | ✓ |
|----|----|-----|-----|---|
| 50 | **La Gran Il·lusió** | 7a+ | 20 | ☐ |
| 51 | **Vells Roquers** | 6a+ | 20 | ☐ |
| 52 | **El Gegant del Pi** | V+ | 20 | ☐ |
| 53 | **Feliç Falsetat** | 6b | 20 | ☐ |
| 54 | **Penitentciagite** | 6c | 20 | ☐ |
| 55 | **Dolce Vita** | 6b+ | 20 | ☐ |
| 56 | **Rastre de Sang** | 6c+ | 20 | ☐ |
| 57 | **Penúltim Dia** | 6c | 20 | ☐ |
| 58 | **Sex Magin** | V+ | 20 | ☐ |
| 59 | **Comissari Garrepa** | 6b | 20 | ☐ |

*Home de Poca Fe* 6b+
Roquer del Penitent
Pep Poblet *(Pag. 82)*

# Mont-ral

**Introduction:** The splendid hilltop village of Mont-ral offers little in the way of amenities beyond a church and an excellent and thriving Refugi (open all year round) but the valley below is home to hundreds of high quality rock climbs in a delightfully secluded setting.

The cliffs are not continuous but rather split into a number of distinct features — pinnacles, buttresses and gully-walls — each with its own orientation and character. Because of this it is nearly always possible to find peace and seclusion, even when the zone is relatively busy.

The rough, well-featured limestone offers an abundance of edges and pockets (though some of the easier routes are now becoming rather polished) and with the angle of the rock rarely being steeper than vertical, the zone will appeal mostly to climbers operating between grades V and 7b.

The diverse orientations of the sectors mean climbing is possible here throughout the year: in summer there is ample afternoon shade, particularly inside the narrow corridor between *Els Gegants* and *Paret del Grevol*, while in winter the south-facing walls take maximum advantage of the sun, and the zone is particularly sheltered from cold northerly winds.

More information about all Mont-ral's sectors and routes can be found in the local guidebook *Escaladas en Mont-ral y La Mussara* (Luis Alfonso & Xavi Buxó 2001) and in the topo-books located in the Refugi.

**Approaches:** from the town of Alcover follow the winding TV-7041 up into the *Muntanyes de Prades*. After 11.5km turn left onto the TV-7045. The village (and Refugi) of Mont-ral are accessed by a narrow road turning right 1km after the junction.

For the main climbing areas continue along the TV-7045 for a further 250m before turning left onto a road signposted *Carrer Ample*. After 300m turn right onto an unsurfaced track and follow this across a disused football pitch to park on its far side (P1).

**Terranegra:** from the bottom left-hand corner of the field follow a well-marked footpath leading leftwards for approximately 150m then veering right and descending into a streambed. The path continues down and rightwards to reach the right-hand side of the sector (10 min).

**L'Arrepenjada, Esperó No & El Rovelló:** from the left-hand side of *Terranegra* descend a slippery chimney to reach the base of *L'Arrepenjada* (to the left) and *Esperó No* (to the right). 12 min. *El Rovelló* is a large, free-standing boulder some 20m further down the hillside.

**Els Gegants per Dins & Paret del Grèvol:** from the base of the chimney continue leftwards (facing in) along the foot of the cliffs then enter the gully behind the huge detached pinnacle of *Els Gegants*. The first routes on *Els Gegants per Dins* are situated on the left at the base of the gully, while the higher routes of both sectors are reached using a short Via Ferrata, which gives access to the upper part of the gully (15 min).

**Els Gegants per Davant and El Fus:** as for the previous approach but instead of heading up into the gully follow a path down and left onto the front (east and south) faces of the huge pinnacle (15 min).

**El Riu:** from the foot of *Els Gegants per Davant* follow a path straight downhill. After 10m the path veers sharply to the right then continues across the hillside, descending slightly, to reach the base of the right-hand side of the sector (20 min).

**Lo Maset de Paisan:** approaching from Alcover on the TV-7041, turn left 200m before the junction with the TV-7045. After 30m turn left again onto *Carrer del Julivert* and then almost immediately left again onto an unsurfaced track, which is followed for approximately 200m to a parking place (P2) where it fades out. Here a wooden signpost *Zona d'Escalada* indicates the start of a well-marked path leading downhill to the sectors (15 min). The routes starting from the upper terrace of *Can Tonada* require an exposed scramble to reach them. There is a fixed rope in place here but at the time of writing this is in VERY POOR CONDITION. An alternative way of gaining the terrace is to do the route *Joan Alberich* and from the lower-off continue climbing up unprotected grade 4 rock. *Note:* there is currently a semi-permanent car & caravan occupying about half the space in the parking area and making it very difficult for other vehicles to turn around in. If this remains the case it is probably best to park back on the road.

**Maps on page 89.**

*L'Oru i el Moru* 6c
Lo Maset de Paisan
Mont-ral • Tash Kennedy *(Pag. 98)*

**Introducció:** L'esplèndida situació del poble de Mont-ral enlairat sobre un turó, ofereix pocs serveis més enllà d'una església i un bon refugi (obert tot l'any), però la vall que hi ha a sota, amaga centenars de vies sobre una roca magnífica i en un entorn força tranquil.

Les parets no són contínues, més aviat separades, variades i de diferents formes — agulles, esperons, i canals amples, cadascuna amb la seva orientació i caràcter. Degut a això, gairebé sempre podreu trobar calma i tranquil·litat, fins i tot quan hi hagi força gent.

A Mont-ral hi trobareu una roca calcària aspra, amb moltes formes i amb abundor de regletes i forats (tot i que les vies més fàcils comencen a estar una mica polides) i amb una inclinació que no sol passar de la verticalitat, la zona serà de gran interès pels escaladors entre el V i el 7b.

Les variades orientacions dels sectors us permetran escalar tot l'any: a l'estiu hi ha molta ombra a la tarda, especialment a l'estret passadís entre Els Gegants i la Paret del Grèvol, mentre que a l'hivern a les parets que miren al sud podreu disfrutar del sol i a més la zona sol estar protegida dels vents freds del nord

Podreu trobar més informació sobre tots els sectors de Mont-ral a la guia local Escaladas en La Mussara i Montral (Luis Alfonso i Xavi Buxó, 2001) i a les ressenyes que guarden al Refugi.

**Aproximacions:** des del poble d'Alcover seguiu per la tortuosa carretera TV-7041 que us endinsa a les Muntanyes de Prades. Després d'11.5km gireu a l'esquerra per la TV-7045. Al poble (i al Refugi) de Mont-ral s'hi accedeix per una carretera estreta que gira a la dreta 1km després de la cruïlla.

Per les principals àrees d'escalada continueu per la TV-7045 durant 250 metres i més després gireu a l'esquerra per una carretera amb el senyal Carrer Ample. Seguiu-la durant 300 metres i aleshores gireu a la dreta per una pista sense asfaltar, continueu fins a un camp de futbol en desús i aparqueu a l'extrem més allunyat (P1).

**Terranegra:** des de l'extrem esquerre del camp de futbol, seguiu un camí ben marcat que va cap a l'esquerra durant uns 150 metres i després cap a la dreta i baixa pel llit d'un torrent. El camí continua avall i cap a la dreta fins arribar al costat dret del sector (10 minuts).

**L'Arrepenjada, Esperó No i El Rovelló:** des del costat esquerre del sector Terranegra baixeu per una xemeneia relliscosa fins a la base de L'Arrepenjada, (a l'esquerra) i de l'Esperó No (a la dreta) 12 minuts. El Rovelló és el gran bloc que el trobareu uns 20 metres més avall.

**Els Gegants per Dins i la Paret del Grèvol:** des de la base de de la xemeneia, continueu cap a l'esquerra (mirant endins) pel peu de la paret fins a arribar a una canal darrera una gran agulla que és Els Gegants. Les primeres vies dels Gegants per Dins estan situades a l'esquerra de la base de la canal, mentre que a les vies superiors dels dos sectors hi arribareu utilitzant una via ferrada curta que va a la part superior de la canal (15 minuts).

**Els Gegants per Davant i El Fus:** igual que per l'aproximació anterior però en lloc de pujar per la canal seguiu un sender cap avall i a l'esquerra que us portarà a les parets del davant (est i sud) de la gran agulla (15 minuts).

**El Riu:** des del peu dels Gegants per Davant, seguiu un camí costa avall. Després de 10 metres, aquest gira bruscament cap a la dreta i després continua pel vessant de la muntanya, descendint lleugerament, fins arribar a la base de la part dreta del sector (20 minuts).

**Lo Maset de Paisan:** si veniu des d'Alcover per la TV-7041, gireu a l'esquerra 200 metres abans de l'encreuament amb la TV-7045. Després de 30 metres, gireu a l'esquerra un altre cop pel Carrer del Julivert i després quasi immediatament a l'esquerra, una altra vegada per una pista de terra que la seguireu durant uns 200 metres fins l'aparcament (P2) on s'acaba. Aquí, un senyal de fusta Zona d'Escalada indica l'inici d'un camí ben marcat que us porta costa avall cap als sectors (15 minuts). Per les vies que comencen a la feixa superior de Can Tonada caldrà per una grimpada exposada. Hi ha una corda fixa però actualment està en MOLT MAL ESTAT. Una alternativa per arribar a la feixa és fer la via Joan Alberich i des de la reunió continuar escalant per una zona sense protecció de grau 4. Nota: actualment hi ha una caravana i un cotxe que de forma semi-permanent ocupen la meitat de l'espai del pàrquing, el que fa difícil maniobrar. Serà millor que aparqueu a la carretera.

**Mapes a la pàgina 89**.

**Introducción:** Con una espléndida situación, el pueblo de Mont-ral elevado sobre una colina, ofrece pocos servicios más allá de una iglesia y un buen refugio (abierto todo el año). Pero el valle que tiene a sus pies esconde centenares de vías sobre una roca magnífica y en un lugar muy tranquilo. Las paredes no son contínuas, más bien separadas, variadas y con diferentes formas — agujas, espolones y canales anchas, cada una con su orientación y carácter. Debido a esto, siempre podremos encontrar paz y tranquilidad, incluso cuando haya mucha afluencia de gente.

En Mont-ral encontraréis una roca caliza áspera, con muchas formas y con abundancia de regletas y agujeros (aunque las vías más fáciles empiezan a estar algo pulidas) y con una inclinación que no suele pasar de la verticalidad, la zona será de gran interés para los escaladores entre el V y el 7b. Las variadas orientaciones de los sectores os permitirán escalar todo el año: en verano hay mucha

*Continúa en la página 88* ▷

*Trinxalaire* 7c+
Lo Maset de Paisan
Mont-ral • Ali Kennedy *(Pag. 100)*

◁ *Viene de la página 86*

sombra por la tarde, especialmente en el estrecho pasadizo, entre los *Gegants* y la *Paret del Grèvol*, mientras que en invierno en las paredes de la cara sur podréis disfrutar del sol y la zona suele estar protegida de los fríos vientos del norte.

Podréis encontrar más información sobre todos los sectores de Mont-ral en la guía local *Escaladas en La Mussara y Montral* (Luis Alfonso y Xavi Buxó, 2001) y en las reseñas que guardan en el Refugi.

**Aproximaciones**: desde el pueblo de Alcover, seguid la tortuosa carretera TV-7041 que os lleva hacia el corazón de las *Muntanyes de Prades*. Después de 11.5km, girad a la izquierda por la TV-7045. Al pueblo (y al Refugio) de Mont-ral se accede por una carretera estrecha que gira a la derecha 1km después del cruce.

Para las principales áreas de escalada, continuad por la TV-7045 durante uns 250 metros, entonces girad a la izquierda por una carretera con la señal *Carrer Ample*. Después de 300 metros, girad a la derecha por una pista sin asfaltar, seguidla hasta a un campo de futbol en desuso, aparcad en el extremo más alejado (P1).

**Terranegra**: desde el extremo izquierdo del campo de futbol, seguid un camino bien marcado que os lleva hacia la izquierda durante unos 150 metros, después girad hacia la derecha bajando por el lecho de un torrente.El camino continúa hacia abajo y a la derecha hasta llegar al lado derecho del sector (10 minutos).

**L'Arrepenjada, Esperó No y El Rovelló**: desde el lado izquierdo del sector *Terranegra* descended por una chimenea resbaladiza hasta alcanzar la base de *L'Arrepenjada* (a la izquierda) y *del Esperó No* (a la derecha) 12 minutos. *El Rovelló* es el gran bloque que encontraréis 20 metros más abajo.

**Els Gegants per Dins y la Paret del Grèvol**: desde la base de de la chimenea continuad hacia la izquierda (mirando adentro) por el pie de la pared hasta llegar a una canal detrás de la enorme aguja *(Els Gegants)*. Las primeras vías de *Els Gegants per Dins* están situadas a la izquierda de la canal, mientras que a las vías superiores de ambos sectores se llega mediante una corta vía ferrata que da acceso a la parte superior de la canal (15 minutos).

**Els Gegants per Davant y El Fus**: igual que para la aproximación anterior pero en lugar de subir por la canal, seguid un sendero que va hacia abajo y a la izquierda hasta las paredes delanteras (este y sur) de la gran aguja (15 minutos).

**El Riu**: desde el pie de *Els Gegants per Davant* seguid un sendero directo hacia abajo. Después de 10 metros el camino gira bruscamente hacia la derecha y después continúa por la ladera de la montaña, descendiendo ligeramente, hasta llegar a la base de la parte derecha del sector (20 minutos).

**Lo Maset de Paisan**: si venís desde d'Alcover por la TV-7041, girad a la izquierda 200 metros antes del cruce con la TV-7045. Después de 30 metros, girad a la izquierda otra vez por el *Carrer del Julivert* y después casi inmediatamente a la izquierda otra vez por una pista de tierra, la cual seguiréis durante unos 200 metros hasta llegar al aparcamiento (P2) donde ésta termina. Aquí, una señal de madera *Zona d'Escalada* indica el inicio de un camino bien marcado que os lleva cuesta abajo a los sectores (15 minutos). Para las vías que empiezan en la terraza superior de *Can Tonada* hay que trepar de manera un tanto expuesta. Hay una cuerda fija, pero actualmente, EN MUY MALAS CONDICIONES. Una alternativa para llegar a la mencionada terraza sería escalar la vía *Joan Alberich* y desde la reunión, continuar escalando por una zona sin protección de grado 4. Nota: actualmente hay una caravana y un coche aparcados en el parking de forma semipermanente. Dichos vehículos ocupan la mitad del espacio del parking, lo que supone para el resto de vehículos una cierta dificultad para girar. Es preferible apacar en la carretera.

***Mapas en la página 89.***

*Gos Salvatge* 6b
El Riu • Mont-ral
Emili Bou *(Foto: 90)*

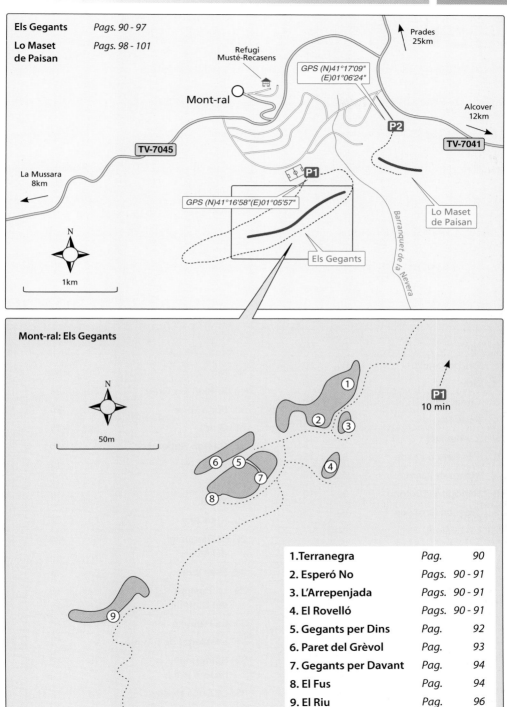

**Els Gegants** *Pags. 90 - 97*

**Lo Maset de Paisan** *Pags. 98 - 101*

Refugi Musté-Recasens

Mont-ral

GPS (N)41°17'09" (E)01°06'24"

Prades 25km

Alcover 12km

P2

TV-7045

TV-7041

La Mussara 8km

P1

GPS (N)41°16'58"(E)01°05'57"

Els Gegants

Lo Maset de Paisan

Barranquet de la Nevera

N

1km

**Mont-ral: Els Gegants**

N

50m

P1 10 min

1
2
3
4
5
6
7
8
9

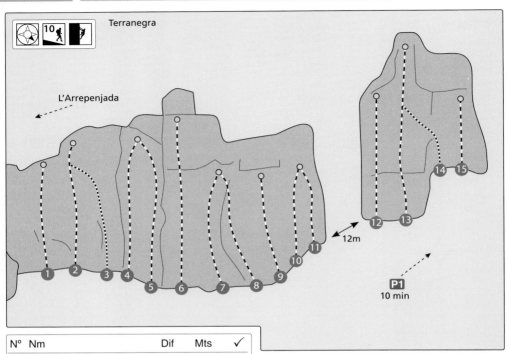

Terranegra

L'Arrepenjada

12m

**P1**
10 min

| N° | Nm | Dif | Mts | ✓ |
|---|---|---|---|---|
| 1 | **Per la Canalla** | IV+ | 10 | ☐ |
| 2 | **Not** | V+ | 10 | ☐ |
| 3 | **Canal Pus** | 6a+ | 10 | ☐ |
| 4 | **Peus Negres** | 6a | 12 | ☐ |
| 5 | **... i Fumats** | V+ | 12 | ☐ |
| 6 | **Yes Fatu o Faiste** | 6a | 15 | ☐ |
| 7 | **Llamp de Llamp** | IV+ | 10 | ☐ |
| 8 | **Recoponostiofono** | 6a | 10 | ☐ |
| 9 | **Trossos Grossos** | V+ | 8 | ☐ |
| 10 | **L'Il·luminat** | IV+ | 7 | ☐ |
| 11 | **El Tió Lila** | IV+ | 7 | ☐ |
| 12 | **Comissari Negret** | V | 12 | ☐ |
| 13 | **Tula, Abdula, Gandula** | V | 16 | ☐ |
| 14 | **Tirabol** | V | 10 | ☐ |
| 15 | **Cocoricó** | IV | 6 | ☐ |
| 16 | **Grisdemena** | 7a+ | 30 | ☐ |
| 17 | **Mariscal, fill de Cobi** <br> L1 7b, L2 6c | 7b | 45 | ☐ |
| 18 | **Ella es Así**    L1 | 6c | 25 | ☐ |
| |            L1+L2 | ?? | 38 | ☐ |

| N° | Nm | Dif | Mts | ✓ |
|---|---|---|---|---|
| 19 | **Si Plou fas Grau** | 6a+ | 22 | ☐ |
| 20 | **Por a Volar** | 6b+ | 20 | ☐ |
| 21 | **Guirli** | 6c+ | 15 | ☐ |
| 22 | **Gaston Rebotat** | IV+ | 15 | ☐ |
| 23 | **Rana** | 7a | 12 | ☐ |
| 24 | **Ta** | 6b+ | 12 | ☐ |
| 25 | **Yu Yu** | 6a+ | 12 | ☐ |
| 26 | **Kin Kony** | 6b | 20 | ☐ |
| 27 | **El Bloqueig** <br> **del Guaje** | 6b | 20 | ☐ |
| 28 | **Mala Vida** | 6a+ | 18 | ☐ |
| 29 | **La Pastera** <br> **del Dimoni** | 6a+ | 16 | ☐ |
| 30 | **La Pandilla** | V+ | 16 | ☐ |
| 31 | **L'Encagat de l'Aigua** | V | 14 | ☐ |
| 32 | **Spiderman,** <br> **l'home Anca** | 7b | 12 | ☐ |
| 33 | **La Coca Nostra** | 7a | 12 | ☐ |
| 34 | **L'Hipo Tomàs** | 6c | 12 | ☐ |

Esperó No

L'Arrepenjada

27

26  28  29  30  31

El Rovelló

32  33  34

L'Arrepenjada

16  17  18  19  20  21  22  23  24  25

32 — 34

26 — 31

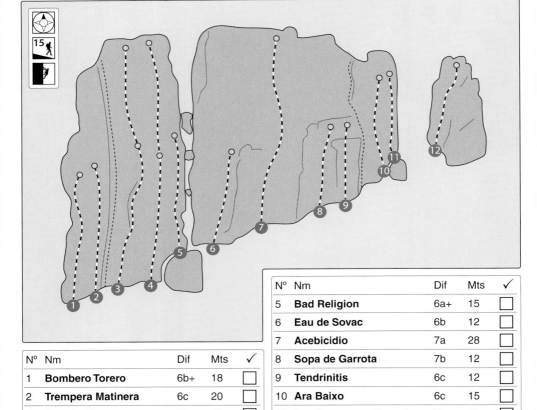

| N° | Nm | Dif | Mts | ✓ |
|---|---|---|---|---|
| 1 | **Bombero Torero** | 6b+ | 18 | ☐ |
| 2 | **Trempera Matinera** | 6c | 20 | ☐ |
| 3 | **Foc als Dits** | 7b+ | 40 | ☐ |
| 4 | **Estat d'Eufòria** | 7a+ | 40 | ☐ |

| N° | Nm | Dif | Mts | ✓ |
|---|---|---|---|---|
| 5 | **Bad Religion** | 6a+ | 15 | ☐ |
| 6 | **Eau de Sovac** | 6b | 12 | ☐ |
| 7 | **Acebicidio** | 7a | 28 | ☐ |
| 8 | **Sopa de Garrota** | 7b | 12 | ☐ |
| 9 | **Tendrinitis** | 6c | 12 | ☐ |
| 10 | **Ara Baixo** | 6c | 15 | ☐ |
| 11 | **Les Oques van Descalces** | V+ | 15 | ☐ |
| 12 | **Dels Pioners** | V | 12 | ☐ |

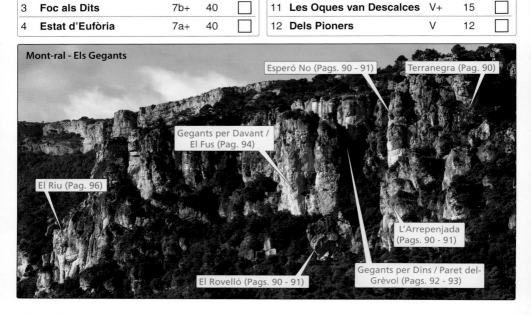

Mont-ral - Els Gegants

Esperó No (Pags. 90 - 91)

Terranegra (Pag. 90)

Gegants per Davant / El Fus (Pag. 94)

El Riu (Pag. 96)

L'Arrepenjada (Pags. 90 - 91)

El Rovelló (Pags. 90 - 91)

Gegants per Dins / Paret del Grèvol (Pags. 92 - 93)

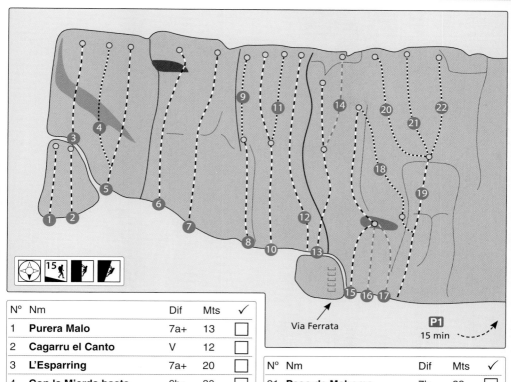

Via Ferrata

**P1**
15 min

| N° | Nm | Dif | Mts | ✓ |
|---|---|---|---|---|
| 1 | **Purera Malo** | 7a+ | 13 | ☐ |
| 2 | **Cagarru el Canto** | V | 12 | ☐ |
| 3 | **L'Esparring** | 7a+ | 20 | ☐ |
| 4 | **Con la Mierda hasta los Codos** | 6b+ | 30 | ☐ |
| 5 | **Xocolatex** | 6b+ | 30 | ☐ |
| 6 | **Crisol** | 7a+ | 30 | ☐ |
| 7 | **L'Insubmís** | 7c+ | 35 | ☐ |
| 8 | **Monomatapa** | 6b+ | 20 | ☐ |
| 9 | **Malditos Espías** | 6b | 18 | ☐ |
| 10 | **La Potència del l'Eunuc** | 6c+ | 40 | ☐ |
| 11 | **Eunuc en Potència** | 6b+ | 20 | ☐ |
| 12 | ?? | ?? | 40 | ☐ |
| 12 | **Mohawk** | 6b | 35 | ☐ |
| 14 | ?? | ?? | 20 | ☐ |
| 15 | **Assasina Graells** L1 IV+, L2 7a+ | 7a+ | 42 | ☐ |
| 16 | **Sancho Picha** | 6a+ | 12 | ☐ |
| 17 | **Don Cipote de la Mancha** | 6a+ | 12 | ☐ |
| 18 | **Mil Pericas Sueltas** | 7a+ | 20 | ☐ |
| 19 | **Seive Guarre** | 6b | 25 | ☐ |
| 20 | **Espérame en el Cielo** | 7a+ | 22 | ☐ |

| N° | Nm | Dif | Mts | ✓ |
|---|---|---|---|---|
| 21 | **Paso de Mahoma** | 7b | 22 | ☐ |
| 22 | **A Picar Culs que demà és Festa** | 7a+ | 22 | ☐ |

*Derribus I Enderrocus* 6a+
Els Gegants • Mont-ral
Albert Cortés *(Pag. 84)*

| Nº | Nm | Dif | Mts | ✓ |
|----|----|-----|-----|---|
| 1 | **Massa Feina** | 7b | 32 | ☐ |
| 2 | **Isidru** | 7b+ | 30 | ☐ |
| 3 | **Ojo la Laja** (L1) | V+ | 13 | ☐ |
| 4 | **Alamut** | 7b+ | 25 | ☐ |
| 5 | **Sólo para Ella** | 7b+ | 38 | ☐ |
| 6 | **El Problema de la Gula** | 6c | 15 | ☐ |
| 7 | **Aquí vé el Dilema** | 7a+ | 45 | ☐ |
| 8 | **Setciències** | 6a | 15 | ☐ |

| Nº | Nm | Dif | Mts | ✓ |
|----|----|-----|-----|---|
| 9 | **Deponga su Actitú** | 7c | 20 | ☐ |
| 10 | **Najarkala** | 6c | 18 | ☐ |
| 11 | **Derribus i Enderrocus** | 6a+ | 20 | ☐ |
| 12 | **No em Toquis el Pitu, que m'Irritu** | 6b | 28 | ☐ |
| 13 | **Calipso** | 6c | 30 | ☐ |
| 14 | **Réquiem per un Volvo** | 6c+ | 28 | ☐ |
| 15 | **Eslava** | 6b+ | 25 | ☐ |
| 16 | **Wötsch Txitxa** | 6c | 25 | ☐ |

*Eslava* 6b+
Els Gegants • Mont-ral
Albert Cortés *(Pag. 94)*

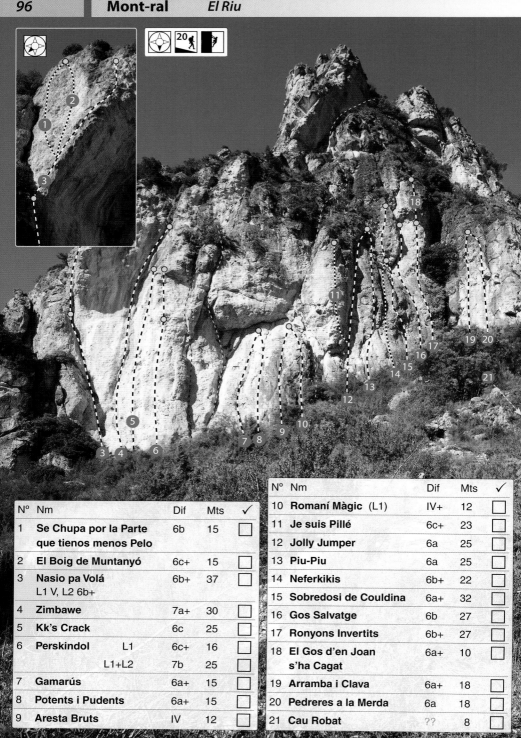

| N° | Nm | | Dif | Mts | ✓ |
|----|----|----|----|-----|---|
| 1 | Se Chupa por la Parte que tienos menos Pelo | | 6b | 15 | ☐ |
| 2 | El Boig de Muntanyó | | 6c+ | 15 | ☐ |
| 3 | Nasio pa Volá L1 V, L2 6b+ | | 6b+ | 37 | ☐ |
| 4 | Zimbawe | | 7a+ | 30 | ☐ |
| 5 | Kk's Crack | | 6c | 25 | ☐ |
| 6 | Perskindol | L1 | 6c+ | 16 | ☐ |
| | | L1+L2 | 7b | 25 | ☐ |
| 7 | Gamarús | | 6a+ | 15 | ☐ |
| 8 | Potents i Pudents | | 6a+ | 15 | ☐ |
| 9 | Aresta Bruts | | IV | 12 | ☐ |

| N° | Nm | Dif | Mts | ✓ |
|----|----|-----|-----|---|
| 10 | Romaní Màgic  (L1) | IV+ | 12 | ☐ |
| 11 | Je suis Pillé | 6c+ | 23 | ☐ |
| 12 | Jolly Jumper | 6a | 25 | ☐ |
| 13 | Piu-Piu | 6a | 25 | ☐ |
| 14 | Neferkikis | 6b+ | 22 | ☐ |
| 15 | Sobredosi de Couldina | 6a+ | 32 | ☐ |
| 16 | Gos Salvatge | 6b | 27 | ☐ |
| 17 | Ronyons Invertits | 6b+ | 27 | ☐ |
| 18 | El Gos d'en Joan s'ha Cagat | 6a+ | 10 | ☐ |
| 19 | Arramba i Clava | 6a+ | 18 | ☐ |
| 20 | Pedreres a la Merda | 6a | 18 | ☐ |
| 21 | Cau Robat | ?? | 8 | ☐ |

*Arramba I Clava* 6a+
El Riu • Mont-ral
Emili Bou *(Pag. 99)*

| Nº | Nm | Dif | Mts | ✓ |
|----|-----|-----|-----|---|
| 1 | **Temperatura Ambient** | 6b+ | 20 | ☐ |
| 2 | **Ditxu i Etxu** | 6b+ | 20 | ☐ |
| 3 | **L'Oru i el Moru** | 6c | 22 | ☐ |

| Nº | Nm | Dif | Mts | ✓ |
|----|-----|-----|-----|---|
| 4 | **Frai Gerundio de Campazas** | 6c+ | 22 | ☐ |
| 5 | **De Morros i Cristians** | 6b+ | 20 | ☐ |
| 6 | **Llorenç de l'Aixaviga** | 7a | 22 | ☐ |
| 7 | **Creuada a l'Artijol** | 6c+ | 15 | ☐ |

Mont-ral - Lo Maset de Paisan

L'Androna

Can Tonada (Pag.100)

Can Sansi (Pags.100 -101)

Fixed Rope
Corda Fixa
Cuerda Fija

10 min
P2

*L'Oru i el Moru* 6c • Lo Maset de Paisan • Mont-ral • Tash Kennedy *(Pag. 98)*

| N° | Nm | Dif | Mts | ✓ |
|----|----|-----|-----|---|
| 1 | Sexe, Grogues i Sardanes | V+ | 12 | ☐ |
| 2 | Suc de Maruixa | 6a | 12 | ☐ |
| 3 | Una Pena | V+ | 12 | ☐ |
| 4 | Bagué-Pijoan | 6a | 31 | ☐ |
| 5 | La Veritat entre les Cuixes | 6b+ | 25 | ☐ |
| 6 | Trinxalaire | 7c+ | 22 | ☐ |
| 7 | El Menjatallarins | 7b+ | 28 | ☐ |
| 8 | Joan Alberich | 6a | 18 | ☐ |
| 9 | Salva-Slip | 6c | 22 | ☐ |
| 10 | L'Obesa Negra | 6c | 20 | ☐ |
| 11 | TKT | 7a | 25 | ☐ |
| 12 | Autista Aspaventato | 6c+ | 28 | ☐ |
| 13 | Flix Flax | 7a+ | 28 | ☐ |
| 14 | La Mostrenka | 7a | 20 | ☐ |
| 15 | L'Home | 6a | 25 | ☐ |
| 16 | L'Escalador | 6b | 25 | ☐ |
| 17 | El Fotograf | 6a | 25 | ☐ |
| 18 | Anant amb Temps | 6a | 15 | ☐ |
| 19 | Modus Vivendi | 6c | 15 | ☐ |
| 20 | Ni Déu, ni Amo | 7b+ | 20 | ☐ |

| N° | Nm | Dif | Mts | ✓ |
|----|----|-----|-----|---|
| 21 | Yo Sune, tú Chita | ?? | 20 | ☐ |
| 22 | Yo Soy Esa | ?? | 20 | ☐ |
| 23 | Males Arts | 6b | 20 | ☐ |
| 24 | L'Esgarrapacristus | 6c+ | 25 | ☐ |

Fixed Rope
Corda Fixa
Cuerda Fija

Fixed Rope in bad condition!
Corda Fixa en molt mal estat!
¡Cuerda Fija en muy malas
condiciones!

# La Mussara

**Introduction**: This very extensive zone has been a firm favourite with both local and visiting climbers for more than two decades. It ticks all the right boxes: superb limestone cliffs with a predominantly southerly orientation, situated in one of the most beautiful and spectacular settings in the *Serra de Prades* mountains.

The rock is rarely more than a few degrees either side of vertical, and with dozens of classic grade V's and 6's to choose from La Mussara is yet another of Tarragona's low and mid-grade Meccas.

The climbing here is perhaps the most varied of any of the region's zones offering not just the usual diet of edges and pockets, but strenuous crack lines and technical bridging corners as well.

All this good news comes with one caveat: many of the older classics are becoming rather polished and this, combined with some very stiff 'old school' grading (especially in the *Antenes* sectors) means La Mussara is not exactly the place for massaging one's ego!

Together with great routes and wonderful views extending out to the Mediterranean Sea, the zone also boasts a comfortable and well-run Refugi offering accommodation and meals, as well as information about the latest routes. One can also purchase the local guidebook here, sales of which are a vital source of funding for re-equipping the older routes and establishing new ones. A further source of information is *Escaladas en Montral y La Mussara* (Luis Alfonso & Xavi Buxó 2001).

**Approaches**: the parking areas for all sectors except *Les Campanilles* are situated between *Km-15* and *Km-16* on the T-704, approximately 20km from Reus.

**Antenes area (Tot Grau, Roure, Primitiu, Taronja, La Proa, Del Mig, Diedres & Totxo d'en Tuc)**: from the main parking area (P1) next to the T-704, follow the road uphill for 50m then turn left onto a very well-marked path heading towards the cliffs. After 200m (at the *Font del Roure*) the path splits: the main path heads up and right towards the TV masts, while the lower path (blue/yellow paint marks) goes horizontally left along the base of the cliffs. From this, at various points along the way (marked by cairns) small offshoot paths lead up to the individual sectors. The closest sector to the road *Tot Grau* is reached in 5 minutes while the furthest, *Totxo d'en Tuc* requires around 20 minutes. *Note:* the routes on sector *Taronja* start from an exposed ledge-system situated some 15m above the ground, which can be approached either from the left-hand side of sector *Primitiu* or the right-hand side of sector *La Proa*.

**La Isabel:** from P1 follow a trail southwards heading downhill. The path is rather vague at first but quickly becomes more obvious as it descends through trees and old terrace-walls. After approximately 200m one reaches the top of the sector (careful here!). Turn left and follow the edge of the cliff for 50m to reach the top of a series of fixed ropes and iron rungs. Descend these then turn right (looking out) and follow a vegetated trail beneath the wall to a terrace at the foot of the sector (15 min). *Note:* this approach is entirely unsuitable for dogs, and non-climbers should be equipped with Via Ferrata gear. If necessary, a slightly longer but more relaxed approach is possible by using the approach for sector *Lo Raval* then following a reasonably well-marked path westwards along the base of the cliffs.

**Lo Raval:** from P1 continue driving along the unsurfaced track for approximately 200m to parking places on the left (P2). On foot, follow a well-marked path heading south, descending through the cliff-bands. At the foot of the wall continue down and left (facing out) to reach the base of the sector (15 min).

**Lo Soterrani:** from P1 continue driving along the unsurfaced track (passing the parking area for sector *Lo Raval)* for approximately 450m to where the main track ends. Park here (P3) next to a signpost for *Font Major*. Walk a few metres back towards the road then turn left onto another track. Follow this for 100m then branch right onto a well-marked footpath (a yellow triangle is painted on a cairn where the path starts). Follow the path (ignoring a right-fork after 100m) for approximately 450m, finally descending a rocky gully to the foot of the cliffs. For *Agulla Gaudí* turn right (looking out); for all other sectors turn left (15-20 min). *Note:* the condition of the track between P2 and P3 is gradually worsening. Parking at P2 and walking the rest of the way may be the better alternative.

**Les Campanilles**: from the *Refugi de La Mussara* (P4) walk east (away from the road) along a well-marked footpath. After approximately 100m fork right (there is a red and white cross painted on a rock here) and continue down and right, passing below a sector featuring several routes with glued on holds (sector *Parvulari* - not described). Follow the path (marked with blue/white and blue/orange paint marks) zigzagging down the hillside. At the eighth zig (or should it be zag?) just after some large blocks, a narrow side-track branches off to the right (orange and blue marks painted on a rock where it begins). Follow the path rightwards for approximately 350m to where it joins a much larger dirt track. Turn right onto this and continue for 160m, then turn left (cairn) onto a vague trail marked by more cairns. After 80m the trail enters a dry streambed: descend this, bypassing a steep smooth slab on its right-hand side (looking out). The final few metres descend a vertical 5m wall with the assistance of some iron rungs, then turn left (facing out) and follow a path along the base of the wall before scrambling up onto a terrace below the sector (30 min).

***Maps on pages 106-107.***

**Introducció**: Aquesta extensa zona ha estat el preferida dels escaladors locals i visitants durant més de dues dècades. Té tot el que ha de tenir: una roca excel·lent amb orientació principalment sud i està situada en un dels indrets més bonics i espectaculars de la *Serra de Prades*.

Les parets normalment no passen de verticals i amb dotzenes de vies entre el 5è i 6è grau per triar. La Mussara és una de les millors destinacions a Tarragona pels qui busquin aquestes graduacions.

L'escalada és segurament la més variada de totes les zones que abasta aquesta guia, oferint no només el menú habitual de forats i regletes, sinó també esgotadores fissures i díedres molt técnics.

A part de magnífiques vies i vistes espectaculars que s'estenen fins al Mediterrani, la zona té també un refugi ben equipat que ofereix allotjament, menjars i tota la informació actualitzada de les últimes vies.

Però, a La Mussara, no tot són flors i violes. Degut a la seva popularitat moltes de les vies clàssiques estan bastant polides, i això, combinat amb unes graduacions força ajustades (especialment al sector *Antenes)* fa que aquesta zona no sigui la millor per lluir-se encadenant vies amb la graduació regalada!!!

**Aproximacions**: els pàrquings per tots els sectors excepte el de *Les Campanilles* estan situats entre els *Km-15* i *Km-16* de la T-704, a uns 20km de Reus.

**Antenes (sectors Tot Grau, Roure, Primitiu, Taronja, La Proa, Del Mig, Díedres i Totxo d'en Tuc):** des del P1 al costat de la T-704, seguiu la carretera cap amunt durant 50 metres i després agafeu a l'esquerra un camí ample molt ben fressat direcció cap a les parets. Després de 200 metres *(Font del Roure)* el camí es divideix. El principal va amunt i a la dreta cap a les antenes de TV, mentre que el vostre camí continua planejant per la base de la cinglera (marques de pintura blava/groga). Des d'aquest camí caldrà trobar els trencalls que porten a cada sector. Al més proper a la carretera, *Tot Grau*, hi arribareu en 5 minuts i al més llunyà, *Totxo d'en Tuc*, tardareu 20 minuts. *Nota:* les vies del sector *Taronja* comencen en una feixa bastant estreta i exposada a uns 15 metres per sobre del camí. Hi podreu arribar des de l'esquerra del sector *Primitiu* o per la dreta de *La Proa*.

**La Isabel:** des del P1 seguiu un caminet cap al sud, costa avall. Al començament el camí és una mica fonedís, però aviat es fa ben evident mentre baixa entre arbres i marges de cultius abandonats. Després de 200 metres arribareu a damunt del sector (aneu amb compte). Llavors girareu cap a l'esquerra, seguint per la voreta de la cinglera durant uns 50 metres fins que trobareu unes cordes fixes i graons de ferro. Baixeu, gireu a la dreta (mirant cap enfora) i seguiu el camí una mica obstruït per la vegetació de sota la paret fins que arribeu a

la feixa de sota el sector (15 minuts). *Nota:* aquesta aproximació no és adequada per gossos, i els no escaladors s'ho haurien de prendre com si anessin a fer una via ferrada. També hi podreu arribar d'una altra manera una pel més llarga i relaxada, fent servir l'aproximació pel sector *Lo Raval* i després seguint cap l'oest un caminet bastant ben marcat que recorre la base de les parets.

**Lo Raval:** des del P1 continueu conduint cap a l'est per una pista de terra durant uns 200 metres fins trobar l'aparcament a mà esquerra (P2). A peu, continueu per un camí ben marcat cap al sud, que va baixant entre petites cingleres. Un cop hagueu arribat al peu de la paret continueu avall i a l'esquerra (mirant enfora) fins a la base del sector (15 minuts).

**Lo Soterrani:** des del P1 continueu conduint per la pista de terra (passant el P2 del Raval) durant uns 450 metres, fins on acaba la pista principal. Aparqueu aquí (P3) al costat d'un cartell *Font Major*. Camineu uns metres enrere cap a la carretera i gireu a l'esquerra per una altra pista, seguiu-la durant uns 100 metres i després agafeu a la dreta un camí ben marcat (triangle groc pintat en una fita on comença el camí). Seguiu el camí durant 450 metres, sense fer cas d'un desviament a la dreta al cap de 100 metres. Al final baixareu per una canal

*Continua a la pàgina 106* ▷

**Dinamita pa los Pollos** 7b
Els Diedres • La Mussara
Jordi Pijuan (Pag. 119)

◁ *Ve de la pàgina 104*
fins arribar al peu del sector. Per *l'Agulla Gaudí*
gireu a la dreta (mirant enfora); pels altres sectors
gireu a l'esquerra (15-20 minuts).
-*Nota:* l'estat de la pista entre el P2 i P3 cada dia
està pitjor, així que és aconsellable que aparqueu al
P2 i camineu des d'allí.
**Les Campanilles**: des del *Refugi de La Mussara*
(P4) camineu cap a l'est (contrari de la carretera)
per un camí ben marcat. Després d'uns 100 metres
gireu a la dreta (creu blanca i vermella pintada a
la roca) i continueu avall i a la dreta, passant un
sector amb preses enganxades (Sector *Parvulari* -
no descrit). Continueu pel camí (marcat amb punts
de pintura blava/blanca i blava/taronja) que va zig-
zaguejant cap avall. Al 8è zig just després d'uns
grans blocs, una pista secundària i estreta neix cap
a la dreta (pintura taronja i blava sobre una roca
on comença). Seguiu el camí cap a la dreta durant
uns 350 metres fins a on s'ajunta amb una pista
més ampla. Gireu a la dreta cap aquesta i continueu
uns 160 metres més i després gireu a l'esquerra
(fita) per un camí no massa definit però amb fites.
Després de 80 metres el camí s'endinsa en el llit
d'una torrentera seca: baixeu-hi, esquivant una
placa llisa i inclinada. Els últims metres són per una
paret vertical de 5 metres que la baixareu per uns
esglaons de ferro. Un cop a la base del cingle, gireu
a l'esquerra (mirant enfora) seguint un senderó fins
a la feixa al peu del sector (30 minuts).

**Mapes a les pàgines 106-107**.

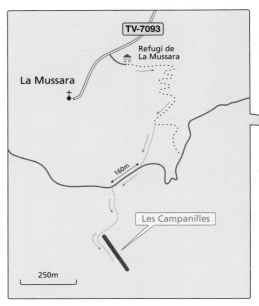

**Introducción**: Esta extensa zona ha sido la
preferida de los escaladores locales y visi-
tantes durante más de dos décadas. Tiene de todo:
excelente roca con orientación principalmente sur y
una envidiable ubicación en un bellísimo rincón de
la *Sierra de Prades*.
Las paredes normalmente no pasan de verticales y
con docenas de vías entre 5° y 6° grado para elegir,
La Mussara es una de los mejores destinos de Tarra-
gona para el que busque estas dificultades.
La escalada es seguramente la más variada de to-
das las zonas que abarca esta guía, ofreciendo no
sólo el menú habitual de agujeros y regletas, si no
también agotadoras fisuras y diedros donde vais a
necesitar vuestra mejor técnica.
Pero en La Mussara, no todo es magnífico y fantás-
tico; debido a su popularidad muchas de las vías
clásicas están algo sobadas y esto combinado con
unas graduaciones muy ajustadas (especialmente
en el sector *Antenes)* da como resultado que ésta
no sea la zona mejor para pavonearse encadenan-
do vías con la graduación regalada.
Aparte de estas magníficas vías y de unas maravi-
llosas vistas que se extienden hasta el Mediterrá-
neo, la zona dispone de un refugio bien equipado

que ofrece alojamiento, comidas y información ac-
tualizada de las últimas vías.
**Aproximaciones**: las áreas de aparcamiento para
todos los sectores excepto *Les Campanilles* están
situadas entre los *Km-15* y *Km-16* en la T-704, a
unos 20km de Reus.
**Antenes (sectores Tot Grau, Roure, Primitiu,
Taronja, La Proa, Del Mig, Diedres i Totxo d'en
Tuc)**: desde el aparcamiento principal (P1) al lado
de la T-704, seguid la carretera hacia arriba du-
rante 50 metros y después tomad a la izquierda un
camino bien definido dirección hacia las paredes.
Después de 200 metros *(Font del Roure)* el camino
se divide. El principal continúa hacia la derecha y
arriba hacia las antenas de TV, mientras que vues-
tro camino continúa planeando por la base del
risco (marcas de pintura azul/amarilla). Desde este
camino, deberéis encontrar los desvíos que llevan a
cada sector. Al más cercano a la carretera, *Tot Grau*,
se llega en 5 minutos y al más alejado, *Totxo d'en
Tuc*, tardaréis 20 minutos. *Nota:* las vías del sector
*Taronja* se inician en una repisa bastante estrecha
y expuesta, unos metros por encima del camino. Se
puede acceder a éste desde la izquierda del sector
*Primitiu* o por la derecha del de *La Proa*.
**La Isabel**: desde el P1 seguid un caminito en direc-
ción sur cuesta abajo. El camino no es muy claro al
inicio, pero pronto se hace evidente mientras baja
entre árboles y márgenes de cultivo abandonados.
Después de 200 metros llegaréis a la parte superior
del sector. Entonces, girad hacia la izquierda, seguid
por el borde de la pared durante unos 50 metros
*Continúa en la página 108* ▷

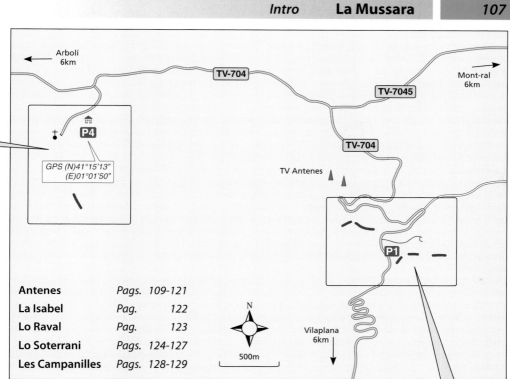

Arbolí
6km

TV-704

TV-7045

Mont-ral
6km

†  P4

GPS (N)41°15'13"
(E)01°01'50"

TV-704

TV Antenes

P1

N

500m

Vilaplana
6km

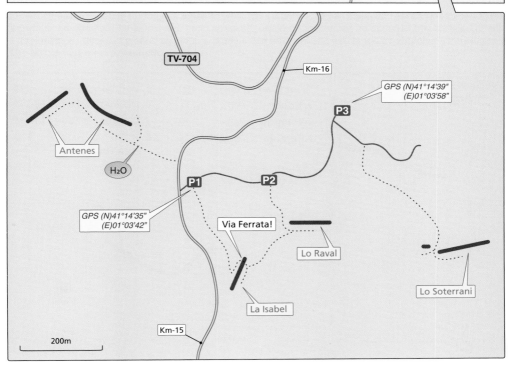

TV-704

Km-16

GPS (N)41°14'39"
(E)01°03'58"

P3

Antenes

H₂O

P1

P2

GPS (N)41°14'35"
(E)01°03'42"

Via Ferrata!

Lo Raval

La Isabel

Lo Soterrani

Km-15

200m

◁ *Viene de la página 106*

hasta encontrar unas cuerdas fijas y unos peldaños de hierro. Bajadlos, girad a la derecha (mirando hacia afuera) y seguid un camino un poco obstruido por la vegetación que va por debajo de la pared hasta llegar a la repisa al pie del sector (15 minutos). *Nota:* esta aproximación es inadecuada para perros y los no escaladores deberían de tomárselo como si fuesen a una vía ferrata. Si queréis, podéis aproximarnos de una manera algo más larga y relajada, utilizando la aproximación del sector *Lo Raval* y siguiendo hacia el oeste un caminito bastante bien marcado que recorre la base de las paredes.

**Lo Raval:** des del P1 continuad conduciendo hacia el este por una pista de tierra durante 200 metros aproximadamente hasta el P2 a la izquierda. A pie, continuad por un camino bien marcado hacia el sur que va descendiendo entre pequeñas paredes. Una vez llegados al pie de pared continuad hacia la izquierda (mirando hacia afuera) hasta la base del sector (15 minutos).

**Lo Soterrani:** des del P1 continuad conduciendo por la pista de tierra (pasando el P2 de *Lo Raval)* durante 450 metros, hasta donde la pista principal termina. Aparcad aquí (P3) al lado del cartel *Font Major.* Andad unos pocos metros hacia la carretera y girad a la izquierda por otra pista. Continuad unos 100 metros y después tomad a la derecha por un camino bien marcado (triángulo amarillo pintado en un hito donde se inicia el camino). Seguid el camino durante 450 metros, sin tomar un desvío a la izquierda al cabo de 100 metros. Al final descended por una canal hasta el pie del sector. Para la *Agulla Gaudí* girad a la derecha (mirando hacia afuera), para el resto de sectores girad a la izquierda (15-20 minutos). *Nota:* el estado de la pista entre los P2 y P3 se va empeorando poco a poco. Aparcar en el P2 y caminar podría ser una buena alternativa.

**Les Campanilles**: desde el *Refugio de La Mussara* (P4) andad hacia el este (contrario de la carretera) por un camino bien marcado. Después de 100 metros girad a la derecha (cruz blanca y roja pintada en la roca) y continuad hacia abajo y a la derecha, pasando por debajo un sector con cantos pegados (Sector *Parvulari-* no descrito). Seguid por el camino (marcado con puntos de pintura azul/blanca y azul/naranja) y que va zigzagueando hacia abajo. En el 8° zig, justo después de unos grandes bloques, una pista secundaria y estrecha nace hacia la derecha, con pintura naranja y azul sobre la roca donde comienza. Seguid el camino hacia la derecha durante unos 350 metros hasta donde se une con una pista más ancha. Girad por la pista hacia la derecha, continuad 160 metros y después girad a la izquierda (hito) por un camino no demasiado marcado, pero tiene hitos. Después de 80 metros el camino se adentra en el lecho de un torrente seco: bajad por ahí, esquivando una placa lisa e inclinada. Los últimos metros son por un muro vertical de 5 metros que lo bajaréis con la ayuda de escalones de hierro, después girad a la izquierda (mirando hacia afuera) y seguid el camino que va por la base de la pared hasta llegar a la repisa debajo el sector (30 minutos).

*Mapas en las páginas 106-107.*

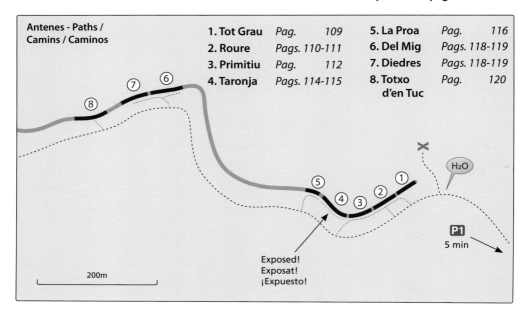

Antenes - Paths /
Camins / Caminos

H₂O

P1
5 min

Exposed!
Exposat!
¡Expuesto!

200m

| N° | Nm | Dif | Mts | ✓ |
|----|----|-----|-----|---|
| 1 | **La Mussaranya** | 6c+ | 25 | |
| 2 | **Ponte Bien que te Conviene** | 7c | 20 | |
| 3 | **La Utòpica** | ?? | 25 | |
| 4 | **Invertits Divertits** | 7c | 20 | |
| 5 | **Noni** | 7b | 18 | |

| N° | Nm | Dif | Mts | ✓ |
|----|----|-----|-----|---|
| 6 | **Strip de Drap** | 6a | 15 | |
| 7 | **Variant** | 7c | 15 | |
| 8 | **Tu Ordevas** | 7b | 15 | |
| 9 | **Me Quedo Aquí** | 7a+ | 12 | |
| 10 | **Hola Forestero** | 7b | 12 | |

La Mussara
- Antenes

Primitiu

Roure

Tot Grau

Totxo d'en Tuc

Diedres / Del Mig

La Proa

Taronja

P1 5 min

| N° | Nm | Dif | Mts | ✓ |
|---|---|---|---|---|
| 1 | **Esperó de Tardor** | V+ | 35 | ☐ |
| 2 | **Erespelma i Zoide** | 6b | 10 | ☐ |
| 3 | **So Far Away** | 6a | 10 | ☐ |
| 4 | **Donde digo Diego, digo Dego** | 6b+ | 10 | ☐ |
| 5 | **Saque Mate** | V+ | 30 | ☐ |
| 6 | **Gesamí** | 6a | 12 | ☐ |
| 7 | **Lacònia** | 6a | 12 | ☐ |

| N° | Nm | Dif | Mts | ✓ |
|---|---|---|---|---|
| 8 | **Ganxets** | V+ | 20 | ☐ |
| 9 | **Sweet Wicked** | 6a | 30 | ☐ |
| 10 | **Doll de Lluna** L1 6a, L2 V+ | 6a | 45 | ☐ |
| 11 | **Infierno de Cobardes** | 6a+ | 35 | ☐ |
| 12 | **Passió d'Esparreguera** | 6c | 35 | ☐ |
| 13 | **Saca la Cinta y Vámonos** | 6b | 35 | ☐ |

| Nº | Nm | Dif | Mts | ✓ |
|----|----|-----|-----|---|
| 14 | **Encarnación Fatal** | 7b | 15 | ☐ |
| 15 | **Esperó del Sol** | V | 10 | ☐ |
| 16 | **Namaste** | 7a+ | 25 | ☐ |
| 17 | **Tu no Vadis** | 6b+ | 25 | ☐ |
| 18 | **Esduguardabaga** | 6c+ | 25 | ☐ |
| 19 | **Cicatriz** | 7a | 25 | ☐ |
|    | (18 > 19 > 22) | | | |

| Nº | Nm | Dif | Mts | ✓ |
|----|----|-----|-----|---|
| 20 | **Kikanoune** | 7b+ | 25 | ☐ |
|    | (18 > 19 > 20) | | | |
| 21 | **Jarias Krisnas** | 7b | 25 | ☐ |
|    | (21 > 19 > 21) | | | |
| 22 | **Shargamanta** | 7a | 23 | ☐ |
| 23 | **Aigua Viva** | 6a+ | 20 | ☐ |
| 24 | **Roure** | 6a+ | 20 | ☐ |
| 25 | **Ariadna en el Laberint Grotesque** | 7b+ | 18 | ☐ |
| 26 | **Ones Verticals** | 6b | 22 | ☐ |

P1 10 min

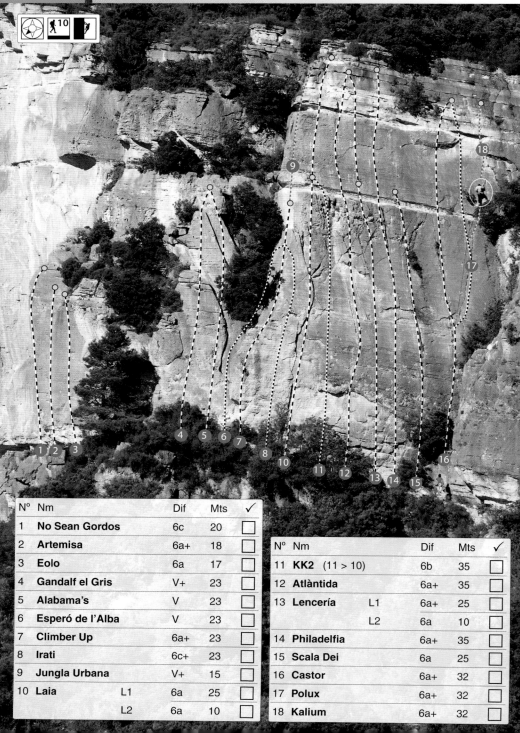

| Nº | Nm | | Dif | Mts | ✓ |
|----|----|----|-----|-----|---|
| 1 | **No Sean Gordos** | | 6c | 20 | ☐ |
| 2 | **Artemisa** | | 6a+ | 18 | ☐ |
| 3 | **Eolo** | | 6a | 17 | ☐ |
| 4 | **Gandalf el Gris** | | V+ | 23 | ☐ |
| 5 | **Alabama's** | | V | 23 | ☐ |
| 6 | **Esperó de l'Alba** | | V | 23 | ☐ |
| 7 | **Climber Up** | | 6a+ | 23 | ☐ |
| 8 | **Irati** | | 6c+ | 23 | ☐ |
| 9 | **Jungla Urbana** | | V+ | 15 | ☐ |
| 10 | **Laia** | L1 | 6a | 25 | ☐ |
| | | L2 | 6a | 10 | ☐ |

| Nº | Nm | | Dif | Mts | ✓ |
|----|----|----|-----|-----|---|
| 11 | **KK2**  (11 > 10) | | 6b | 35 | ☐ |
| 12 | **Atlàntida** | | 6a+ | 35 | ☐ |
| 13 | **Lencería** | L1 | 6a+ | 25 | ☐ |
| | | L2 | 6a | 10 | ☐ |
| 14 | **Philadelfia** | | 6a+ | 35 | ☐ |
| 15 | **Scala Dei** | | 6a | 25 | ☐ |
| 16 | **Castor** | | 6a+ | 32 | ☐ |
| 17 | **Polux** | | 6a+ | 32 | ☐ |
| 18 | **Kalium** | | 6a+ | 32 | ☐ |

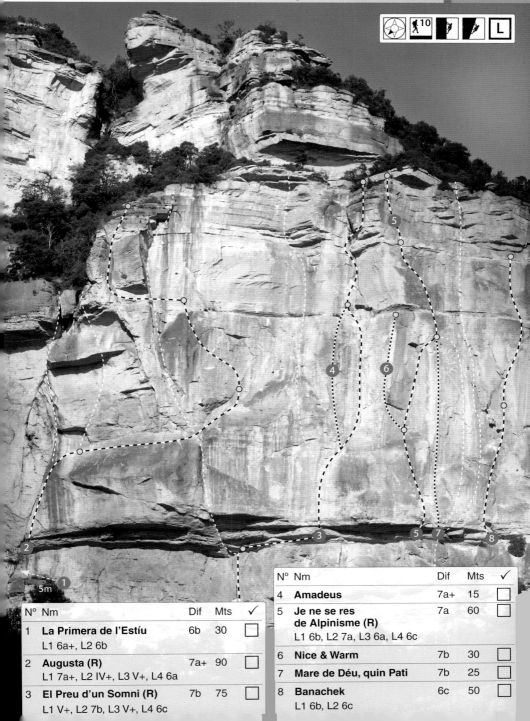

| Nº | Nm | Dif | Mts | ✓ |
|----|----|-----|-----|---|
| 1 | **La Primera de l'Estíu** <br> L1 6a+, L2 6b | 6b | 30 | ☐ |
| 2 | **Augusta (R)** <br> L1 7a+, L2 IV+, L3 V+, L4 6a | 7a+ | 90 | ☐ |
| 3 | **El Preu d'un Somni (R)** <br> L1 V+, L2 7b, L3 V+, L4 6c | 7b | 75 | ☐ |

| Nº | Nm | Dif | Mts | ✓ |
|----|----|-----|-----|---|
| 4 | **Amadeus** | 7a+ | 15 | ☐ |
| 5 | **Je ne se res** <br> **de Alpinisme (R)** <br> L1 6b, L2 7a, L3 6a, L4 6c | 7a | 60 | ☐ |
| 6 | **Nice & Warm** | 7b | 30 | ☐ |
| 7 | **Mare de Déu, quin Pati** | 7b | 25 | ☐ |
| 8 | **Banachek** <br> L1 6b, L2 6c | 6c | 50 | ☐ |

| Nº | Nm | Dif | Mts | ✓ |
|----|----|-----|-----|---|
| 1 | **Carrasclet** | 6a+ | 15 | |
| 2 | **Gallicant** | 6b+ | 15 | |
| 3 | **Acuario** | 6b+ | 18 | |
| 4 | **Lastancio** | 6b+ | 18 | |
| 5 | **Montsant** | V+ | 15 | |
| 6 | **Vol de Nit** | 6c+ | 20 | |
| 7 | **Comando Pernod** | 7c+ | 20 | |

| Nº | Nm | Dif | Mts | ✓ |
|----|----|-----|-----|---|
| 8 | **Amok** | 7b | 20 | |
| 9 | **Pimpirimpauxa** | 7b+ | 20 | |
| 10 | **Obiang** | 7b | 20 | |
| 11 | **Lo Patacó** | 8a | 20 | |

***Obiang*** 7b
La Proa • La Mussara
Noemi Langankamp *(Pag. 116)*

| N° | Nm | Dif | Mts | ✓ |
|----|-----|-----|-----|---|
| 1 | **Marta** | 7c | 23 | ☐ |
| 2 | **Largate d'Akí** | 7a+ | 30 | ☐ |

Diedres

Del Mig

Totxo d'en Tuc (Pag.120)

| Nº | Nm | Dif | Mts | ✓ |
|----|----|----|----|----|
| 3 | **Mr. Farlop's** | 7b+ | 25 | ☐ |
| 4 | **Dinamita pa los Pollos** | 7b | 27 | ☐ |
| 5 | **El Canto del Gallo** | 6c+ | 22 | ☐ |
| 6 | **Petirojo** | 7b+ | 20 | ☐ |
| 7 | **Jarto d'Estar Harto** | 6a+ | 22 | ☐ |
| 8 | **Psssh...** | 7c+ | 20 | ☐ |
| 9 | **Tendències Suïcides** | 8a+ | 25 | ☐ |
| 10 | **Donantes de Sangre** | V+ | 20 | ☐ |

| Nº | Nm | Dif | Mts | ✓ |
|----|----|----|----|----|
| 11 | **Chaoen Conection** | 6a | 20 | ☐ |
| 12 | **Sis de Deu** | 6a+ | 22 | ☐ |
| 13 | **Xènia** | 6b+ | 22 | ☐ |
| 14 | **Desig d'Estiu** | V+ | 22 | ☐ |
| 15 | **Truita de Préssec** | 6c+ | 20 | ☐ |
| 16 | **Fantasia** | 6c | 20 | ☐ |
| 17 | **Canijo** | 7a+ | 20 | ☐ |
| 18 | **??** | 6c+ | 20 | ☐ |

| N° | Nm | Dif | Mts | ✓ |
|---|---|---|---|---|
| 1 | **Takashi** | 7a+ | 15 | ☐ |
| 2 | **Rastafari** | 6c | 15 | ☐ |
| 3 | **Variant** | ?? | 15 | ☐ |
| 4 | **Afrikan Reggae** | 6a | 15 | ☐ |

| N° | Nm | Dif | Mts | ✓ |
|---|---|---|---|---|
| 5 | **Ojalajalem** | 6c | 20 | ☐ |
| 6 | **Cuelebre** | 6c | 20 | ☐ |
| 7 | **Hansaplast** | 7a | 10 | ☐ |
| 8 | **Spiral** (proj?) | ?? | ?? | ☐ |
| 9 | **Txop Suei** | 6a+ | 20 | ☐ |
| 10 | **Okemaka** | 7a | 25 | ☐ |
| 11 | **Esqueixada Sniff** | 6b+ | 15 | ☐ |
| 12 | **Estás a-Kabau** | 6c | 20 | ☐ |
| 13 | **Directa** | 7a+ | 18 | ☐ |
| 14 | **A Santa Compaña** | 7b | 15 | ☐ |
| 15 | **El Gorrón de Bagdad** | 7a+ | 17 | ☐ |
| 16 | **Tec Mac Mayacon** | 7a | 17 | ☐ |
| 17 | **Angie** | 6b+ | 15 | ☐ |
| 18 | **Filosofastro** | 7a+ | 18 | ☐ |
| 19 | **Menjadits** | 6a+ | 20 | ☐ |
| 20 | **Petete** | 6c+ | 20 | ☐ |
| 21 | **Kiki** | 7b+ | 20 | ☐ |
| 22 | **Makibaka** | 7c | 20 | ☐ |
| 23 | **Da Deus Noces** | 7a+ | 20 | ☐ |

*Desig d'Estiu* V+
Del Mig • La Mussara
Richard Wheeldon *(Pag. 119)*

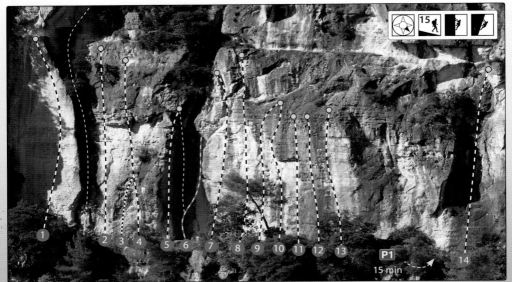

| N° | Nm | Dif | Mts | ✓ |
|---|---|---|---|---|
| 1 | El Negre es Tira de l'avió | 6b+ | 23 | |
| 2 | Stoykojo | 6b | 20 | |
| 3 | ?? | ?? | 18 | |
| 4 | Dits de Draps | 6b+ | 18 | |
| 5 | El Bloc de l'Horror | 6a+ | 15 | |
| 6 | Skaramujo | 6a+ | 20 | |

| N° | Nm | Dif | Mts | ✓ |
|---|---|---|---|---|
| 7 | Tocata y Fuga | 7a | 20 | |
| 8 | Sonrisa Vertical | 6c | 23 | |
| 9 | L'Àlfil | 6c | 17 | |
| 10 | Blanc i Negre | 6c | 17 | |
| 11 | El Sis Doble | 6b+ | 15 | |
| 12 | Cabrales | 6c | 15 | |
| 13 | Didàctica | 6b+ | 16 | |
| 14 | Shpagat | 6a+ | 20 | |

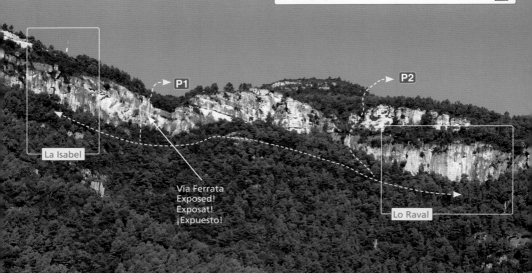

La Isabel

P1

P2

Via Ferrata
Exposed!
Exposat!
¡Expuesto!

Lo Raval

| Nº | Nm | Dif | Mts | ✓ |
|---|---|---|---|---|
| 1 | ?? | ?? | 20 | ☐ |
| 2 | **Tot Mundiellus** | 6c | 22 | ☐ |
| 3 | ?? | ?? | 22 | ☐ |
| 4 | **Yeti Expres** | 7a+ | 20 | ☐ |
| 5 | **El Sebere Berebere** (proj) | ?? | 22 | ☐ |
| 6 | **El Signo de los Tiempos** | 7b+ | 25 | ☐ |
| 7 | **L'Orxo** | 7c | 15 | ☐ |

| Nº | Nm | Dif | Mts | ✓ |
|---|---|---|---|---|
| 8 | **Los Reyes Vagos** | 7b+ | 28 | ☐ |
| 9 | **The Hipoteceria** | 7b+ | 27 | ☐ |
| 10 | **El Emigrante** | 6b | 25 | ☐ |
| 11 | **Polos de Gaseosa** | 6a+ | 25 | ☐ |
| 12 | **Monopoli** | 7a | 20 | ☐ |
| 13 | **Kintros** | 6b+ | 20 | ☐ |
| 14 | **Rosa Encarnada** | V+ | 20 | ☐ |
| 15 | **Línea Caliente** | 6c+ | 20 | ☐ |
| 16 | **Sueño Erótico** | 7a | 14 | ☐ |
| 17 | **Dreams** | 6b+ | 15 | ☐ |

Lo Soterrani (Pags.124-127)

| Nº | Nm | Dif | Mts | ✓ |
|----|----|-----|-----|---|
| 1 | **Cojón Prieto** | V | 12 | ☐ |
| 2 | **Now and Then** | 6c | 12 | ☐ |
| 3 | **Catalunya** | 7a | 15 | ☐ |
| 4 | **Pelea Con La Reina** | 7a | 16 | ☐ |
| 5 | **Llegó la Llama** | 6b+ | 15 | ☐ |
| 6 | **Stingo** | 6b | 20 | ☐ |

| Nº | Nm | Dif | Mts | ✓ |
|----|----|-----|-----|---|
| 7 | **Okeilusion** | 7b+ | 20 | ☐ |
| 8 | **La Puta Vera** | 7a | 20 | ☐ |
| 9 | **Calimba la Lluna** | 6a+ | 15 | ☐ |
| 10 | **Espíritu Burlón** | 7b | 22 | ☐ |
| 11 | **Tipic d'Aquí** | 6c+ | 22 | ☐ |
| 12 | **Energía Removable** | 6a+ | 22 | ☐ |

| N° | Nm | Dif | Mts | ✓ | N° | Nm | Dif | Mts | ✓ |
|----|-----|-----|-----|---|----|-----|-----|-----|---|
| 13 | **Mala Guilla** | V+ | 20 | ☐ | 22 | **Bartolo se va al Bolo** | 7a+ | 20 | ☐ |
| 14 | **Gens Gis Kan** | V+ | 20 | ☐ | 23 | **La Mora** | 6b+ | 22 | ☐ |
| 15 | **Temperator** | 6b | 20 | ☐ | 24 | **Aresta Franklin** | 7c+ | 22 | ☐ |
| 16 | **Flan Sinnata** | V+ | 23 | ☐ | 25 | **La Esquina del Viento** | 6c+ | 23 | ☐ |
| 17 | **Pal Mig** | 6a+ | 23 | ☐ | 26 | **L'Alhaja** | 6c | 18 | ☐ |
| 18 | **Pal Fisura** | V+ | 25 | ☐ | 27 | **La Tona** | 7b | 18 | ☐ |
| 19 | **Scarborough** | 6b | 25 | ☐ | 28 | **Asta de Reno** | 7a | 20 | ☐ |
| 20 | **Mus d'Atura** | 6b | 25 | ☐ | 29 | **Avis-ala** | 6a | 20 | ☐ |
| 21 | **L'Esquirol** | 7b+ | 12 | ☐ | 30 | **Interruptus** | 6a | 15 | ☐ |

P3
15 min

| Nº | Nm | Dif | Mts | ✓ |
|----|----|-----|-----|---|
| 31 | **Aresta Guillem** | V+ | 20 | |
| 32 | **Cabezón** | 7a | 23 | |
| 33 | **No Val Abada** | 7a+ | 23 | |
| 34 | **Todo Tiene su Fin** | 7a+ | 23 | |
| 35 | **Sensibilitat d'Expressió** | 7b+ | 23 | |
| 36 | **La Peluda** | V | 12 | |
| 37 | **Qué Fa un Noia com Tu...** | V+ | 12 | |
| 38 | **Love Without Frontiers** | 6c | 15 | |
| 39 | **Exauri-Xeli** | 6b+ | 15 | |
| 40 | **Kompresa con Canto** | IV | 13 | |
| 41 | **Slumb** | V | 13 | |
| 42 | **Jota Jota** | V+ | 13 | |
| 43 | **En la Cuerda Floja** | 6a+ | 18 | |
| 44 | **El Pez más Viejo del Río** | 7b | 30 | |
| 45 | **Rhinolopus de Terra Dura** | 6a | 20 | |
| 46 | **El Pinet** | 6a | 20 | |

| Nº | Nm | Dif | Mts | ✓ |
|----|----|-----|-----|---|
| 47 | **Corazón de Tiza** | 6b+ | 30 | |
| 48 | **El Nano** | IV | 8 | |
| 49 | **La Minyona** | V+ | 8 | |
| 50 | **Camina Lucía** | 6a+ | 20 | |
| 51 | **Pandora** | 7a | 20 | |
| 52 | **Ali va Bada** | V+ | 24 | |
| 53 | **Poc Garra** | 6b+ | 24 | |
| 54 | **Mak Garra** | 6a | 24 | |
| 55 | **Lo Tiket** | V | 22 | |
| 56 | **La Teka** | V+ | 23 | |
| 57 | **Lo Taku** | V+ | 24 | |
| 58 | **Incha-la** | 6b+ | 26 | |
| 59 | **Prisionero del Deseo** | 6b+ | 25 | |
| 60 | **El Fariseo** | 6b | 25 | |
| 61 | **Calcarius Deliciosus** | 6a+ | 25 | |
| 62 | **No me Bellostes la Cuca** | 6a | 25 | |

| N° | Nm | Dif | Mts | ✓ | N° | Nm | Dif | Mts | ✓ |
|----|----|-----|-----|---|----|----|-----|-----|---|
| 63 | **La Tramuntana** | 6a | 25 | ☐ | 67 | **Apache** | 7b | 22 | ☐ |
| 64 | **Capitán Pedales** | 6c | 23 | ☐ | 68 | **Aranya Terrera** | 6a | 27 | ☐ |
| 65 | **Elegosentrik** | 6a+ | 23 | ☐ | 69 | **The Talker Bom** | 6a | 27 | ☐ |
| 66 | **Keops** | 7c | 20 | ☐ | 70 | **Madeira de Colleja** | V+ | 27 | ☐ |

**Lo Soterrani - Sectors**

| | |
|---|---|
| **Agulla Gaudí** | *Pag. 124* |
| **Paret del Suís** | *Pag. 125* |
| **Jardí del Roure / Totxo de l'Andi** | *Pag. 126* |
| **El Biombo** | *Pag. 127* |

P3 15 min

Agulla Gaudí

Paret del Suís

El Jardí del Roure

Totxo de l'Andi

El Biombo

25m

P4
25 min

| Nº | Nm | Dif | Mts | ✓ |
|----|----|-----|-----|---|
| 1 | **La Ley del Deseo** | 7c | 25 | ☐ |
| 2 | **L'Homme del Pullover Rosa** | 7a+/b | 30 | ☐ |
| 3 | **Marejadilla** | 7a | 30 | ☐ |
| 4 | **Amor Vertical** | 6b | 20 | ☐ |
| 5 | **Bat Lou** | 6a+ | 23 | ☐ |

| Nº | Nm | Dif | Mts | ✓ |
|----|-----|-----|-----|---|
| 6 | **McFly** | 6a+ | 23 | ☐ |
| 7 | **Zapatones** | 7a+ | 24 | ☐ |
| 8 | **Los Elejidos** | 6c+ | 25 | ☐ |
| 9 | **Taxi Driver** | 6b | 25 | ☐ |
| 10 | **Anda-Lui** | 6b | 25 | ☐ |
| 11 | **Animal Ferotge** | 6b | 25 | ☐ |
| 12 | **Danone Magarro** | 7a+ | 27 | ☐ |
| 13 | **La Bastonera** | 6c+ | 27 | ☐ |
| 14 | **No Despistis** | 6c | 25 | ☐ |
| 15 | **Mala Folla** | 6b+ | 25 | ☐ |
| 16 | **The Brothers** | 6c | 25 | ☐ |
| 17 | **S'ha Morío er Serdo** | 6c+ | 25 | ☐ |

| Nº | Nm | Dif | Mts | ✓ |
|----|-----|-----|-----|---|
| 18 | **Exta-sí** | 7c | 25 | ☐ |
| 19 | **Insi es Lógica** | 7a+ | 25 | ☐ |
| 20 | **Big-Namba** | 7b | 25 | ☐ |
| 21 | **Visual Persuasión** | 6c+ | 22 | ☐ |
| 22 | **Nancy Bartra** | 6a | 22 | ☐ |
| 23 | **Plena de Vida** | V+ | 20 | ☐ |
| 24 | **Entre Bastidores** | 6b+ | 25 | ☐ |
| 25 | **Sipegotimato** | V+ | 18 | ☐ |
| 26 | **Kagando Melodías** | 6b+ | 18 | ☐ |
| 27 | **Antiparcs...** | 6b+ | 18 | ☐ |
| 28 | **Amics dels Puputs** | 7a+ | 18 | ☐ |

# Vilanova de Pradés

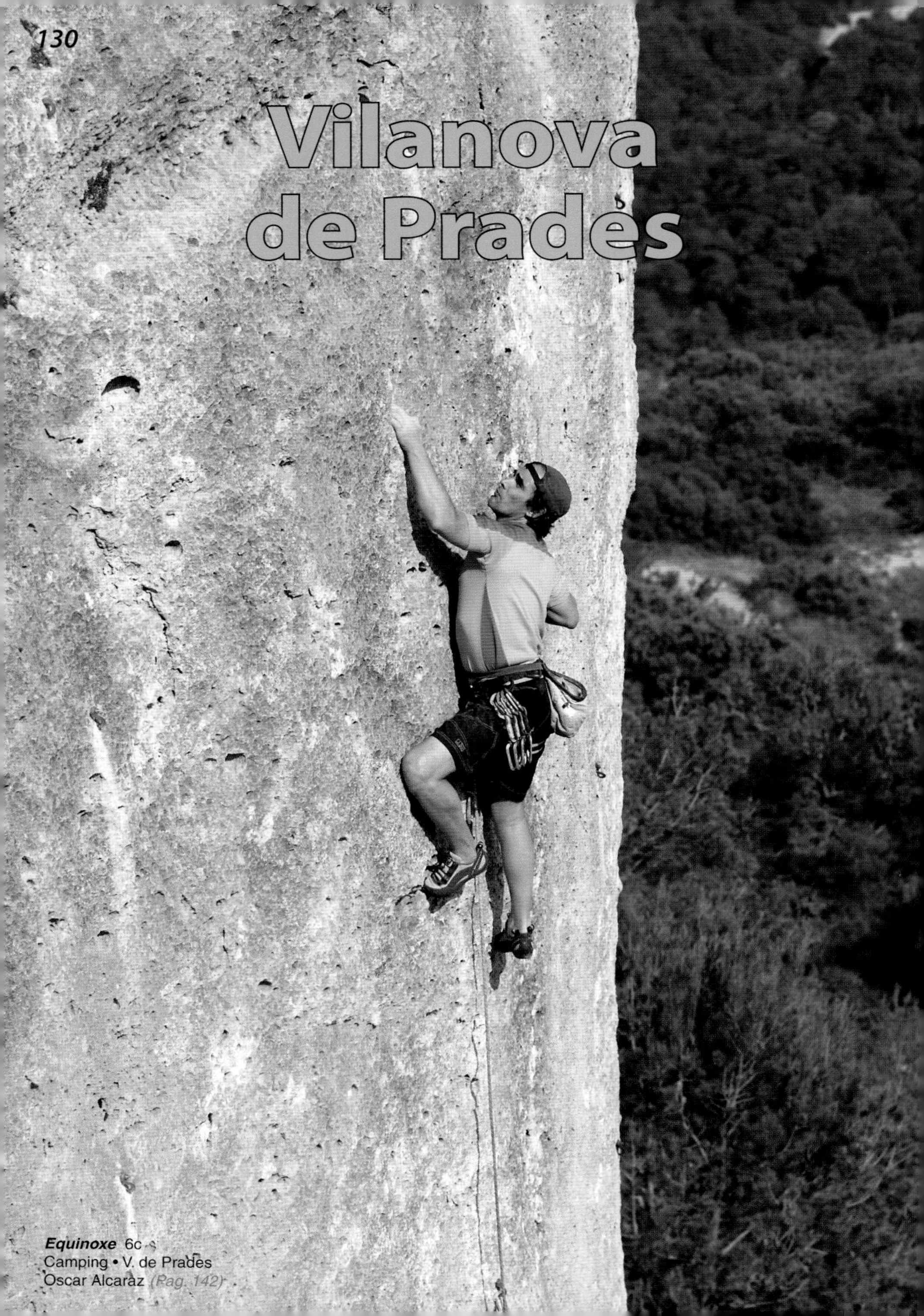

*Equinoxe* 6c
Camping • V. de Pradés
Oscar Alcaraz *(Pag. 142)*

🇬🇧 **Introduction:** The attractive cliffs lining the hillside above the village of Vilanova de Prades are home to hundreds of interesting climbs in an extremely pleasant and open setting. The rock is a mixture of Conglomerate and Limestone-Tufa featuring pockets and edges, as well as the occasional pebble. The selection of sectors presented here offer everything from technical slabs and vertical walls, to powerful overhangs, and most have a high concentration of routes meaning that, finger-strength permitting, it is possible to complete a large number of climbs during the day with minimal time 'wasted' on walking.

Although seldom more than 20m in length (those on sector *El Curull* are the exception) the routes are often very demanding. Sectors *Desploms* and *La Llena*, situated 2km west of the village, offer the best of the zone's 8a and harder routes.

The general orientation of the cliffs is south or south-east meaning Vilanova is at its best on sunny mornings and early afternoons during the cooler months of the year, though summer evenings often provide acceptable conditions, particularly when (as is often the case) a breeze is blowing. Windy days in winter are probably best spent elsewhere, though the upside of Vilanova's exposed position is that fog is almost unknown here.

Conveniently situated directly below the cliffs *Camping Serra de Prades* offers a full range of facilities including bungalow accommodation, a bar/restaurant, and swimming pool.

*Note:* after a dispute between local climbers and a landowner some years ago, the landowner extracted his revenge by vandalizing in-situ gear on sectors *La Llena* and *Desploms* (the two cliffs lying wholly or partially on his land) resulting in the destruction of the first two bolts and hangers on many routes. Plans are now afoot to re-equip the affected routes (or at least the starts) with glue-in bolts, but in the meantime the use of a decent length clip-stick makes it still possible to climb on these two sectors.

*Approaches - General:* the sectors constituting the main part of the zone are situated on the long, continuous line of cliffs overlooking the village. A drivable track runs eastwards below the cliffs then back westwards above them (heading for the twin antennas visible from the village) and it is actually possible to approach the sectors from either above or below. Here we describe the approaches most commonly used for each sector. From a roundabout at the eastern end of the village follow the track (signposted *Camí a la Serra Llena* and surfaced in places) uphill towards the cliffs. P1 is a lay-by on the left-hand side of the track after approximately 800m. It is situated on a right-hand bend about 20m past a track (the entrance to which is blocked by a boulder) turning sharply back leftwards. There is a white letter "P" painted on a rock on the right-hand side of the parking area. P2 is situated 300m further on (1.1km from the roundabout) immediately before a sharp left-hand bend and directly below the right-hand end of the cliffs. P3 is situated on top of the cliffs approximately 2.6km from the roundabout and just beyond where the track levels out. There is a yellow mark spray-painted on a pine tree here and also an *Àrea Privada de Caça* metal signpost.

*El Curull:* from the right-hand side of P1 follow a well-marked footpath running rightwards, more or less parallel to the main track. After 40m turn left onto another path leading steeply uphill (there is a cairn on the right after 5m) and follow this to the base of the sector (5 min).

*El Sostre:* as for the previous approach but on reaching the cliffs follow a path leftwards for 30m until below the huge roof which gives the sector its name (6 min).

*Racó dels Corbs:* situated 20m left of *El Sostre* (7 min).

*Niu de L'Àliga:* situated immediately to the left of the previous sector (8min).

*Pitufos:* from P2 walk 10m back down the track towards the village then turn right onto a well-marked footpath climbing the steep wooded slope to the base of the wall (5 min).

◁*Continued from page 131*
**Ruta del Cister**: situated immediately to the left of the previous sector (6 min). *Note:* from this sector a path continues westwards to *El Curull* and all the aforementioned sectors.

**La Cogulla**: from P3 follow the middle of three footpaths (cairn at the beginning) downhill towards the top of the cliffs. After approximately 80m (and 10m before reaching the cliff-top) the path splits: take the right fork and continue down and right for approximately 50m to the lower end of a zip-wire installation, where it is possible to descend through a notch in the cliffs to the base of the wall. Turn right (facing out) and follow a path running below the wall for approximately 160m, passing sector *Col de l'Abella* (not described) to an attractive open-book formation which is the centrepiece of the sector (8 min).

*Note:* immediately left of *La Cogulla* is sector *La Solana* (not described).

**El Camping**: from P3 follow the previous approach to the base of the wall below the zip-wire, but here turn left (facing out). The first routes on the left-hand side of the sector are encountered after 15m (5 min). *Note:* for those staying in *Camping Serra de Prades* and who are either car-less or don't wish to use their vehicles, it is possible to reach all the aforementioned sectors on foot in 12-25 minutes. Consult the map on page 133 and/or enquire at the campsite office (the owners are climbers) for more information.

**Penya Alta**: from P3 continue driving along the *Camí a la Serra Llena* track for approximately 600m to the Antennas. About 70m further on the track splits: take the left fork (the right leads up to a nearby fire-lookout tower) and continue driving for approximately 400m to where the track ends at a col — *Coll de l'Abellar* (P4, 3.7km from the village). On foot, follow a wide path heading south. Unlike several other trails starting from the col this path is not signposted, but there is a large yellow letter "M" painted on a rock just left of where it starts. After only 15m turn right (cairn) onto a narrow but well-marked

footpath and continue along this (passing a second yellow "M") for approximately 100m to where it splits (cairn). Take the left fork and 20m further on go left again (cairn) following a path running along the top of a small rock band. After approximately 80m the path descends through a notch in the cliffs to the base of the wall. Turn right (facing out) and continue along the base of the wall to reach the first routes on the extreme right-hand end of the sector (5 min from P4). See map on page 150.

**La Llena**: park in a lay-by (P5) on the TV-7004 approximately 2.3km west of the village and 370m west of the *Km-7* marker. Walk 25m down the road (away from the village) then turn right onto a short cemented tractor-ramp. From the top of this follow a well-marked footpath, first rightwards (passing a large boulder with an arrow scratched on it) then left, then back right, skirting the edge of almond groves. Continue up the path as it zigzags up the hillside, passing through an area of huge boulders (sector *Els Blocs* — not described) towards the cliffs. Where the main path finally levels out (approximately 20m from the first rock bands) a smaller path branches rightwards (cairn) leading up to the first routes at the left-hand end of the sector (10 min).

**Desploms**: approximately 200m west of P5 (2.5km from the village) a dirt track turn south off the road. There is parking here for one or two vehicles (P6) but care must be taken not to block access to the track. Otherwise park at P5. On foot, cross the road and scramble up the low earth bank, then follow a vague trail leftwards to reach the remains of an old asphalt track. Cross directly over the track and continue following the vague footpath up the hillside, first leftwards and then back right, reaching the lower left-hand end of the sector where the ruins of an old house nestle below the cliffs (3 min). *Note:* from the right-hand side of this sector it is possible to follow a vague path rightwards to join up with the approach to *La Llena*.

***Maps on page 133.***

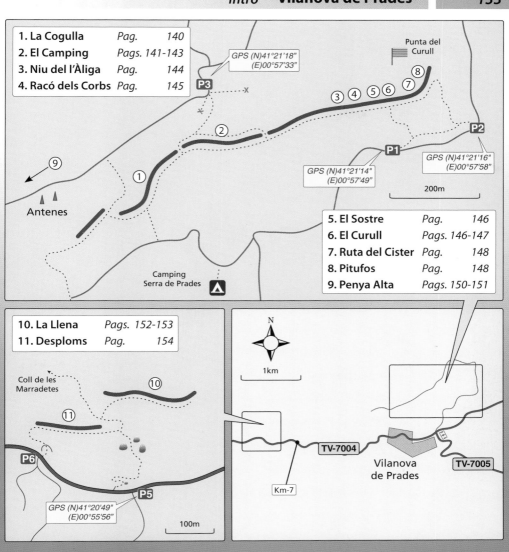

GPS (N)41°21'18" (E)00°57'33"

Punta del Curull

GPS (N)41°21'14" (E)00°57'49"

GPS (N)41°21'16" (E)00°57'58"

200m

Antenes

Camping Serra de Prades

Coll de les Marradetes

N

1km

GPS (N)41°20'49" (E)00°55'56"

100m

TV-7004

Vilanova de Prades

TV-7005

Km-7

Niu de l'Àliga

La Ruta del Cister

Pitufos

El Sostre

El Racó dels Corbs

El Curull

*Meditation* 6c
El Curull • V. de Prades
Toni Guiu *(Pag. 146)*

**Introducció**: L'atractiva cinglera que podem albirar just a sobre del poble de Vilanova de Prades ens ofereix dotzenes de vies en un entorn molt agradable i magnífiques vistes.

La roca és una barreja de conglomerat i calcari amb xorreres, forats i regletes.

La selecció de sectors que us oferim, inclou des de plaques tècniques i parets verticals fins a potents desploms. A més a més, molts dels sectors tenen una alta concentració de vies, el qual vol dir, que si la força us acompanya podreu escalar moltes vies al cap del dia sense haver de desplaçar-vos gaire. Encara que hi ha poques vies de més de 20 metres (les del sector El Curull són una excepció) les vies en general són força exigents. Els sectors *Desploms* i *La Llena*, situats 2km a l'oest del poble, ens ofereixen les millors 8ès de la zona.

En general l'orientació és sud o sud-est i per tant millor anar-hi els matins o migdies assolellats dels mesos més freds de l'hivern, tot i que a les tardes d'estiu, de vegades, també hi podrem trobar condicions acceptables, especialment quan (i això passa sovint) bufa una mica de vent. Els dies ventosos d'hivern és preferible anar a un altre lloc. En canvi el fet que les parets siguin exposades fa que quasi bé mai hi hagi boira.

El *Càmping Serra de Prades* situat sota la cinglera té tot tipus de serveis: bungalows, bar, restaurant i piscina.

*Nota:* després d'una disputa, fa uns quants anys, entre escaladors locals i un propietari, aquest va fer malbé diversos ancoratges dels sectors *La Llena* i *Desploms* — els dos sectors es troben total o parcialment a la seva propietat. Va treure les primeres plaquetes de moltes vies. Però ara sembla ser que aviat es re-equiparan les vies afectades (o almenys els ancoratges afectats) amb químics. De moment ens caldrà utilitzar una canya o "bastó xapador" llarg si volem escalar en aquests sectors.

**Aproximacions**

Els sectors que constitueixen la part principal de la zona estan situats a l'àmplia cinglera que hi ha sobre el poble. Una pista en bon estat recorre les cingleres per sota, primer cap a l'est i després cap a l'oest (direcció a dues antenes molt visibles des del poble). De fet, podem accedir als sectors des de dalt o des de baix, però nosaltres us descrivim les aproximacions més usuals per a cada sector.

*General:* des de la rotonda a l'est del poble (just a sota del Càmping) seguiu la pista (senyal *Camí a la Serra Llena*) que està asfaltada en alguns trams amunt cap a la cinglera. El P1 és un eixamplament a l'esquerra de la pista després d'uns 800 metres.

*Continua a la pàgina 136* ▷

◁ *Ve de la pàgina 135*

Està situat en una corba cap a la dreta, 20 metres després de girar bruscament cap a l'esquerra (l'entrada de la pista està obstruïda amb un bloc de pedra). Hi ha una lletra blanca "P" pintada sobre una roca al costat dret del pàrquing.

El P2 està situat 300 metres més amunt (1.1km des de la rotonda), immediatament abans d'una corba tancada a l'esquerra i directament a sota de la part dreta de la cinglera. El P3 està situat a sobre de la cinglera, aproximadament 2.6km des de la rotonda on la pista comença a planejar. Hi ha una marca groga d'esprai en un pi i també un senyal metàl·lic d'*Àrea Privada de Caça*.

**El Curull:** des de la dreta del P1 seguiu un camí ben marcat que va cap a la dreta, més o menys paral·lel a la pista principal. Després de 40 metres gireu a l'esquerra per un altre camí que puja directament cap amunt (hi ha una fita a la dreta després de 5 metres) i seguiu aquest senderó força costerut fins a la base del sector (5 minuts).

**El Sostre:** igual que per l'aproximació anterior, però en arribar a la paret seguiu un sender cap a l'esquerra durant 30 metres fins a sota d'un gran sostre que dóna nom al sector (6 minuts).

**Racó dels Corbs:** situat 20 metres a l'esquerra del sector *El Sostre* (7 minuts).

**Niu de l'Àliga:** situat immediatament a l'esquerra del sector anterior (8 minuts).

**Pitufos:** des del P2 retrocediu 10 metres per la pista cap al poble i llavors gireu a la dreta per un camí ben marcat que puja per una costa boscosa fins la base de la paret (5 minuts).

**Ruta del Cister:** situat immediatament a l'esquerra del sector anterior (6 minuts). *Nota:* des d'aquest sector el camí continua direcció oest cap El Curull i tots els altres sectors abans esmentats.

**La Cogulla:** des del P3 seguiu pel camí del mig dels 3 que hi ha (fita a l'inici) costa avall fins arribar a sobre de la cinglera. Després d'uns 80 metres (10 metres abans d'arribar al cap damunt del cingle) el camí es divideix: agafeu el trencall de la dreta i continueu avall i cap a la dreta durant uns 50 metres fins a l'ancoratge inferior d'una tirolina, on es pot baixar cap a la base de la cinglera. Gireu a la dreta (mirant enfora) i seguiu el camí que passa per la base de la paret durant uns 160 metres, passant el sector *Coll de l'Abella* (no descrit), fins a una atractiva paret en forma de llibre obert que és la part central del sector (8 minuts). Nota: immediatament a l'esquerra del sector *La Cogulla* hi ha el sector *La Solana* (no descrit).

**El Càmping:** des del P3 seguiu l'aproximació anterior fins la base de la paret sota la tirolina, però llavors gireu a l'esquerra (mirant enfora). Trobareu les primeres vies del sector després de 15 metres (5 minuts).

*Nota:* pels que s'allotgin al *Càmping Serra de Prades* i que no vulguin utilitzar o no disposin de vehicle, és possible arribar a tots els sectors abans esmentats a peu, caminant entre 12-25 minuts.

Consulteu el mapa a la pàgina 133 o bé pregunteu a l'oficina del càmping (els propietaris són escaladors) per a més informació.

**Penya Alta:** des del P3 continueu conduint pel *Camí a la Serra Llena* durant uns 600 metres cap a les antenes. Als 70 metres la pista es divideix: agafeu el trencall de l'esquerra (el de la pista porta a una torre de vigilància d'incendis) i continueu conduint uns 400 metres més fins on la pista acaba al *Coll de l'Abellar* (P4 — 3.7km des del poble). A peu, seguiu un camí ample que va cap el sud. A diferència dels altres camins que comencen al Coll, aquest camí no està senyalitzat, però hi ha una gran lletra groga "M" pintada en una pedra justament a l'esquerra d'on comença el camí. 15 metres després, gireu a la dreta (fita) per un sender estret però ben marcat i continueu per aquest (passant una segona "M") durant uns 100 metres fins on es divideix (fita). Agafeu el trencall de l'esquerra i 20 metres després aneu altre cop a l'esquerra seguint un sender que passa per sobre d'una petita cinglera. Després d'uns 80 metres el sender baixa cap a la base de la paret. Gireu a la dreta (mirant enfora) i continueu per la base de la paret fins arribar a les primeres vies a l'extrem dret del sector (5 minuts des del P4). Veure el mapa a la pàgina 150.

**La Llena:** aparqueu en un eixamplament (P5) sobre la TV-7004, a uns 2.3km a l'oest del poble i 370 metres a l'oest del punt *Km-7*. Retrocediu 25 metres per la carretera (allunyant-vos del poble) i gireu cap a la dreta per una rampa de tractor curta i de ciment. Des del final d'aquesta, seguiu un camí ben marcat, primer cap a la dreta (passant un gran bloc amb una fletxa gravada) i després cap a l'esquerra i un altre cop cap a la dreta vorejant el camp d'ametllers. Continueu cap amunt seguint el camí en ziga-zaga passant una zona amb uns enormes blocs (sector *Els Blocs* - no descrit) cap a la cinglera. On el camí principal es fa més planer (uns 20 metres des de les primeres cingleres) surt un sender cap a la dreta (fita) que us porta cap a les primeres vies al costat esquerre del sector (10 minuts).

**Desploms:** a uns 200 metres a l'oest del P5 (2.5km des del poble) hi ha una pista de terra a l'esquerra de la carretera. Aquí hi ha lloc per aparcar 1 o 2 vehicles (P6) però heu de vigilar de no bloquejar l'accés a qualsevol pista. Si no hi ha lloc podeu aparcar al P5. A peu, creueu la carretera i enfileu-vos per un marge terrós, seguiu un senderó fonedís cap a l'esquerra fins a les restes de l'antiga carretera asfaltada. Creueu aquesta i continueu seguint un sender fonedís pel pendent de la muntanya, primer a l'esquerra, després a la dreta arribant a la part inferior esquerra del sector, on hi ha les runes d'una casa sota les parets (3 minuts). *Nota:* des de la part dreta del sector podeu seguir un sender una mica perdedor cap a la dreta que finalment enllaça amb l'aproximació al sector *La Llena*.

**Mapes a la pàgina 133**.

**Introducción:** Las atractivas paredes que se ven justo sobre el pueblo de Vilanova de Prades nos ofrecen docenas de vías en un entorno muy agradable y con magníficas vistas.

La roca es una mezcla de conglomerado y caliza, con chorreras, agujeros y regletas.

La selección de sectores que os ofrecemos incluye desde placas técnicas y paredes verticales hasta duros desplomes. Además, muchos de los sectores tienen una alta concentración de vías, con lo que si el cuerpo y dedos aguantan, podréis escalar un gran número vías al cabo del día sin la necesidad de desplazaros. Aunque raramente encontraremos vías de más de 20 metros (las vías del sector *El Curull* son una excepción) a menudo son muy exigentes. Los sectores *Desploms* y *La Llena*, situados 2km al oeste del pueblo, ofrecen los mejores octavos de la zona. En general, la orientación es sur o sureste y por lo tanto, lo mejor será ir por las mañana o mediodías soleados de los meses más fríos, aunque en las tardes de verano, a veces, las condiciones son adecuadas para escalar, especialmente cuando sopla un poco de brisa y esto sucede a menudo.

Pero durante los días ventosos de invierno es mejor escoger otras zonas más protegidas. En cambio, la exposición de las paredes de Vilanova hace que casi nunca haya niebla.

El *Camping Serra de Prades* situado justo debajo de las paredes dispone de todo tipo de servicios: bungalows, bar, restaurante y piscina.

*Nota:* hace unos cuantos años, después de una disputa entre escaladores locales y el propietario de unos terrenos, éste último destrozó varios anclajes de los sectores *La Llena* y *Desploms* (los dos sectores se encuentran total o parcialmente en su propiedad). Extrajo las dos primeras chapas de muchas vías. Hay la intención de volver a equipar las vías afectadas (o al menos los anclajes afectados) con químicos. De momento debemos utilizar una caña o "palo chapador" largo si queremos escalar estos sectores.

**Aproximaciones**

Los sectores que constituyen la parte principal de la zona están situados sobre la ancha pared que hay sobre el pueblo. Una pista en buen estado recorre las paredes por debajo, primero hacia el este y después hacia el oeste (dirección hacia 2 antenas muy visibles desde el pueblo). De hecho, podemos acceder a los sectores desde arriba o abajo, pero

*Continúa en la página 138* ▷

*Kriminal de Muntanya* 7a
El Camping • V. de Prades
Toni Guíu *(Pág. 142)*

◁ *Viene de la página 137*
nosotros os describimos las aproximaciones más usuales para cada sector.

**General**: desde la rotonda al este del pueblo (justo bajo el Camping) seguid la pista (señal *Camí a la Serra Llena*) asfaltada en algunos tramos hacia la pared. El P1 es un ensanche a la izquierda de la pista, después de unos 800 metros. Está situado en una curva a la derecha, 20 metros después de girar bruscamente hacia la izquierda (la entrada de la pista está obstruida por un bloque de piedra). Hay una letra blanca pintada "P" sobre una roca en el lado derecho del parking.

El P2 está situado 300 metros más arriba (1.1km desde la rotonda), inmediatamente antes de una curva cerrada a la izquierda y directamente debajo la parte derecha de la pared. El P3 está situado encima de la pared aproximadamente 2.6km desde la rotonda y justamente donde la pista empieza a llanear. Hay una marca amarilla de spray en un pino y también una señal metálica de *Àrea Privada de Caça*.

**El Curull**: desde la derecha del P1, seguid un camino bien marcado que va hacia la derecha, más o menos paralelo a la pista principal. Después de 40 metros girad a la izquierda por otro camino que sube directamente hacia arriba (hito a la derecha después de 5 metros) y seguid este sendero empinado hasta la base del sector (5 minutos).

**El Sostre**: igual que para la aproximación anterior, pero al llegar a la pared seguid un sendero hacia la izquierda durante 30 metros hasta bajo un gran techo que da nombre al sector (6 minutos).

**Racó dels Corbs**: situado 20 metros a la izquierda del sector *El Sostre* (7 minutos).

**Niu de l'Àliga**: situado inmediatamente a la izquierda del sector anterior (8 minutos).

**Pitufos**: desde el P2 retroceded 10 metros por la pista hacia el pueblo y entonces girad a la derecha por un camino bien marcado que sube por una pendiente boscosa hasta la base de la pared (5 minutos).

**Ruta del Cister**: situado inmediatamente a la izquierda del sector anterior (6 minutos). *Nota:* desde este sector el camino continúa dirección oeste hacia *El Curull* y los otros sectores mencionados anteriormente.

**La Cogulla**: desde el P3 seguid por el camino central de los 3 que hay (hito al inicio) cuesta abajo hasta llegar sobre la pared. Después de aproximadamente 80 metros (y 10 metros antes de llegar a las paredes) el camino se divide: tomad el ramal derecho y continuad hacia abajo y hacia la derecha durante aproximadamente 50 metros hasta el anclaje inferior de una tirolina, donde será posible bajar hasta la base de la pared. Girad a la derecha (mirando hacia afuera) y seguid el camino de la base de la pared durante unos 160 metros, pasando el sector *Coll de l'Abella* (no descrito) hasta una atractiva pared en forma de libro abierto. Ésta es la parte central del sector (8 minutos). *Nota:* inmediatamente a la izquierda del sector *La Cogulla* encontraréis el sector *La Solana* (no descrito).

**El Camping**: desde el P3 seguid la aproximación anterior hasta la base de la pared por debajo de la tirolina, pero entonces girad a la izquierda (mirando hacia afuera). Encontraréis las primeras vías del lado izquierdo del sector a 15 metros.

*Nota:* para los que se alojen en el *Camping Serra de Prades* y que no deseen o no puedan utilizar un vehículo, es posible llegar a todos los sectores antes mencionados a pie, una caminata de entre 12-25 minutos. Consultad el mapa en la página 133 o bien preguntad en la oficina del camping (los propietarios son escaladores) si necesitáis más información.

**Penya Alta**: desde el P3 continuad conduciendo por el *Camí a la Serra Llena* aproximadamente 600 metros hacia las antenas. A los 70 metros la pista se divide: tomad el ramal de la izquierda (el de la derecha lleva a una torre de vigilancia contra incendios) y continuad conduciendo unos 400 metros más hasta donde la pista acaba en el *Coll de l'Abellar* (P4 — 3.7km desde el pueblo). A pie, seguid el ancho camino que va dirección sur. A diferencia de los otros caminos que empiezan en el Coll, éste no está señalizado pero hay una gran letra amarilla "M" pintada en un piedra a la izquierda de donde empieza el camino. Después de 15 metros girad a la derecha (hito) por un sendero estrecho pero bien marcado, y continuad por éste (pasando una segunda "M") durante unos 100 metros hasta donde se divide (hito). Tomad el ramal de la izquierda y 20 metros después id otra vez hacia la izquierda (20 metros), siguiendo un sendero que pasa por una pequeña banda rocosa. Después de unos 80 metros el sendero baja por un paso vertical hasta la base de la pared. Girad a la derecha (mirando hacia fuera) y continuad por la base de la pared hasta llegar a las primeras vías en el extremo derecho del sector (5 minutos desde el P4). Ver mapa en la página 150.

**La Llena**: aparcad en un ensanche (P5) de la TV-7004, a unos 2.3km al oeste del pueblo y 370 metros al oeste del punto *Km-7*. Retroceded 25 metros por la carretera (alejándoos del pueblo) y girad a la derecha por una rampa de tractor corta y de cemento. Desde el final de ésta, seguid un camino bien marcado, primero hacia la derecha (pasando un gran bloque con una flecha grabada) y después a la izquierda y otra vez a la derecha, bordeando un campo de almendros. Continuad hacia arriba siguiendo el camino en zigzag y pasando por zona con unos enormes bloques (sector *Els Blocs* — no descrito) hacia la pared. Allí donde el camino principal empieza a llanear (aproximadamente 20 metros desde las primeras paredes) un sendero hacia la derecha (hito) os lleva hacia las primeras vías al lado izquierdo del sector (10 minutos).

*Desploms*: a unos 200 metros al oeste del P5 (2.5km desde el pueblo) hay una pista de tierra a la izquierda de la carretera. Aquí hay sitio para aparcar 1 o 2 vehículos (P6) pero deberéis vigilar de no bloquear ninguna de las pistas. Si no hay espacio podéis aparcar al P5. A pie, cruzad la carretera y trepad el margen de tierra, seguid un sendero poco marcado hacia la izquierda hasta encontrar los restos de la antigua carretera asfaltada. Cruzadla y continuad siguiendo el sendero por la pendiente de la montaña, primero hacia la izquierda, después hacia la derecha llegando a la parte inferior izquierda del sector donde hay una casa en ruinas debajo de las paredes (3 minutos). *Nota*: desde la parte derecha del sector, podéis seguir un sendero poco definido hacia la derecha que finalmente enlaza con la aproximación del sector *La Llena*.

*Mapas en la página 133*

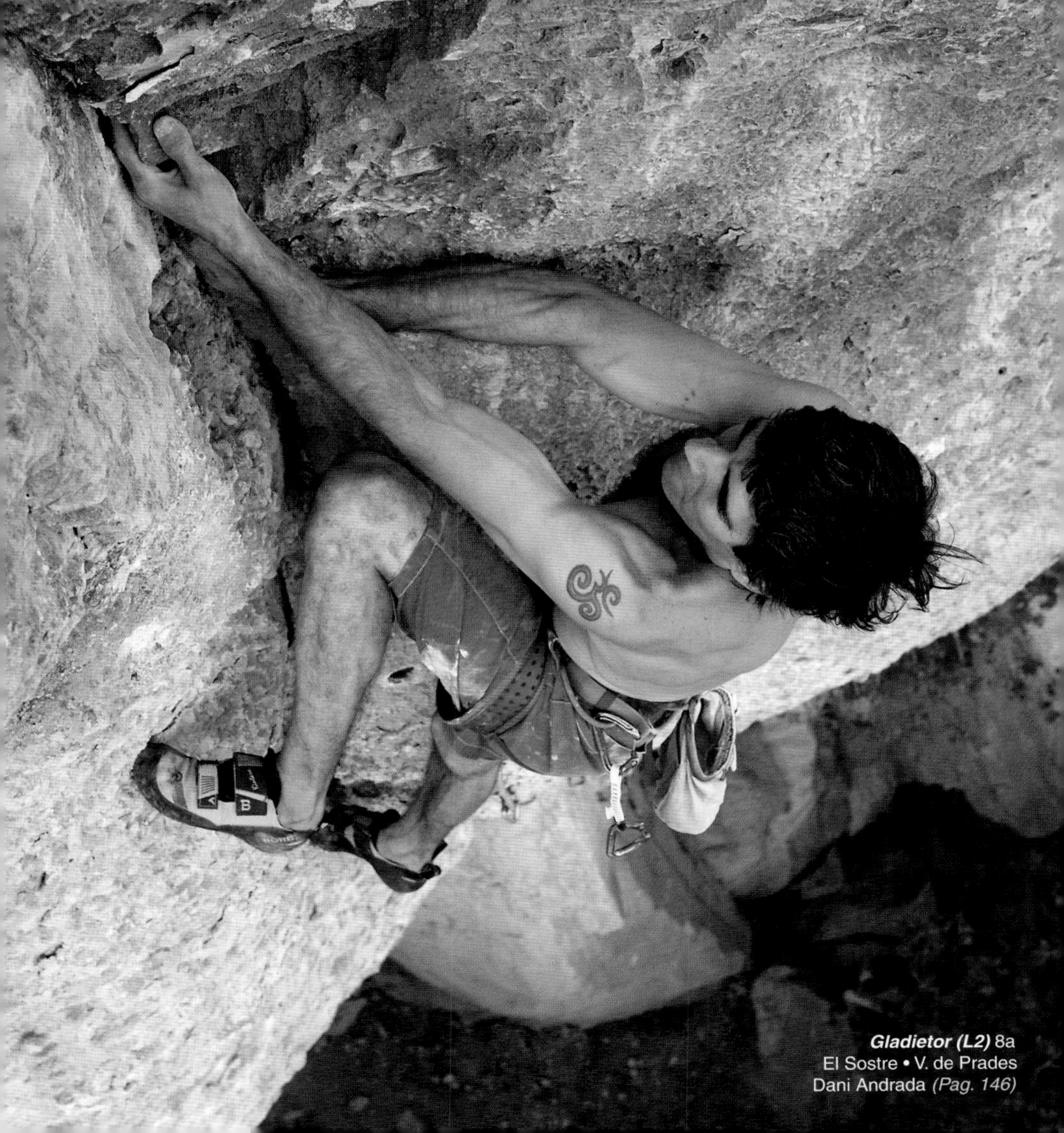

*Gladietor (L2)* 8a
El Sostre • V. de Prades
Dani Andrada *(Pag. 146)*

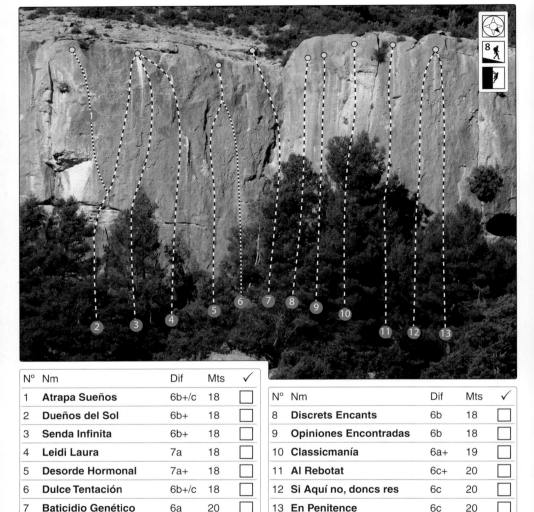

| N° | Nm | Dif | Mts | ✓ |
|----|-----|-----|-----|---|
| 1 | **Atrapa Sueños** | 6b+/c | 18 | |
| 2 | **Dueños del Sol** | 6b+ | 18 | |
| 3 | **Senda Infinita** | 6b+ | 18 | |
| 4 | **Leidi Laura** | 7a | 18 | |
| 5 | **Desorde Hormonal** | 7a+ | 18 | |
| 6 | **Dulce Tentación** | 6b+/c | 18 | |
| 7 | **Baticidio Genético** | 6a | 20 | |

| N° | Nm | Dif | Mts | ✓ |
|----|-----|-----|-----|---|
| 8 | **Discrets Encants** | 6b | 18 | |
| 9 | **Opiniones Encontradas** | 6b | 18 | |
| 10 | **Classicmanía** | 6a+ | 19 | |
| 11 | **Al Rebotat** | 6c+ | 20 | |
| 12 | **Si Aquí no, doncs res** | 6c | 20 | |
| 13 | **En Penitence** | 6c | 20 | |

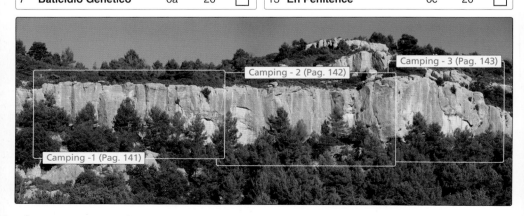

Camping - 3 (Pag. 143)

Camping - 2 (Pag. 142)

Camping -1 (Pag. 141)

| Nº | Nm | Dif | Mts | ✓ |
|----|-----|-----|-----|---|
| 1 | Borregos | 5+ | 10 | |
| 2 | Pastelada | 6a+ | 10 | |
| 3 | La Cachadeta | 7b | 11 | |
| 4 | Cabrita | 6a+ | 13 | |
| 5 | Cabronada | 6b+ | 14 | |
| 6 | Cabra | 6b | 14 | |

| Nº | Nm | Dif | Mts | ✓ |
|----|-----|-----|-----|---|
| 7 | Esto es un Infierno | 7b+/c | 14 | |
| 8 | Damián | 6c+ | 14 | |
| 9 | Nasderavia | 7a+ | 10 | |
| 10 | La Vista del Tío Santi | 6c | 15 | |
| 11 | Kira | 6c+/7a | 15 | |

| Nº | Nm | Dif | Mts | ✓ |
|----|-----|-----|-----|---|
| 12 | O'Tiny | 7b+ | 13 | |
| 13 | Patiada al Cul | 7b+ | 13 | |
| 14 | Kracovia | 7c | 16 | |
| 15 | Caligula | 7c | 16 | |

P3
5 min

| N° | Nm | Dif | Mts | ✓ |
|----|----|-----|-----|---|
| 29 | J.M. Jarre | 6b | 14 | |
| 30 | Mossén | 6a+ | 13 | |
| 31 | Supersonix | 6b | 13 | |
| 32 | Conciencia Transparente | 7a | 13 | |
| 33 | Fina i Segura | 7a+/b | 14 | |
| 34 | Revolution | 6b | 15 | |
| 35 | Equinoxe | 6c | 15 | |
| 36 | Maneta Xafardera | 6c | 15 | |

| N° | Nm | Dif | Mts | ✓ |
|----|----|-----|-----|---|
| 23 | Desprendement | 6a+ | 14 | |
| 24 | Pitufo Ros | 6a | 14 | |
| 25 | Makamanú | 7a | 14 | |
| 26 | Kriminal de Muntanya | 7a | 14 | |
| 27 | White Shark | 6b | 14 | |
| 28 | Complexe Supramolecular | 6b+ | 14 | |

| N° | Nm | Dif | Mts | ✓ |
|----|----|-----|-----|---|
| 16 | Bad Boy Junior | 7b+/c | 17 | |
| 17 | Dano | 7b+ | 16 | |
| 18 | Dragon Kan | 7a+ | 16 | |
| 19 | La Novatada | 6c+ | 12 | |
| 20 | Campinglandia | 6a+ | 12 | |
| 21 | Els Impresentables | 7a+/b | 12 | |
| 22 | Tot fang | 6c+ | 12 | |

| N° Nm | | Dif | Mts | ✓ |
|---|---|---|---|---|
| 45 | Aventura Placal | 7a | 12 | ☐ |
| 46 | Barri Jueu | 6a | 12 | ☐ |
| 47 | Biceps Letargados | 6b | 12 | ☐ |
| 48 | Inef-tes | 7a+ | 12 | ☐ |

| N° Nm | | Dif | Mts | ✓ |
|---|---|---|---|---|
| 41 | Fingolgin | 6c+ | 15 | ☐ |
| 42 | Tattoo | 7b+/c | 16 | ☐ |
| 43 | Buff!!! | 8a | 16 | ☐ |
| 44 | Al Lorut | 8a | 13 | ☐ |

| N° Nm | | Dif | Mts | ✓ |
|---|---|---|---|---|
| 37 | Ziperman | 7a | 16 | ☐ |
| 38 | Cronología | 7a+ | 16 | ☐ |
| 39 | Baya de Oro | 7b+/c | 24 | ☐ |
| 40 | Tom Bombadil | 7a+/b | 17 | ☐ |

| N° | Nm | Dif | Mts | ✓ |
|----|-----|-----|-----|---|
| 1 | Niu d'Astor | 7b+ | 18 | |
| 2 | Fly with Me | 7a+ | 17 | |
| 3 | Tidal | 7a | 17 | |
| 4 | Chronic | 6b+/c | 17 | |
| 5 | Mr. Nice | 6b | 16 | |
| 6 | Op8 | 6b+ | 16 | |
| 7 | Slush | 7b+ | 16 | |

| N° | Nm | Dif | Mts | ✓ |
|----|-----|-----|-----|---|
| 8 | Mouvements | 7b+/c | 16 | |
| 9 | AK 47 (proj) | ?? | ?? | |
| 10 | Partenaires (proj) | ?? | ?? | |
| 11 | Duth Dragon (proj) | ?? | ?? | |
| 12 | Quina Pudo!!! | 6c+ | 16 | |
| 13 | Khola | 7a | 14 | |
| 14 | Voodoo!!! | 7a+ | 14 | |

| N° | Nm | Dif | Mts | ✓ |
|----|-----|-----|-----|---|
| 15 | Flo | 7b+ | 17 | |
| 16 | Yoko | 7a | 17 | |
| 17 | Kyara | 7a+ | 17 | |
| 18 | La Gallarda | 7a | 17 | |
| 19 | Atropina | 7a | 17 | |
| 20 | Al Kut o al Kul | 6c+ | 18 | |

*Maldito Duende* 7b
El Curull • V. de Prades
Oscar Alcaraz *(Pag. 146)*

| Nº | Nm | Dif | Mts | ✓ |
|---|---|---|---|---|
| 1 | **Isis** | 6b | 18 | ☐ |
| 2 | **Nebula Star** | 7a+ | 18 | ☐ |
| 3 | **Jack Horror** | 6a+ | 18 | ☐ |
| 4 | **Astor** | 6a+ | 18 | ☐ |
| 5 | **Kalabera** | 6b+ | 18 | ☐ |
| 6 | **Action Indirect** | 7a+ | 18 | ☐ |
| 7 | **R2** | 7a+/b | 18 | ☐ |
| 8 | **Au!!!!!** | 7a+/b | 18 | ☐ |
| 9 | **Techono Ro** | 6b+/c | 18 | ☐ |
| 10 | **Fantasía o Realidad** | 6b+ | 18 | ☐ |
| 11 | **A Gritos de Esperanza** | 6b | 18 | ☐ |
| 12 | **Alarm Clock** | 6a+ | 18 | ☐ |
| 13 | **Otro Día Más** | 6a+ | 18 | ☐ |
| 14 | **Insoportable** | 7a+ | 18 | ☐ |
| 15 | **Dame tu Aire** | 6b | 22 | ☐ |
| 16 | **Hipnotizadas** | 6a+ | 22 | ☐ |
| 17 | **Ochi Tai-Tai** | 6a+ | 16 | ☐ |
| 18 | **Lluvia y Truenos** | 6a | 16 | ☐ |
| 19 | **El Gotas** | 6b+ | 16 | ☐ |

P1
5 min

| N° | Nm | | Dif | Mts | ✓ |
|---|---|---|---|---|---|
| 1 | **Ja n'hi ha Prou!!** | | 6a+ | 20 | |
| 2 | **Superequipada** | | 6a+ | 20 | |
| 3 | **Al Filo del Techo** | | 6c | 20 | |
| 4 | ?? | | 6a | 8 | |
| 5 | ?? | | V+ | 8 | |
| 6 | **La Pasión de Cristo** (proj) | | ?? | 27 | |
| 7 | ?? | | 6a+ | 8 | |
| 8 | Proj. | | ?? | ?? | |
| 9 | **Gladietor** | L1 | 7a | 9 | |
| | | L1+L2 | 8a | 27 | |
| 10 | **Yatah** | | 7c | 27 | |
| 11 | **Zacayamas** | | 7c+ | 27 | |
| 12 | **Extasi a Ho** | | 7b+/c | 27 | |
| 13 | **Infames** | | 7c | 26 | |
| 14 | **Cryo** | | 7c | 26 | |
| 15 | **Caza Mariposas** | | 6b+ | 26 | |
| 16 | **Meditation** | | 6c | 26 | |
| 17 | **El Festín** | | 6c | 26 | |
| 18 | **La Maldita** | | 6c+ | 25 | |

| N° | Nm | Dif | Mts | ✓ |
|---|---|---|---|---|
| 19 | **Banana Yang** | 6b+ | 24 | |
| 20 | **L'Esperó i Desapareció** | 6a+ | 22 | |
| 21 | **Yosemite** | 6a+ | 20 | |
| 22 | **Tip de Pits** | 6c | 22 | |
| 23 | **El Gat** | 6c | 22 | |
| 24 | **Les Bodegues** | 6c | 22 | |
| 25 | **Chin-Ton** | 7a+ | 22 | |
| 26 | **La Bola de Cristal** | 7b+ | 22 | |
| 27 | **Cuidado que Muerden!!!** | 7b | 22 | |
| 28 | **Brus** | 7c+ | 22 | |
| 29 | **Fallout** | 7c | 22 | |
| 30 | **Maldito Duende** | 7b | 22 | |
| 31 | **Saake** | 6c | 22 | |
| 32 | **Es como la Cocaína** | 6c | 22 | |
| 33 | **Tòxic** | 6b+ | 22 | |
| 34 | **Dragonsing** | 6b+ | 18 | |
| 35 | **My Immortal** | 7a | 18 | |
| 36 | **L'Animalada** | 7c+ | 25 | |
| 37 | **Abunda la Gula** | 6c | 23 | |
| 38 | **Coolio** | 7b | 24 | |

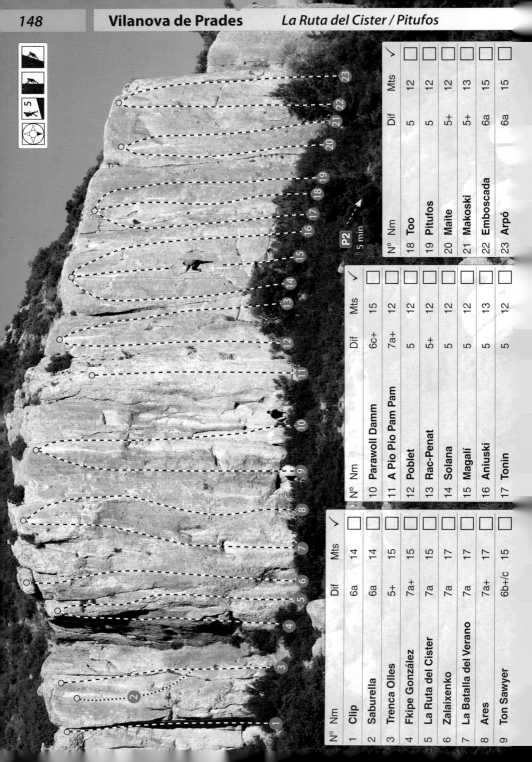

| N° | Nm | Dif | Mts | ✓ |
|----|----|-----|-----|---|
| 1 | Clip | 6a | 14 | |
| 2 | Saburella | 6a | 14 | |
| 3 | Trenca Olles | 5+ | 15 | |
| 4 | Fkipe González | 7a+ | 15 | |
| 5 | La Ruta del Cister | 7a | 15 | |
| 6 | Zalaixenko | 7a | 17 | |
| 7 | La Batalla del Verano | 7a | 17 | |
| 8 | Ares | 7a+ | 17 | |
| 9 | Ton Sawyer | 6b+/c | 15 | |

| N° | Nm | Dif | Mts | ✓ |
|----|----|-----|-----|---|
| 10 | Parawoll Damm | 6c+ | 15 | |
| 11 | A Pio Pio Pam Pam | 7a+ | 12 | |
| 12 | Poblet | 5 | 12 | |
| 13 | Rac-Penat | 5+ | 12 | |
| 14 | Solana | 5 | 12 | |
| 15 | Magalí | 5 | 12 | |
| 16 | Aniuski | 5 | 13 | |
| 17 | Tonin | 5 | 12 | |

| N° | Nm | Dif | Mts | ✓ |
|----|----|-----|-----|---|
| 18 | Too | 5 | 12 | |
| 19 | Pitufos | 5 | 12 | |
| 20 | Maite | 5+ | 12 | |
| 21 | Makoski | 5+ | 13 | |
| 22 | Emboscada | 6a | 15 | |
| 23 | Arpó | 6a | 15 | |

P2
5 min

*Tòxic* 6b+
El Curull • V. de Prades
Toni Guíu *(Pag. 146)*

| N° | Nm | Dif | Mts | ✓ |
|----|----|-----|-----|---|
| 1 | **Poder** | 4+ | 10 | ☐ |
| 2 | **Angeleta** | 4+ | 10 | ☐ |
| 3 | **Bruna** | 4+ | 10 | ☐ |
| 4 | **Jana** | 4+ | 10 | ☐ |
| 5 | **El Pupes** | 4+ | 14 | ☐ |
| 6 | **Lara Croft** | 4+ | 14 | ☐ |
| 7 | **Máximo Riesgo** | 4+ | 14 | ☐ |
| 8 | **El Bobo** | 4+ | 14 | ☐ |
| 9 | **Capicua** | 4+ | 13 | ☐ |
| 10 | **L'Arrambladeta** | 4+ | 12 | ☐ |
| 11 | **Xtrem** | 5 | 12 | ☐ |
| 12 | **Kula** | 5 | 12 | ☐ |
| 13 | **Miquel Àngel** | 6a+/b | 12 | ☐ |
| 14 | **Cap d'Hombro** | 6c | 12 | ☐ |
| 15 | **La Triología** | 7a | 13 | ☐ |
| 16 | **The Roof** | 7a | 13 | ☐ |
| 17 | **Final Fantasy** | 7a+ | 13 | ☐ |
| 18 | **La Pua** | 6c+ | 13 | ☐ |

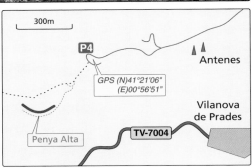

| N° | Nm | Dif | Mts | ✓ |
|----|----|-----|-----|---|
| 19 | ?? | ?? | 13 | ☐ |
| 20 | **Virus Maligne** | 6b+ | 13 | ☐ |
| 21 | **Fran** | 7b | 14 | ☐ |
| 22 | **Falset** | 6c+ | 15 | ☐ |
| 23 | **Cora** | 7b+/c | 15 | ☐ |
| 24 | **Two Socks** | 7b+/c | 15 | ☐ |
| 25 | **Versalles** | 7b+ | 15 | ☐ |
| 26 | **Falkirk** | 7c+ | 15 | ☐ |
| 27 | **Sobre Canto** | 7b+/c | 16 | ☐ |

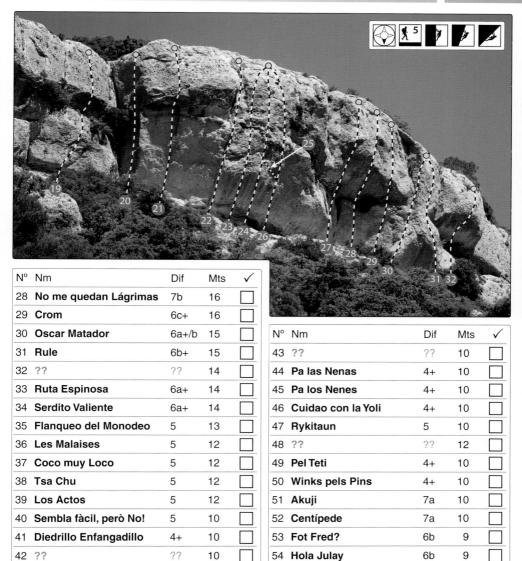

| Nº | Nm | Dif | Mts | ✓ |
|---|---|---|---|---|
| 28 | **No me quedan Lágrimas** | 7b | 16 | |
| 29 | **Crom** | 6c+ | 16 | |
| 30 | **Oscar Matador** | 6a+/b | 15 | |
| 31 | **Rule** | 6b+ | 15 | |
| 32 | ?? | ?? | 14 | |
| 33 | **Ruta Espinosa** | 6a+ | 14 | |
| 34 | **Serdito Valiente** | 6a+ | 14 | |
| 35 | **Flanqueo del Monodeo** | 5 | 13 | |
| 36 | **Les Malaises** | 5 | 12 | |
| 37 | **Coco muy Loco** | 5 | 12 | |
| 38 | **Tsa Chu** | 5 | 12 | |
| 39 | **Los Actos** | 5 | 12 | |
| 40 | **Sembla fàcil, però No!** | 5 | 10 | |
| 41 | **Diedrillo Enfangadillo** | 4+ | 10 | |
| 42 | ?? | ?? | 10 | |

| Nº | Nm | Dif | Mts | ✓ |
|---|---|---|---|---|
| 43 | ?? | ?? | 10 | |
| 44 | **Pa las Nenas** | 4+ | 10 | |
| 45 | **Pa los Nenes** | 4+ | 10 | |
| 46 | **Cuidao con la Yoli** | 4+ | 10 | |
| 47 | **Rykitaun** | 5 | 10 | |
| 48 | ?? | ?? | 12 | |
| 49 | **Pel Teti** | 4+ | 10 | |
| 50 | **Winks pels Pins** | 4+ | 10 | |
| 51 | **Akuji** | 7a | 10 | |
| 52 | **Centípede** | 7a | 10 | |
| 53 | **Fot Fred?** | 6b | 9 | |
| 54 | **Hola Julay** | 6b | 9 | |

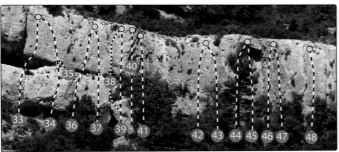

| N° | Nm | Dif | Mts | ✓ |
|---|---|---|---|---|
| 1 | Peña Masturbaros | 7a | 12 | ☐ |
| 2 | Rebaño de Cervatillos | 7b+ | 12 | ☐ |
| 3 | Jaba un Bicho | 6c+ | 12 | ☐ |
| 4 | Jay un Bicho | 6b+ | 12 | ☐ |
| 5 | ?? | 7b+ | 14 | ☐ |
| 6 | Kalefonuncia | 7b+/c | 14 | ☐ |
| 7 | Desvariant | 7c | 15 | ☐ |
| 8 | Desparramosis Total | 6b+ | 13 | ☐ |
| 9 | L'Esperó y no Apareció | 6b | 12 | ☐ |
| 10 | Baobard | 5+ | 12 | ☐ |
| 11 | Pantunfla | 5+ | 12 | ☐ |

| N° | Nm | Dif | Mts | ✓ |
|---|---|---|---|---|
| 24 | Fanàtic Cloc | 7a | 18 | ☐ |
| 25 | Pensaments Ocults | 6c+ | 18 | ☐ |
| 26 | L'Últim Gong | 7c+ | 20 | ☐ |
| 27 | Pulsar | 8a+ | 20 | ☐ |
| 28 | Proj. | ?? | ?? | ☐ |
| 29 | Tuncatumpa | 8b | 20 | ☐ |
| 30 | Megapubilla | 8a | 20 | ☐ |
| 31 | Proj. | ?? | 28 | ☐ |
| 32 | Espérense que ahora Vuelvo | 7c+ | 16 | ☐ |
| 33 | Alhambra | 7c+ | 16 | ☐ |

| N° | Nm | Dif | Mts | ✓ |
|---|---|---|---|---|
| 12 | Cus Cus | 5 | 12 | ☐ |
| 13 | Casin Lolo | 4+ | 12 | ☐ |
| 14 | Terroso | 5 | 12 | ☐ |
| 15 | Zipi | 4+ | 13 | ☐ |
| 16 | Zape | 4+ | 13 | ☐ |
| 17 | Vuelongo hasta Caerte | 6a | 16 | ☐ |
| 18 | Cuando los Elefantes Sueñan con la Música | 6a | 20 | ☐ |
| 19 | Massoch | 7b+/c | 10 | ☐ |
| 20 | Farlopo | 7b | 18 | ☐ |
| 21 | Que Vadis? | 7c+ | 16 | ☐ |
| 22 | Fil de Fer | 7b+ | 17 | ☐ |
| 23 | Orgasmotron | 8a | 17 | ☐ |

*Gladietor (L1)* 7a
El Sostre • V. de Prades
Mariona Martí *(Pag. 146)*

La Llena (Pags. 152-153)

| N° | Nm | Dif | Mts | ✓ |
|----|------|------|-----|---|
| 1 | **Alau** | 7b/+ | 12 | ☐ |
| 2 | **Miss-to** | 8a | 12 | ☐ |
| 3 | **Ying Yang** | 7b+ | 13 | ☐ |
| 4 | **Fukuoka** | 8b+ | 13 | ☐ |

| N° | Nm | Dif | Mts | ✓ |
|----|------|------|-----|---|
| 5 | **Elèctric Buda (proj)** | ?? | 12 | ☐ |
| 6 | **Spider** | 8b+ | 12 | ☐ |
| 7 | **Indian Tattoo** | 8b+ | 12 | ☐ |
| 8 | **The Power of Resin** | 8a+ | 12 | ☐ |
| 9 | **A la Guly He** | 7a+ | 10 | ☐ |

| N° | Nm | Dif | Mts | ✓ |
|----|------|------|-------|---|
| 10 | **Follim Follam** | 7b+ | 12 | ☐ |
| 11 | **Ali Up** | 7c | 12 | ☐ |
| 12 | **Peligrosa María** | 7c+ | 12 | ☐ |
| 13 | **Akiko** | 7c+ | 12 | ☐ |
| 14 | **Blodhangang** | 8a | 12 | ☐ |
| 15 | **Pillacín** | 7a+/b | 10 | ☐ |
| 16 | **Sacrificio** | 7b+/c | 10 | ☐ |
| 17 | **Splash** | 7b+ | 10 | ☐ |
| 18 | **??** | 7b+ | 10 | ☐ |

*The Power of Resin* 8a+
Desploms • V. de Prades
Dani Andrada *(Pag. 154)*

# Siurana

**Introduction**: The Queen of Tarragona climbing! Only Margalef comes close in terms of visitor attraction.

The first routes in Siurana date back to the mid 1980's, coinciding with the general sport-climbing boom sweeping through Spain at the time. More than 25 years later new routes are still being established and this magnificent zone is regarded as one of the very best climbing areas in the world.

Above the cliffs lies the spectacularly positioned village of Siurana, known as *Xibrana* in its days under Moorish rule and only given its present name in 1153 when Christian forces recaptured the fortress. It has several bars, a Refugi, and a campsite, all of which offer accommodation and meals. In fact, for climbers without a car Siurana is an excellent location as many sectors are accessible from the village on foot (5-30 min).

A typical Siurana route features small, sharp crimps and side-pulls on vertical or gently over-hanging walls of superb, rough limestone. Consecutive days 'on' can be very tough on the fingertips! The colder months, from October to April, are generally considered the main season here, but the existence of several very good shaded sectors means climbing can actually continue right through the summer.

This zone is currently home to approximately 1,400 routes of which, amazingly, around 200 have been added just since the publication of the most recent local guidebook (late 2010). Our selection features around 20 of the more extensive sectors and offers enough routes of all grades to keep even the keenest climber busy for quite a while, though arguably the better climbs are mostly in the 6c and above range.

Nearby Cornudella offers rather more in the way of amenities than does Siurana, including self-catering accommodation, small supermarkets, and a large climbing gear shop, which also runs an excellent rock-shoe resoling service.

There are currently two dedicated guidebooks to the zone: one by Toni Arbonés and Miriam Caravaca (2009); the other by David Brascó and Natàllia Campíllo (2010).

**Approaches**: in order to simplify approach information we have split the zone into 3 Sub-zones.

**Sub-zone 1**

**L'Herbolari**: from Cornudella follow the C-242 towards Prades for 500m then turn right onto the T-3225 towards Siurana. Follow this for approximately 2.4km to reach an extensive parking area (P1) on the right. Walk back down the road 50m then turn right and follow a well-marked path (*Camí del Grau Tallat* - yellow & white paint marks) to a junction with a second major path running horizontally across the hillside (*Camí Baix La Siuranella*). Turn right and continue in a south-westerly direction until reaching a cairn directly below the sector. An obvious trail leads up to the base of the wall (15 min.).

**Siuranella Sud**: from P1 continue driving along the road for approximately 900m to a small lay-by (P2) on the right, just before a sharp right-hand bend. This parking area is only big enough to accommodate 2 or 3 vehicles but if it is already full there are several places between P1 and P2 where it is possible to get a couple of cars far enough off the road so as not to impede passing traffic. From P2 walk 200m back down the road towards Cornudella, passing the *Km-3* marker on the way, then turn right onto a well-marked footpath (*Grau del Jueu* - wooden post with green and white paint marks where it leaves the road). Follow this up through a band of sandstone to a junction with the *Baix la Siuranella* path (signpost). Turn left and continue for approximately 200m to a cairn marking the start of a side-path, which leads directly up to the base of the sector (15 min).

**Siuranella Centre**: as for the previous approach but on reaching the *Baix la Siuranella* footpath turn right. Continue for a few metres then turn left onto a path leading up to the wall, skirting a large boulder on its right–hand side before reaching ledges below the sector (15 min).

*Continued on page 158* ▷

◁ *Continued from page 157*

**El Cargol**: the parking area for this and the following seven sectors is a lay-by on the left-hand side of the T-3225 about 4.7km from the junction with the C-242 (P3). There is only room here for 6-8 vehicles and at busy times it is common to see many more cars and vans parked nose-to-tail on the opposite side of the road. This practice seems to be tolerated by the authorities but care must be taken to avoid creating problems for through traffic. Walk 100m back down the road towards Cornudella then drop down to the right onto a prominent footpath (signpost *El Camí de Fontscaldes*). Follow this to a junction of paths immediately beneath the huge freestanding pillar of *El Cargol* (5 min).

**Esperó Primavera**: from the foot of *El Cargol* turn right and follow an obvious trail up to the base of the wall to reach the first climbs on the left-hand side of the sector (6 min.) *Note:* from the right-hand side of this sector it is faster to regain the road by another more direct footpath.

**El Pati**: from the foot of *El Cargol* continue leftwards beneath the wall. The routes on the right-hand end of the sector are encountered almost immediately (6 min).

**Siuranella Est**: as for the previous sector but 30m west of *El Cargol* leave the main path for a side-path leading left towards the opposite side of the canyon. The first routes encountered are on a section of rock characterized by several prominent diedres (12 min). All other routes are reached by continuing leftwards, and most start from exposed, narrow ledges, reached by a short via-ferrata and ropeways (15 min, unsuitable for non-climbers and dogs).

**L'Olla**: follow the main *Fontscaldes* path below *El Pati* and continue leftwards to ledges below the sector (12 min).

**l'Aparador & Can Codolar**: from P3 walk down the road back towards Cornudella to the start of the *Fontscaldes* path. A few metres further on, on the opposite (north) side of the road, a well-marked trail leads up through trees to the base of *L'Aparador* (3 min). Continue rightwards along the base of the cliffs to reach *Can Codolar* (5 min).

**Ca l'Onasis**: from P3 walk down the road back towards Cornudella. Pass the start of the *Fontscaldes* path (on the right) and continue for a further 150m to where a narrow trail leaves the road on its left-hand side. Follow this up through trees and boulders to reach the sector (8 min).

### Sub-zone 2 — Grau dels Masets

Follow the T-3225 towards Siurana. A few metres beyond *Km-6* an unsurfaced track (signposted *Prades*) turns off sharply left. Follow this, passing a group of buildings *El Corral de l'Isidret* on the right (do not take the track immediately in front of the farm). About 150m from the road the track splits: take the right-fork and continue for a further 450m

to park (P4) by a wooden signpost for *Grau dels Masets* adorned with green and white painted stripes. On foot, follow a well-marked path down into an open gully then rightwards, passing below a huge roof and through a narrow rock corridor. The first routes on the right-hand side of **Grau dels Masets - Camí** are encountered immediately after the corridor (5 min). From the same place a blue paint mark on a rock on the left of the path marks the beginning of a descent down a short, steep gully (fixed, knotted ropes). From the base of this continue left (looking out) to reach the first routes of **Grau dels Masets - Baix** (7 min). For **Grau dels Masets - Esquerra** continue along the foot of *Grau dels Masets - Camí* then follow the path right-wards (looking out) and up to the base of the sector (10 min).

### Sub-zone 3

All the sectors in this sub-zone use the major parking area known as *La Bassa* (P5) gained by turning left off the T-3225 350m before reaching the village of Siurana. The sectors are spread across two distinct horizontal tiers of rock, one above the other, with the initial approach path running along a broad terrace between the two. *Note:* an alternative starting point, particularly useful for those staying at *Camping Siurana*, is from the T-3225 100m east of the campsite entrance. From here a well-marked

*Kale Borroka* 8b+
El Pati • Siurana
Daila Ojeda
*(Pag. 191)*

footpath cuts across the *Coll de la Creu* to join the main terrace/path midway between sectors *Can Melafots* and *Can Marges*.

**Can Melafots**: from P5 walk along a very well marked path (signposted *Els Gorgs*) which runs between the two rock bands. The sector begins immediately (1 min).

**Ca la Isabel**: this sector starts where *Can Melafots* finishes — about 200m from the parking area (3 min).

**Can Marges**: from the previous sector keep walking east for a further 350m passing below sectors *Can Bourdel* and *La Trona* (not described) to where the path begins to descend into a gully. The second prominent hairpin bend brings you to the foot of an attractive slabby wall on the left, which is *Can Marges de Dalt* (10 min). *Can Marges de Baix* is situated 30m downhill, to the right of the path (12 min).

**Can Piqui Pugui**: follow the approach for the upper tier as far as *Can Marges de Baix*. A few metres after passing beneath this sector turn right off the main path and follow a trail running back rightwards (looking out) below the lower-tier rock bands. The first routes on the extreme right-hand side of *Can Piqui Pugui* are soon reached (15 min from P5). Continue west along the base of the sector to reach the rest of the climbs.

**Can Gans Dionis**: from P5 follow the *Els Gorgs* path until immediately below sector *Ca La Isabel*. Here another path — *Grau del Franquet* (cairn and green paint marks on the ground) heads down rightwards through the first short walls of the lower rock band to a col. From here take the left fork and follow a well-marked path descending a gully to reach the first routes on the left-hand side of the sector (6 min).

**Ca La Boja**: as for the previous sector but continue down the gully for a further 50m before dropping down left onto a less well-marked path. Pass below the slabby face of *Can Facil* (not described) then continue up and left to the foot of the barrel-shaped wall (12 min).

**Can Toni Gros**: from the col below *Ca La Isabel* turn right and follow a well-marked path down and right (looking out). Pass beneath two small sectors (*Can Weekend* and *Totxo del Jipi* — not described). Approximately 200m from the col scramble up onto a terrace beneath the sector (10 min).

**Salt de la Reina Mora**: as for the previous sector but instead of scrambling up onto the terrace continue leftwards (west) on an increasingly ill-defined trail, traversing below the walls for a further 200m to reach the first routes on the right-hand side of the sector (15 min). This is an extensive sector and the routes on the far left-hand side require a further 5 minutes' walking.  ***Maps on pages 168 - 169.***

**Introducció:** La reina de l'escalada a Tarragona! Només Margalef s'hi apropa pel que fa a nombre de visitants.

Les primeres vies esportives de Siurana són de mitjans dels 80, coincidint amb el boom de l'escalada esportiva que hi va haver per tota Espanya en aquells temps. Més de 25 anys després, encara s'equipen vies en aquesta magnífica i reconeguda zona que es considera de les millors del món.

Sobre la cinglera trobem l'espectacular poble de Siurana, anomenat *Xibrana* mentre estava sota domini àrab i que no va rebre el seu nom actual fins l'any 1153 quan l'exèrcit cristià va reconquerir la fortalesa. Té diversos bars, un refugi i un càmping. De fet, pels escaladors que no tinguin vehicle, Siurana és un lloc excel·lent, ja que molts sectors són accessibles des del poble a peu (5-30 minuts).

Pel que fa al tipus d'escalada, una via típica de Siurana és de petites regletes i/o preses laterals, sobre parets verticals o lleugerament desplomades, amb una roca aspra i fantàstica. Uns quants dies seguits escalant a Siurana poden malmetre els nostres dits! Els mesos més freds, d'octubre a abril, són els que en general es consideren la temporada alta, però el fet que hi hagi molts sectors a l'ombra ens permetrà escalar al llarg de tot l'estiu.

Aquesta zona té actualment unes 1.400 vies, de les quals, de manera sorprenent, 200 han estat equipades des que va sortir l'última guia local que es va publicar a finals de l'any 2010. La nostra selecció només abasta 20 dels sectors més extensos, però ofereix suficients vies de tots els graus per mantenir ocupat fins i tot a l'escalador més fanàtic durant una bona temporada. Cal tenir en compte que les millors vies es troben al voltant del 6c i graus superiors!

Ben a prop trobem Cornudella que ens ofereix molts més serveis que Siurana, incloent apartaments, petits supermercats i fins i tot una botiga de material d'escalada amb un servei excel·lent de reparació de peus de gat i botes de muntanya.

Actualment, hi ha 2 guies sobre la zona: una de Toni Arbonés i Miriam Caravaca (2009) i l'altra de David Brascó i Natàlia Campillo (2010).

**Aproximacions:** per tal de simplificar aquesta informació hem dividit la zona en 3 sub-zones.

**Sub-zona 1**

**L'Herbolari:** des de Cornudella seguiu la C-242 cap a Prades durant 500 metres i després gireu a la dreta per la T-3225 direcció Siurana. Seguiu-la durant 2.4km fins a un gran pàrquing (P1) a la dreta. Retrocediu per la carretera durant 50 metres i llavors agafeu a la dreta un camí ben marcat (*Camí del Grau Tallat* — pintura groga i blanca) fins a un encreuament amb un altre camí que va horitzontalment per la falda de la muntanya *(Camí Baix La Siuranella)*. Gireu a la dreta i continueu en direcció sud-oest fins arribar a una fita directament sota el

sector. Un senderó evident porta cap amunt fins a la base de la paret (15 minuts).

**Siuranella Sud:** des del P1 continueu conduint per la carretera durant uns 900 metres fins que trobeu un petit eixamplament a la dreta (P2), just abans d'una corba molt tancada a mà dreta. Aquest pàrquing és petit, màxim 3 vehicles, si el trobeu ple hi ha espais entre el P1 i P2 que us permetran aparcar sense envair la carretera. Des del P2 retrocediu 200 metres direcció Cornudella, passant el senyal del *Km-3*, després gireu a la dreta per un sender ben marcat (*Grau del Jueu* — senyal de fusta amb marques verdes i blanques quan deixem la carretera). Seguiu-lo tot passant una franja d'arenisca fins un encreuament amb el *Camí Baix la Siuranella* (senyal). Gireu a l'esquerra i continueu durant uns 200 metres fins una fita que marca l'inici d'un senderó secundari que porta directament a la base del sector (15 minuts).

**Siuranella Centre:** igual que per l'aproximació anterior, però en arribar al *Camí Baix la Siuranella* gireu a la dreta. Continueu uns quants metres i gireu a l'esquerra per un camí que porta a la paret, deixant un enorme bloc a l'esquerra abans d'arribar a la feixa de sota el sector (15 minuts).

**El Cargol:** el pàrquing (P3) per aquesta àrea i pels set sectors següents és un eixamplament a l'esquerra de la T-3225, uns 4.7km de la cruïlla amb la C-242. Només hi ha lloc per mitja dotzena de vehicles, així que molts cops hi ha cotxes aparcats a les dues bandes de la carretera. Aquesta pràctica sembla ser tolerada per les autoritats, però cal evitar-la si no volem crear problemes de trànsit.

Camineu uns 100 metres per la carretera direcció Cornudella i baixeu per un sender que surt a la dreta, sota la carretera (senyal *El Camí de Fontscaldes)*. Seguiu-lo fins a una cruïlla de senders directament sota la gran agulla d'*El Cargol* (5 minuts).

**Esperó Primavera:** des d'*El Cargol* gireu a la dreta i seguiu un camí evident fins la base de la paret, així arribareu a les primeres vies a l'extrem esquerre del sector (6 minuts) *Nota:* des de la dreta d'aquest sector és més fàcil arribar a la carretera per un altre camí més directe.

**El Pati:** des del peu d'*El Cargol* continueu cap a l'esquerra per sota la paret. Accedireu gairebé immediatament a les vies de la banda dreta del sector (6 minuts).

**Siuranella Est:** igual que per l'anterior sector però 30 metres més enllà d'*El Cargol* deixeu el camí principal i agafeu-ne un de secundari que va cap a l'esquerra i porta cap al costat oposat del barranc. Les primeres vies les trobem en una zona caracteritzada per diversos díedres molt espectaculars (12 minuts). A totes les altres vies hi accedirem continuant cap a l'esquerra i la majoria comencen en una

*Continua a la pàgina 163* ▷

◁ *Ve de la pàgina 160*
feixa no gaire ampla a la que arribareu per una mini-ferrada (15 minuts, no apropiat per no escaladors i/o gossos).

**L'Olla:** seguiu el camí principal cap a *Fontscaldes* sota *El Pati* i continueu cap a l'esquerra fins arribar a la feixa de sota el sector (12 minuts).

**L'Aparador i Can Codolar:** des del P3 retrocediu per la carretera cap a Cornudella fins a l'inici del camí de *Fontscaldes*. Uns quants metres després, a l'altre costat de la carretera, un senderó ben marcat que puja entre els arbres ens portarà al peu de *L'Aparador* (3 minuts). Continueu cap a la dreta pel peu de la paret per arribar a *Can Codolar* (5 minuts).

**Ca l'Onasis:** des del P3 camineu per la carretera direcció Cornudella. Passeu l'inici del camí cap a *Fontscaldes* (a la dreta) i continueu durant 150 metres més fins que trobeu un sender estret a l'esquerra de la carretera. Seguiu-lo entre arbres i blocs fins al sector (8 minuts).

### Sub-zona 2 - Grau dels Masets
Seguiu la T-3225 cap a Siurana. Uns quants metres després del *Km-6,* una pista sense asfaltar (senya-litzada *Prades)* gira bruscament cap a l'esquerra. Seguiu-la tot passant una granja, *El Corral de l'Isidret* a la dreta (no agafeu la pista immediata-ment davant de la granja). A 150 metres de la carre-tera la pista es divideix: agafeu el trencall de la dreta i continueu durant 450 metres més fins al pàrquing (P4) senyalitzat amb un cartell de fusta *Grau dels Masets* i pintat amb ratlles verdes i blanques. A peu, seguiu un camí ben marcat cap avall per una bar-rancada oberta i després cap a la dreta, passant per sota un gran sostre i travessant un passadís en-tre roques. Les primeres vies al cantó dret del **Grau dels Masets – Camí** les trobarem just després del passadís (5 minuts). Des del mateix lloc una marca de pintura blava sobre una pedra a l'esquerra del camí ens indica l'inici d'una canal estreta (cordes fixes amb nusos). Un cop a baix, continueu cap a l'esquerra (mirant enfora) per arribar a les primeres vies del **Grau dels Masets - Baix** (7 minuts). Pel **Grau dels Masets - Esquerra** continueu pel peu del *Grau dels Masets - Camí* i després seguiu el camí cap a la dreta (mirant enfora) i amunt fins a la base del sector (10 minuts).

### Sub-zona 3
Tots els sectors d'aquesta sub-zona utilitzen el pàrquing principal, anomenat *La Bassa* (P5) situat 350 metres abans del poble de Siurana. Els sectors estan dispersos en dues franges de roca, una sobre l'altra, amb l'aproximació comuna a tots els sectors que discorre per una ampla cornisa entre ambdues franges de roca. *Nota:* un altre punt de partida, bastant útil pels que estiguin allotjats al *Camping Siurana* és des de la carretera T-3225 100 metres a l'est de l'entrada del càmping. Des d'aquí un camí

ben marcat travessa el *Coll de la Creu* fins unir-se amb el principal a mig camí entre els sectors *Can Melafots* i *Can Marges.*

**Can Melafots:** des del P5 camineu pel camí molt ben marcat i senyalitzat *Els Gorgs*, que discorre entre les dues franges de roca. El sector comença immediatament (1 minut).

**Ca la Isabel:** aquest sector comença on s'acaba *Can Melafots*, uns 200 metres des del pàrquing (3 minuts).

**Can Marges:** des del sector anterior continueu caminant cap a l'est durant 350 metres, passant sota els sectors C*an Burdel* i *La Trona* (no descrits) fins on el camí comença el descens cap a la vall. A la segona corba pronunciada ens trobem amb una atractiva placa que és *Can Marges de Dalt* (10 minuts). 30 metres més enllà, a la dreta, trobem C*an Marges de Baix* (12 minuts).

**Can Piqui Pugui:** seguiu el camí per la franja de dalt fins arribar a *Can Marges de Baix*. Uns metres després de passar sota aquest sector gireu a la dreta deixant el camí principal i seguiu un senderó cap a la dreta (mirant enfora) per sota la franja in-ferior. Les primeres vies, a l'extrem dret del sector *Can Piqui Pugui*, les trobareu ben aviat (15 minuts des del P5). Continueu cap a l'oest pel peu del sec-tor per sota la resta de vies.

**Can Gans Dionis:** des del P5 seguiu el camí cap a *Els Gorgs* fins que us trobeu directament sota el sector Ca la Isabel. Aquí, un altre camí - *Grau del Franquet* (fita i pintura verda al terra) us porta avall i cap a la dreta per unes franges de roca fins un coll. Des d'aquí, aneu cap a l'esquerra i seguiu un camí ben marcat que baixa per una canal, fins arribar a les primeres vies a l'esquerra del sector (6 minuts).

**Ca La Boja:** igual que pel sector anterior però con-tinueu canal avall durant 50 metres més fins a trobar un sender menys marcat que va cap a l'esquerra. Passeu per sota del sector *Can Fàcil* (no descrit) i continueu cap amunt i a l'esquerra fins al peu de la paret lleugerament desplomada.

**Can Toni Gros:** des del coll sota de *Ca la Isabel* gireu a la dreta (a l'esquerra aniríeu a *Can Gans Dionis*) i seguiu un camí ben marcat que va avall i cap a la dreta (mirant enfora). Passeu per sota de dos sectors petits - *Can Weekend* i *Totxo del Jipi* (no descrits). A uns 200 metres del coll grimpeu fins la feixa de sota el sector (10 minuts).

**Salt de la Reina Mora:** igual que pel sector anterior però enlloc de grimpar cap a la feixa continueu cap a l'esquerra (oest) per un senderó cada cop menys definit que va per sota les parets durant 200 me-tres més fins arribar a les primeres vies a la dreta del sector (15 minuts). Aquest és un sector bastant extens i per accedir a les vies de l'extrem esquerre haurem de caminar uns 5 minuts més.

***Mapes a les pàgines 168-169.***

**Introducción**: ¡La reina de la escalada en Tarragona! Sólo Margalef se acerca por lo que a número de visitantes se refiere.

Las primeras vías deportivas de Siurana son de mediados de los 80, coincidiendo con el boom de la escalada deportiva que hubo por toda España en aquellos tiempos. Más de 25 años después, todavía se equipan vías en esta magnífica y reconocida zona que se considera de las mejores del mundo.

Sobre los farallones rocosos encontramos el espectacular pueblo de Siurana que tuvo el nombre de *Xibrana* mientras estaba bajo dominio árabe y no recibió su nombre actual hasta el año 1153 cuando el ejército cristiano reconquistó la fortaleza. Tiene diversos bares, un refugio y un camping. De hecho, para los escaladores que no dispongan de vehículo, Siurana es un lugar excelente ya que muchos sectores son accesibles desde el pueblo a pie (5-30 minutos).

Respecto al tipo de escalada, una vía típica de Siurana es de pequeñas regletas y/o cantos laterales sobre paredes verticales o ligeramente desplomadas, con una roca áspera y fantástica. Unos cuantos días seguidos escalando en Siurana pueden dañar las yemas de los dedos. Los meses más fríos, de octubre a abril, son los que en general se consideran la temporada alta, pero el hecho que haya muchos sectores a la sombra nos permitirá escalar a lo largo de todo el verano.

Esta zona tiene actualmente unas 1.400 vías, de las cuales, de manera sorprendente, 200 han sido equipadas desde que salió la última guía local que se publicó a finales de 2010. Nuestra selección sólo abarca 20 de los sectores más extensos, pero ofrece suficientes vías de todos los grados para mantener ocupado incluso al escalador más fanático durante una buena temporada. Hay que tener en cuenta que las mejores vías se encuentran alrededor del 6c y grados superiores.

Cornudella, bien cerca, nos ofrece muchos más servicios que Siurana, incluyendo apartamentos, pequeños supermercados e incluso una tienda de escalada, la cual ofrece un excelente servicio de reparación de pies de gato y botas de montaña

Actualmente hay 2 guías sobre la zona: una de Toni Arbonés y Miriam Caravaca (2009) y otra de David Brascó y Natàlia Campillo (2010).

**Aproximaciones**: para simplificar esta información hemos dividido la zona en 3 sub-zonas.

### Sub-zona 1

**L'Herbolari:** desde Cornudella seguid la C-242 hacia Prades durante 500 metros y después girad a la derecha por la T-3225 dirección Siurana. Seguidla durante 2.4km hasta un gran parking (P1) a la derecha. Retroceded por la carretera durante 50 metros y entonces coged a la derecha un camino bien marcado (*Cami del Grau Tallat* — pintura amarilla y

blanca) hasta un cruce con otro camino que va horizontalmente por la falda de la montaña *(Camí Baix La Siuranella)*. Girad a la derecha y continuad hacia el sudoeste hasta llegar a un hito directamente bajo el sector. Un sendero evidente lleva hacia la base de la pared (15 minutos).

**Siuranella Sud:** desde el P1 continuad conduciendo por la carretera durante unos 900 metros hasta un pequeño ensanche (P2) a la derecha, justo antes de una curva muy cerrada a mano derecha. Este parking es pequeño, máximo 3 vehículos y si lo encontráis lleno hay espacios entre el P1 y el P2 que os permitirán aparcar sin invadir la calzada.

Desde el P2 retroceded 200 metros dirección Cornudella, una vez pasado el marcador del *Km-3* girad a la derecha por un sendero bien marcado *(Grau del Jueu* − señal de madera con marcas verdes y blancas cuando dejáis la carretera). Seguidlo, pasando una franja de arenisca, hasta un cruce con el camino *Baix la Siuranella* (señal). Girad a la izquierda y continuad durante unos 200 metros hasta un hito que marca el inicio de un sendero secundario, el cual nos llevará directamente a la base del sector (15 minutos).

**Siuranella Centre:** igual que para la aproximación anterior pero al llegar al camino *Baix la Siuranella* girad a la derecha. Continuad unos cuantos metros y girad a la izquierda por un camino que os llevará a la pared, dejando un enorme bloque a la izquierda justo antes de llegar a las terrazas bajo el sector (15 minutos).

**El Cargol:** el parking (P3) para este sector y los siete siguientes es un ensanche a la izquierda de la T-3225, a unos 4.7km desde el cruce con la C-242. Sólo hay espacio para media docena de vehículos y muchas veces hay coches aparcados en ambos lados de la carretera. Esta práctica parece ser tolerada por las autoridades, pero hay que evitarla si no queremos crear problemas de tráfico.

Retroceded 100 metros por la carretera dirección Cornudella y bajad por un sendero que sale a la derecha de ésta (señal *El Camí de Fontscaldes*). Seguidlo hasta un cruce de caminos directamente bajo la gran aguja de *El Cargol* (5 minutos).

**Esperó Primavera:** desde *El Cargol* girad a la derecha y seguid un camino evidente hasta la base de la pared, donde llegaréis a las primeras vías del extremo izquierdo del sector (6 minutos). *Nota:* desde la derecha de este sector es más fácil llegar a la carretera por otro camino más directo.

**El Pati:** desde el pie de *El Cargol* continuad hacia la izquierda por la base de la pared. Accederéis casi inmediatamente a las vías del lado derecho del sector (6 minutos).

**Siuranella Est:** igual que para el sector anterior pero 30 metros más allá de *El Cargol* dejad el cami-

*Continúa en la página 166* ▷

***Entropia (L1)*** 7c+
Ca L'Onassis • Siurana
Toni Arbonés *(Pag. 200)*

◁ *Viene de la página 164*

no principal y coged uno de secundario que va
hacia la izquierda y lleva hacia el lado opuesto del
barranco. Las primeras vías las encontraréis en una
zona caracterizada por diversos diedros muy espec
taculares (12 minutos). A todas las otras vías ac
cederéis continuando hacia la izquierda y la mayo
ría empiezan en una repisa no muy ancha, a la
cual llegaréis vía una mini-ferrata (15 minutos, no
es apropiado para no escaladores y/o perros).

*L'Olla:* seguid el camino principal hacia *Fontscaldes*
bajo *El Pati* y continuad hacia la izquierda hasta las
repisas que hay debajo el sector (12 minutos).

*L'Aparador y Can Codolar:* desde el P3 retro
ceded hacia Cornudella hasta el inicio del camino
a *Fontscaldes*. Unos cuantos metros después, a
otro lado de la carrertera, un sendero bien marcado
que sube entre los árboles os llevará a la base de
*L'Aparador* (3 minutos). Continuad hacia la derecha
por la base de la pared hasta llegar a *Can Codola*
(5 minutos).

*Ca l'Onasis:* desde el P3 andad por la carretera di
rección Cornudella. Pasad el inicio del camino hacia
*Fontscaldes* (a la derecha) y continuad durante 150
metros más hasta donde un sendero estrecho deja
la carretera por la izquierda. Seguidlo entre árboles
y bloques hasta el sector (8 minutos).

### Sub-zona 2 - Grau dels Masets

Seguid la T-3225 hacia Siurana. Unos cuantos me
tros después del *Km-6* una pista sin asfaltar (señali
zada *Prades)* gira bruscamente hacia la izquierda
Seguidla, pasando una granja, *El Corral de l'Isidre*
a vuestra derecha (no toméis la pista inmediata
mente delante de la granja). A 150 metros de la
carretera la pista se divide: tomad el ramal derecho
y continuad durante 450 metros más hasta el apar
camiento (P4) señalizado con un cartel de madera
*Grau dels Masets* pintado con rayas verdes y blan
cas. A pie, seguid un camino bien marcado hacia
abajo por una vaguada abierta y después hacia la
derecha, pasando bajo un gran techo y atravesando
un pasadizo entre rocas. Encontraréis las primeras
vías del **Grau dels Masets – Camí** a la derecha
justo después del pasadizo entre rocas (5 minutos)
Desde el mismo lugar una marca de pintura azul
sobre una piedra nos indica el inicio de una cana
estrecha (cuerdas fijas con nudos) bajadla. Una vez
abajo continuad hacia la izquierda (mirando hacia
afuera) para llegar a las primeras vías del **Grau
dels Masets - Baix** (7 minutos). Para el **Grau dels
Masets - Esquerra** continuad por el pie del *Grau
dels Masets - Camí* y después seguid el camino ha
cia la derecha (mirando hacia afuera) hasta la base
del sector (10 minutos).

*Beberechin Fibrao* 6b+
Esperó Primavera • Siurana
Nick Jones *(Pag.194)*

### Sub-zona 3

Todos los sectores de esta sub-zona utilizan el parking principal, *La Bassa* (P5), situado 350 metros antes del pueblo de Siurana. Los sectores están dispersos en dos franjas de roca, una sobre la otra, con aproximación común a todos los sectores que discurre por una amplia terraza entre ambas franjas de roca. *Nota:* otro punto de partida, bastante útil para los que estén alojados en el *Camping Siurana*, es desde la carretera T-3225 100 metros al este de la entrada del camping. Desde aquí, un camino bien marcado pasa por el *Coll de la Creu* hasta unirse con el camino principal entre los sectores *Can Melafots* y *Can Marges*.

**Can Melafots**: desde el P5 caminad por el camino muy bien marcado y señalizado *Els Gorgs* que discurre entre las dos franjas de roca. El sector comienza inmediatamente (1 minuto).

**Ca la Isabel**: este sector empieza donde *Can Melafots* acaba — unos 200 metros desde el parking (3 minutos).

**Can Marges**: desde el sector anterior continuad andando hacia el este durante 350 metros, pasando bajo los sectores *Can Burdel* y *La Trona* (no descritos), hasta donde el camino inicia el descenso hacia el valle. En la segunda curva pronunciada os encontraréis con una atractiva placa que es *Can Marges de Dalt* (10 minutos). 30 metros más allá a la derecha, encontraréis *Can Marges de Baix* (12 minutos).

**Can Piqui Pugui**: seguid el camino hasta *Can Marges de Baix*. Unos metros después de pasar bajo el sector, girad a la derecha, dejando el camino principal y seguid un sendero hacia la derecha (mirando hacia afuera) debajo la franja inferior. Las primeras vías, en el extremo derecho del sector *Can Piqui Pugui*, las encontraréis bien pronto (15 minutos desde el P5). Continuad hacia el oeste por la base del sector para el resto de vías.

**Can Gans Dionis**: desde el P5 seguid el camino hacia *Els Gorgs* hasta que os encontréis directamente debajo del sector *Ca la Isabel*. Aquí, otro camino — *Grau del Franquet* (hito y pintura verde en el suelo) os lleva abajo y hacia la derecha por entre unas franjas de roca hasta un collado. Desde aquí dirigíos hacia la izquierda y seguid un camino bien marcado por una canal hasta llegar a las primeras vías a la izquierda del sector (6 minutos).

**Ca La Boja**: igual que para el sector anterior pero continuad por la canal hacia abajo durante 50 metros más hasta encontrar un sendero menos marcado que va hacia la izquierda. Pasad por debajo el sector *Can Fàcil* (no descrito) y continuad hacia arriba y a la izquierda hasta el pie de la pared ligeramente desplomada (12 minutos).

**Can Toni Gros**: desde el collado debajo *Ca la Isabel* girad a la derecha (a la izquierda iríais a parar a

*Can Gans Dionis*) y seguid un camino bien marcado que va hacia abajo y a la derecha (mirando hacia afuera). Pasad por debajo dos pequeños sectores - *Can Weekend* y *Totxo del Jipi* (no descritos). Aproximadamente a 200 metros del collado, trepad hasta la repisa bajo el sector (10 minutos).

**Salt de la Reina Mora**: igual que para el sector anterior pero en lugar de trepar hacia la repisa, continuad hacia la izquierda (oeste) por un sendero cada vez más perdido que pasa debajo las paredes durante 200 metros más hasta llegar a las primeras vías a la derecha del sector (15 minutos). Éste es un sector amplio y para acceder a las vías del extremo izquierdo tendréis que andar 5 minutos más.

***Mapas en las páginas 168-169.***

**CAB** 6a
L'Aparador • Siurana
Miriam Caravaca

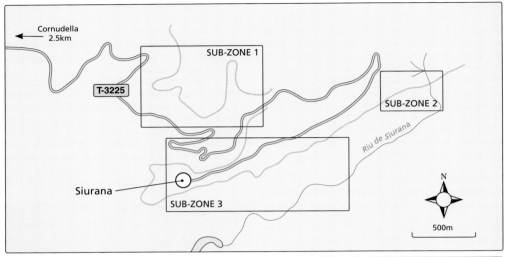

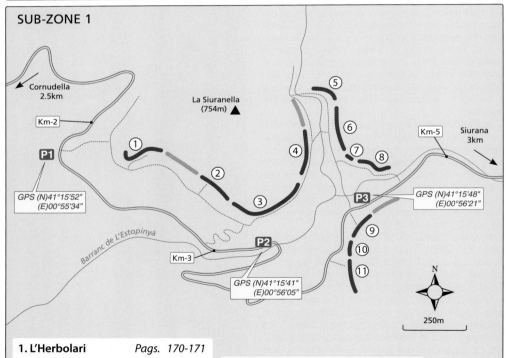

1. **L'Herbolari**          *Pags. 170-171*
2. **Siuranella- Sud**      *Pags. 172-173*
3. **Siuranella - Centre**  *Pags. 174-178*
4. **Siuranella - Est**     *Pags. 180-182*
5. **L'Olla**               *Pags. 184-187*
6. **El Pati**              *Pags. 188-191*
7. **El Cargol**            *Pags. 192-193*
8. **Esperó Primavera**     *Pags. 194-195*
9. **L'Aparador**           *Pags. 196-197*
10. **Can Codolar**         *Pags. 198-199*
11. **Ca l'Onassis**        *Pags. 200-203*

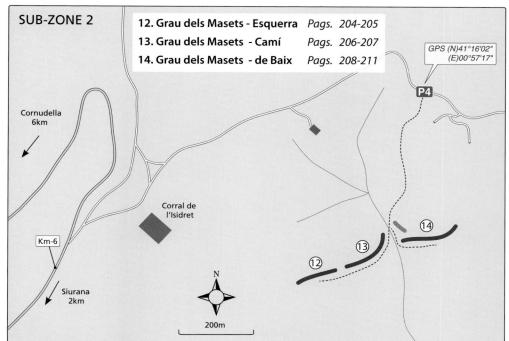

SUB-ZONE 2

| 12. Grau dels Masets - Esquerra | *Pags. 204-205* |
| 13. Grau dels Masets - Camí | *Pags. 206-207* |
| 14. Grau dels Masets - de Baix | *Pags. 208-211* |

GPS (N)41°16'02"
(E)00°57'17"

P4

Cornudella
6km

Corral de
l'Isidret

Km-6

Siurana
2km

N

200m

(12) (13) (14)

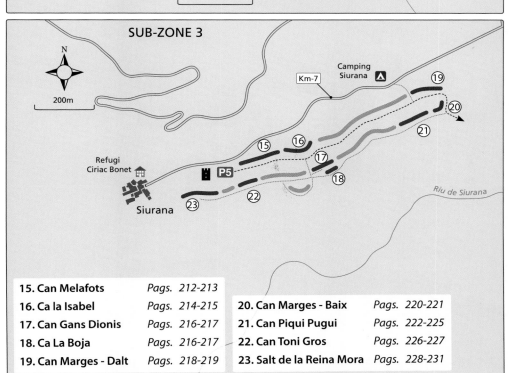

SUB-ZONE 3

N

200m

Camping
Siurana

Km-7

(19)

(20)

(21)

Refugi
Ciriac Bonet

P5

(15) (16)

(17)

(18)

Siurana

(23) (22)

Riu de Siurana

L'Herbolari

Siuranella - Sud
(Pags.172-173)

Siuranella - Centre (Pags.174-178)

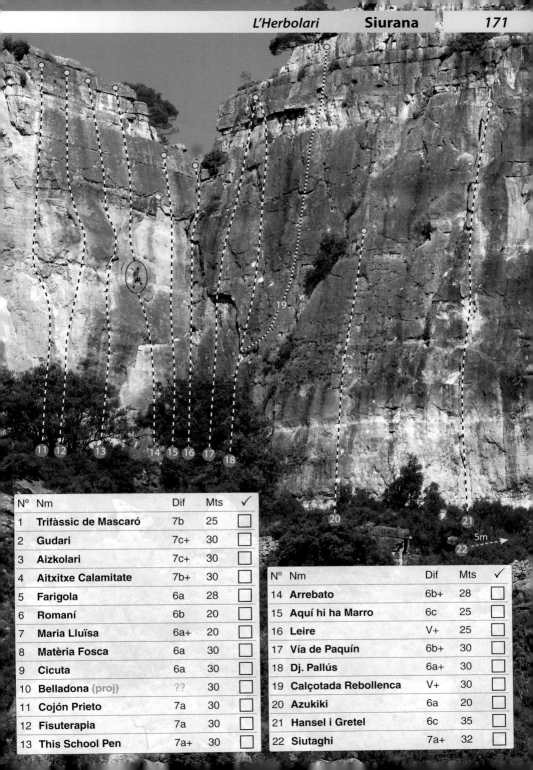

| Nº | Nm | Dif | Mts | ✓ |
|----|-----|-----|-----|---|
| 1 | **Trifàssic de Mascaró** | 7b | 25 | ☐ |
| 2 | **Gudari** | 7c+ | 30 | ☐ |
| 3 | **Aizkolari** | 7c+ | 30 | ☐ |
| 4 | **Aitxitxe Calamitate** | 7b+ | 30 | ☐ |
| 5 | **Farigola** | 6a | 28 | ☐ |
| 6 | **Romaní** | 6b | 20 | ☐ |
| 7 | **Maria Lluïsa** | 6a+ | 20 | ☐ |
| 8 | **Matèria Fosca** | 6a | 30 | ☐ |
| 9 | **Cicuta** | 6a | 30 | ☐ |
| 10 | **Belladona** (proj) | ?? | 30 | ☐ |
| 11 | **Cojón Prieto** | 7a | 30 | ☐ |
| 12 | **Fisuterapia** | 7a | 30 | ☐ |
| 13 | **This School Pen** | 7a+ | 30 | ☐ |

| Nº | Nm | Dif | Mts | ✓ |
|----|-----|-----|-----|---|
| 14 | **Arrebato** | 6b+ | 28 | ☐ |
| 15 | **Aquí hi ha Marro** | 6c | 25 | ☐ |
| 16 | **Leire** | V+ | 25 | ☐ |
| 17 | **Vía de Paquín** | 6b+ | 30 | ☐ |
| 18 | **Dj. Pallús** | 6a+ | 30 | ☐ |
| 19 | **Calçotada Rebollenca** | V+ | 30 | ☐ |
| 20 | **Azukiki** | 6a | 20 | ☐ |
| 21 | **Hansel i Gretel** | 6c | 35 | ☐ |
| 22 | **Siutaghi** | 7a+ | 32 | ☐ |

| Nº | Nm | Dif | Mts | ✓ |
|----|-------------------------|------|-----|---|
| 1  | **Marmitaku**           | 6c   | 28  |   |
| 2  | **Atacama**             | 7c+  | 28  |   |
| 3  | **N.K.**                | 7b+  | 30  |   |
| 4  | **Try Me**              | 8a+  | 22  |   |
| 5  | **El Dominio del Gusano** | 8b | 25  |   |
| 6  | **Lola Corwin**         | 8c   | 28  |   |
| 7  | **Morena Corwin**       | 7b+  | 28  |   |
| 8  | **Statge**              | 7b+  | 30  |   |

| Nº | Nm | | Dif | Mts | ✓ |
|----|----------------------|-------|------|-----|---|
| 9  | **Like a Cuc**       |       | 6b+  | 30  |   |
| 10 | **La Crema**         |       | 7c+  | 30  |   |
| 11 | **El Turrón**        |       | 8c   | 25  |   |
| 12 | **Drack**            |       | 8a   | 20  |   |
| 13 | **Ayla**             |       | 7a   | 22  |   |
| 14 | **Laura**            | L1    | 6c   | 20  |   |
|    |                      | L1+L2 | 7b   | 26  |   |
| 15 | **Laberint dels Cucs** |     | 7b   | 28  |   |

*Colze de Nena* 7a+ • Siuranella-Centre
Siurana • Esther Seddon *(Pag. 176)*

15m

21

17 18 19 20

15 16

Siuranella Centre
Via Ferrata!

| N° | Nm | | Dif | Mts | ✓ |
|---|---|---|---|---|---|
| 16 | Proj. | | ?? | ?? | ☐ |
| 17 | **Pitxun** | | 8b | 28 | ☐ |
| 18 | **Abre los Ojos** | L1 | 7b | 22 | ☐ |
| | | L1+L2 | 8a | 28 | ☐ |
| 19 | **Media Vida** | | 7a+ | 28 | ☐ |
| 20 | **Súper Sapo** | | 7b+ | 28 | ☐ |
| 21 | **Juli** | | 7a+ | 25 | ☐ |

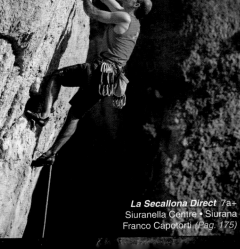

*La Secallona Direct* 7a+
Siuranella Centre • Siurana
Franco Capotorti *(Pag. 175)*

| Nº | Nm | Dif | Mts | ✓ |
|---|---|---|---|---|
| 1 | **Matarrates** | 7c | 22 | ☐ |
| 2 | **Hasta la Posha** | 7c | 30 | ☐ |
| 3 | **Flipo en Colores** | 7c+ | 30 | ☐ |

| Nº | Nm | Dif | Mts | ✓ |
|---|---|---|---|---|
| 4 | **Boca Seca Man** | 7a | 30 | ☐ |
| 5 | **Traficans de Ferralla** | 7c+ | 30 | ☐ |
| 6 | **Enganyapardals** | 7a | 28 | ☐ |
| 7 | **Kun** | 7a | 28 | ☐ |

| Nº | Nm | Dif | Mts | ✓ |
|----|----|-----|-----|---|
| 8 | **Arrós de Llamàntol** | 6a | 35 | ☐ |
| 9 | **El Perdó dels Àngels** | 6b | 25 | ☐ |
| 10 | **La Meva** | 7a+ | 25 | ☐ |
| 11 | **Mort de Gana** | 7a | 22 | ☐ |
| 12 | **La Perla** (proj) | 8b? | 20 | ☐ |
| 13 | **??** | ?? | 25 | ☐ |

| Nº | Nm | Dif | Mts | ✓ |
|----|----|-----|-----|---|
| 14 | **La Secallona Direct** | 7a+ | 25 | ☐ |
| 15 | **La Secallona** | 7a | 25 | ☐ |
| 16 | **Excelentes Putitas** | 7c+ | 25 | ☐ |
| 17 | **Miki Llasera** | 7c+ | 25 | ☐ |

| Nº | Nm | Dif | Mts | ✓ |
|---|---|---|---|---|
| 18 | **Siudrama** | 7b+ | 15 | |
| 19 | **Memorias de una Sepia** | 8a | 32 | |
| 20 | **Cabalgando la Serpiente** | 7b/+ | 35 | |
| 21 | **La Refinaria** | 7b+ | 35 | |
| 22 | **El Rostollaire** | 7b | 25 | |
| 23 | **??** | 7b+ | 25 | |
| 24 | **Si vas Níquel fas Tard** | 7a+ | 22 | |
| 25 | **El Visionario** | 7c+ | 28 | |
| 26 | **Ejaculació Perifèrica** | 7b | 30 | |

| Nº | Nm | Dif | Mts | ✓ |
|---|---|---|---|---|
| 27 | **Mala Rampampinfla** | 6a+ | 25 | |
| 28 | **Festa Major del 78** (L1) | 6a | 25 | |
| 29 | **El Mareao** | 6a | 25 | |
| 30 | **La Romanof** | 6b+ | 25 | |
| 31 | **Colze de Nena** | 7a+ | 22 | |
| 32 | **La Siuranella** (L1) | 6b | 25 | |
| 33 | **Malfario** | 6c | 25 | |
| 34 | **Kanela en Rama** | 7b | 25 | |
| 35 | **La Fresca del Barri** | 8a+ | 22 | |

*Si vas Níquel fas Tard* 7a+
Siuranella Centre • Siurana
Sarah Tremi Proietti *(Pag. 176)*

"La Berruga"

37

40

36 38 39

**P2**
15 min

41 42 43 44 45

46

47 — 51 15-25m

| N° | Nm | Dif | Mts | ✓ |
|----|-----|-----|-----|---|
| 36 | **Tripotrapo** | 7c | 27 | ☐ |
| 37 | **Berrio Cabrero** | 7b+ | 30 | ☐ |
| 38 | **Tikis Mikis** | 7a | 30 | ☐ |
| 39 | **Estratosférica** | 7c | 30 | ☐ |
| 40 | **El Ploramiques** | 8a | 30 | ☐ |
| 41 | **Filiprim** | 6a+ | 28 | ☐ |
| 42 | **Gruyère** | 6b | 28 | ☐ |
| 43 | **Cavall de Foc** | 7a+ | 28 | ☐ |
| 44 | **Berrugosis** | 7a+ | 25 | ☐ |
| 45 | **Puput** | 7a+ | 25 | ☐ |
| 46 | **L'Abisme d'Helm** | 7a | 35 | ☐ |

| N° | Nm | Dif | Mts | ✓ |
|----|-----|-----|-----|---|
| 47 | **D'Esviaix** | 7b | 35 | ☐ |
| 48 | **El Gran Judini** | 7c | 35 | ☐ |
| 49 | **Net i Polit** | 7b+ | 35 | ☐ |
| 50 | Proj. | 8b? | 35 | ☐ |
| 51 | **Ratatui** | 7b+ | 28 | ☐ |

*Lua*  7c • Siuranella - Est
Siurana • Mariona Martí *(Pag 181)*

| N° | Nm | Dif | Mts | ✓ |
|---|---|---|---|---|
| 1 | **Avui sí que n'enganyes** | 7b | 20 | ☐ |
| 2 | **Semen Up** | 7a | 20 | ☐ |
| 3 | **L'Angelet** | 6c | 25 | ☐ |
| 4 | **Turbo-Lover** | 6c+ | 28 | ☐ |
| 5 | **A la Panxa del Bou** | 7a+ | 28 | ☐ |
| 6 | **La Marca del Sorru** | 6b+ | 25 | ☐ |
| 7 | **Entrada Directa** | 6b+ | 33 | ☐ |
| 8 | **Pucea de Llançol** | 7c+ | 30 | ☐ |

| N° | Nm | Dif | Mts | ✓ |
|---|---|---|---|---|
| 9 | **Terrones de Azúcar** | 8a+ | 30 | ☐ |
| 10 | **Ramadàn** | 8b | 35 | ☐ |
| 11 | **L'Escarmalà** | 7c+ | 33 | ☐ |
| 12 | **Lo Més Negre** | 7a | 20 | ☐ |
| 13 | **Pocapena** | 6c | 20 | ☐ |
| 14 | **Junta Culata** | 6c+ | 25 | ☐ |
| 15 | **Mucho Papito** | 6b | 20 | ☐ |
| 16 | **Border Line** | 6c | 30 | ☐ |

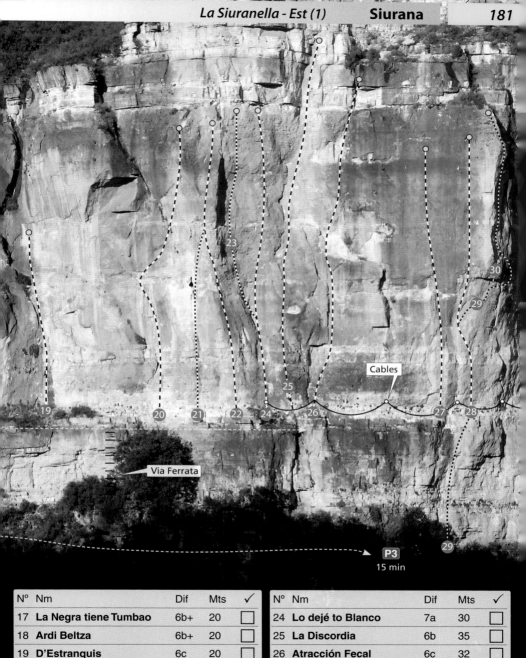

| Nº | Nm | Dif | Mts | ✓ |
|----|----|-----|-----|---|
| 17 | **La Negra tiene Tumbao** | 6b+ | 20 | ☐ |
| 18 | **Ardi Beltza** | 6b+ | 20 | ☐ |
| 19 | **D'Estranquis** | 6c | 20 | ☐ |
| 20 | **Avance Cangrejo** | 7b+ | 30 | ☐ |
| 21 | **Huir para Vivir** | 7a+ | 30 | ☐ |
| 22 | **Brigadista** | 7a | 30 | ☐ |
| 23 | **La Fiesta del Mondongo** | 7a | 30 | ☐ |

| Nº | Nm | Dif | Mts | ✓ |
|----|----|-----|-----|---|
| 24 | **Lo dejé to Blanco** | 7a | 30 | ☐ |
| 25 | **La Discordia** | 6b | 35 | ☐ |
| 26 | **Atracción Fecal** | 6c | 32 | ☐ |
| 27 | **Reloaded** | 8a | 27 | ☐ |
| 28 | **Jamón Jamón** | 8a+ | 28 | ☐ |
| 29 | **Lua** | 7c | 40 | ☐ |
| 30 | **Super Lua** (proj) | 8a? | 40 | ☐ |

Cables

Via Ferrata

P3
15 min

| Nº | Nm | Dif | Mts | ✓ |
|---|---|---|---|---|
| 31 | **Nunca se Sabe** | 7c | 25 | |
| 32 | **Hasta la fixe de la Polla** | 7a+ | 25 | |
| 33 | **Gravetat Marciana** | 6c | 40 | |
| 34 | **Teoria Punset** | 7b+ | 28 | |
| 35 | **Mucho Guanchinche** | 7a+ | 28 | |

| Nº | Nm | Dif | Mts | ✓ |
|---|---|---|---|---|
| 36 | **Chíkori** | 8a | 30 | |
| 37 | **Choripete** | 7c+/8a | 30 | |
| 38 | Proj. | ?? | 40 | |
| 39 | **Llum de Luna** | 8a | 45 | |

Siuranella - Est (Pags.180-182)

L'Olla (Pags. 184-187)

El Pati (Pags.188-191)

El Cargol (Pags.192-193)

Esperó Primavera (Pags. 194-195)

P3

*Golpe de Estado* 9b
El Pati • Siurana
Adam Ondra *(Pag.191)*

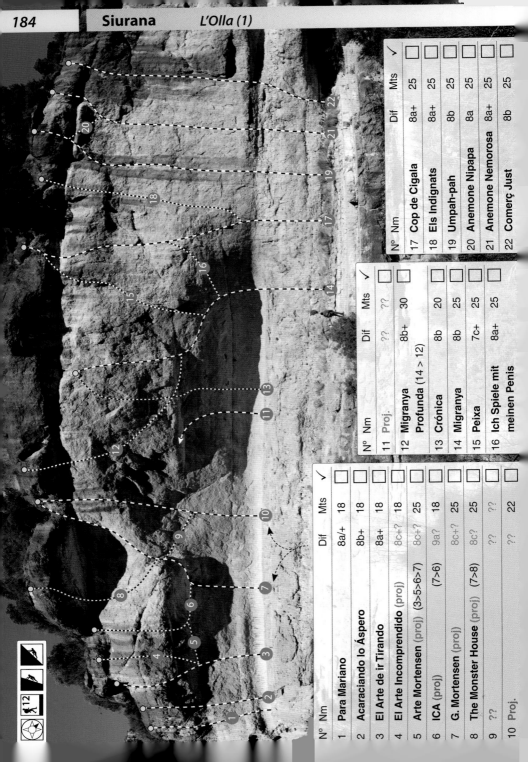

| Nº | Nm | Dif | Mts | ✓ |
|---|---|---|---|---|
| 1 | Para Mariano | 8a/+ | 18 | |
| 2 | Acaraciando lo Áspero | 8b+ | 18 | |
| 3 | El Arte de ir Tirando | 8a+ | 18 | |
| 4 | El Arte Incomprendido (proj) | 8c+? | 18 | |
| 5 | Arte Mortensen (proj) (3>5>6>7) | 8c+? | 25 | |
| 6 | ICA (proj) | (7>6) 9a? | 18 | |
| 7 | G. Mortensen (proj) | 8c+? | 25 | |
| 8 | The Monster House (proj) (7>8) | 8c? | 25 | |
| 9 | ?? | ?? | ?? | |
| 10 | Proj. | ?? | 22 | |

| Nº | Nm | Dif | Mts | ✓ |
|---|---|---|---|---|
| 11 | Proj. | ?? | ?? | |
| 12 | Migranya Profunda (14 > 12) | 8b+ | 30 | |
| 13 | Crónica | 8b | 20 | |
| 14 | Migranya | 8b | 25 | |
| 15 | Peixa | 7c+ | 25 | |
| 16 | Ich Spiele mit meinen Penis | 8a+ | 25 | |

| Nº | Nm | Dif | Mts | ✓ |
|---|---|---|---|---|
| 17 | Cop de Cigala | 8a+ | 25 | |
| 18 | Els Indignats | 8a+ | 25 | |
| 19 | Umpah-pah | 8b | 25 | |
| 20 | Anemone Nipapa | 8a | 25 | |
| 21 | Anemone Nemorosa | 8a+ | 25 | |
| 22 | Comerç Just | 8b | 25 | |

*Bistéc de Biceps* 7b+
L'Olla • Siurana
Dave Pirmington *(Pag. 186)*

*Pota d'Elefant* 7c+
L'Olla • Siurana
Tatsuya Kiyosawa *(Pag.186)*

| Nº | Nm | Dif | Mts | ✓ |
|----|----|-----|-----|---|
| 23 | **Hot Line** | 8a | 8 | ☐ |
| 24 | **Underground** | 8a | 10 | ☐ |
| | (25 > 24 > 23) | | | |
| 25 | **El Tablón o la Vida** | 8a | 8 | ☐ |
| 26 | **Free Line** | 7c | 6 | ☐ |
| 27 | **Complice Line** | 7a | 6 | ☐ |
| 28 | **La Bodega** | 7a | 6 | ☐ |
| 29 | **Ciao Copito** | 8a+ | 18 | ☐ |
| 30 | **A Cara Perro** | 8a | 18 | ☐ |
| 31 | **Kurfil** | 8b | 15 | ☐ |
| 32 | **El Toque de Haduma** | 8a+ | 15 | ☐ |

| Nº | Nm | Dif | Mts | ✓ |
|----|----|-----|-----|---|
| 33 | **Pota d'Elefant** | 7c+ | 15 | ☐ |
| 34 | **Patitas de Canario** | 8a | 17 | ☐ |
| | (35 > 34 > 33) | | | |
| 35 | **La Cara que no Miente** | 8a+ | 15 | ☐ |
| 36 | **Tic i Toc** | 8a+ | 12 | ☐ |
| 37 | **Ya os Vale** | 7c | 15 | ☐ |
| 38 | **Bistec de Biceps** | 7b+ | 15 | ☐ |
| 39 | **Alef-Thau** | 7b+ | 15 | ☐ |
| 40 | **Valga'm Déu quin Patir!** | 7a+ | 18 | ☐ |
| 41 | **Cargol treu Banya** | 7a | 13 | ☐ |
| 42 | **Nunca me Llama mi Novia** | 6c+ | 12 | ☐ |

| Nº | Nm | Dif | Mts | ✓ |
|----|----|-----|-----|---|
| 43 | **Burden Chuchen** | 6c | 12 | ☐ |
| 44 | **Caballos Salvajes** | 7a+ | 10 | ☐ |
| 45 | **Cap Rapat** | 6c | 13 | ☐ |
| 46 | **El Caganer** | 6b | 13 | ☐ |
| 47 | **Mayling** | 6b+ | 15 | ☐ |
| 48 | **Güate aquí hay Tomate** | 7a | 15 | ☐ |
| 49 | **A Grosso Modo (Esq.)** | 7b+ | 18 | ☐ |
| 50 | **A Grosso Modo (Dreta)** | 7b | 18 | ☐ |
| 51 | **Tagediebe** | 7c | 18 | ☐ |
| 52 | **Echo** | 7c | 15 | ☐ |

P3
10 min

*El Món de Sofía* 8b+
El Pati • Siurana
Lucas Borges Marquez
*(Pag.189)*

| Nº | Nm | Dif | Mts | ✓ |
|---|---|---|---|---|
| 1 | **Lolograma** | ?? | 30 | |
| 2 | **El Ojo de tu Culo** | 7b | 30 | |
| 3 | **Al Final de La Rambla** | 8a/+ | 40 | |
| 4 | **La Boqueria** | 8a+ | 38 | |
| 5 | **La Rambla** | 9a+ | 40 | |
| 6 | **Broadway** | 8c+ | 40 | |
| 7 | **El Rastro** | 8c+ | 40 | |

| Nº | Nm | Dif | Mts | ✓ |
|---|---|---|---|---|
| 8 | **La Reina Mora** | 8c+/9a | 40 | |
| 9 | **Pati Noso** | 8c/+ | 42 | |
| 10 | **2 x 30** | 8b+ | 37 | |
| 11 | **Via del Moro** | 8b/+ | 37 | |
| 12 | **El Món de Sofía** | 8b+ | 30 | |
| 13 | **Che** | L1 | 8a+ | 10 |
| | Proj. | L1+L2 | ?? | ?? |

*La Ardilla Roja* 7c/+
El Pati • Siurana
Argyro Papathanasiou *(Pag.191)*

| N° | Nm | Dif | Mts | ✓ |
|---|---|---|---|---|
| 14 | **Tupí Guaraní** (proj) | ?? | 40 | ☐ |
| 15 | **Afrodita** | 8c | 40 | ☐ |
| 16 | **Súper Cowboy** | 8c+ | 42 | ☐ |
| 17 | **Dogma** | 8b | 42 | ☐ |
| 18 | **Kale Borroka** | 8b+ | 38 | ☐ |
| 19 | **Estado Crítico** | 9a | 35 | ☐ |
| 20 | **Golpe de Estado** | 9b | 35 | ☐ |

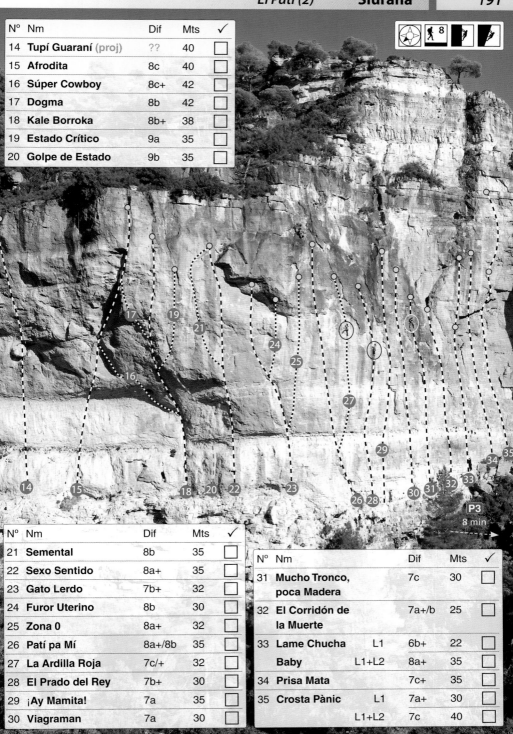

| N° | Nm | Dif | Mts | ✓ |
|---|---|---|---|---|
| 21 | **Semental** | 8b | 35 | ☐ |
| 22 | **Sexo Sentido** | 8a+ | 35 | ☐ |
| 23 | **Gato Lerdo** | 7b+ | 32 | ☐ |
| 24 | **Furor Uterino** | 8b | 30 | ☐ |
| 25 | **Zona 0** | 8a+ | 32 | ☐ |
| 26 | **Patí pa Mí** | 8a+/8b | 35 | ☐ |
| 27 | **La Ardilla Roja** | 7c/+ | 32 | ☐ |
| 28 | **El Prado del Rey** | 7b+ | 30 | ☐ |
| 29 | **¡Ay Mamita!** | 7a | 35 | ☐ |
| 30 | **Viagraman** | 7a | 30 | ☐ |

| N° | Nm | | Dif | Mts | ✓ |
|---|---|---|---|---|---|
| 31 | **Mucho Tronco, poca Madera** | | 7c | 30 | ☐ |
| 32 | **El Corridón de la Muerte** | | 7a+/b | 25 | ☐ |
| 33 | **Lame Chucha** | L1 | 6b+ | 22 | ☐ |
| | **Baby** | L1+L2 | 8a+ | 35 | ☐ |
| 34 | **Prisa Mata** | | 7c+ | 35 | ☐ |
| 35 | **Crosta Pànic** | L1 | 7a+ | 30 | ☐ |
| | | L1+L2 | 7c | 40 | ☐ |

| N° | Nm | | Dif | Mts | ✓ |
|----|-----|-----|-----|-----|---|
| 1 | Temps era Temps | | 6c | 30 | ☐ |
| 2 | Jeketepeke | | 7a+ | 25 | ☐ |
| 3 | Culé i Català | | 7c | 25 | ☐ |
| 4 | A Kurty/ Pierre Nodoyuna | | 7c+ | 36 | ☐ |
| 5 | Misplaced Childhood | (L2) | 7b | 25 | ☐ |
| 6 | Aneu amb Compte | | 7a+ | 25 | ☐ |

| N° | Nm | | Dif | Mts | ✓ |
|----|-----|-----|-----|-----|---|
| 7 | Baby Boom | | 7a | 15 | ☐ |
| 8 | El Cargolet | | 6a+ | 15 | ☐ |
| 9 | Fissura del Cargol | | V+ | 22 | ☐ |
| 10 | Llepet Nicotínic | | 6c+ | 22 | ☐ |
| 11 | L'Atac d'en Kaito (9 > 11) | | 6c+ | 40 | ☐ |
| 12 | Costelletes Verdes | | 6c+ | 38 | ☐ |
| 13 | Purgandus | L1 | 6a | 18 | ☐ |
| | Populus | L1+L2 | 7a | 40 | ☐ |
| 14 | La Morena del Montsant | | 7a+ | 40 | ☐ |
| 15 | Ari-Zona | | 6c/+ | 18 | ☐ |
| 16 | Welcome to the Team | | 7b | 40 | ☐ |

P3
5 min

6

7

8

9

10

11

12

13

14

15

16

P3
5 min

Esperó Primavera
2 min

P3  5 min

| N° | Nm | Dif | Mts | ✓ |
|---|---|---|---|---|
| 1 | **Pepitu va de Curt** | 6c+ | 20 | ☐ |
| 2 | **Volta i Volta** | 6c | 22 | ☐ |
| 3 | **Lamparós toca el Dos** | 6b+ | 22 | ☐ |
| 4 | **Marieta de l'Ull Viu** | 6a+ | 25 | ☐ |
| 5 | **Liposucció** | 7b+ | 33 | ☐ |
| 6 | **Papágora** | 7b+ | 33 | ☐ |
| 7 | **Mandrágora** | 7b+ | 35 | ☐ |
| 8 | **La Via de l'Alsina** | 8b | 20 | ☐ |
| 9 | **El Matacán** | 8a+ | 27 | ☐ |
| 10 | **Directa Llengua** | 8a/+ | 30 | ☐ |
| 11 | **Llengua Negra** | 8a+ | 30 | ☐ |
| 12 | **Yegua Negra** | 8a+/b | 25 | ☐ |
| 13 | **Noia Nom** | 7b+ | 32 | ☐ |
| 14 | **Toruk Maktó** | 7b+ | 30 | ☐ |
| 15 | **Invierno Nuclear** | 7c+ | 30 | ☐ |
| 16 | **Bruna** | 8a | 30 | ☐ |
| 17 | **Remena Nena** | 7a | 30 | ☐ |

| N° | Nm | Dif | Mts | ✓ |
|---|---|---|---|---|
| 18 | **Tant s'en Fot** | 6b | 27 | ☐ |
| 19 | **Els Flutants** | 8a+ | 25 | ☐ |
| 20 | **Hijos de la Pedri** | 7c | 30 | ☐ |
| 21 | **Llet de Boja** | 7a+ | 30 | ☐ |
| 22 | **El Ángulo Muerto** | 7b+ | 30 | ☐ |
| 23 | **Sayonara Baby** | 7b+ | 30 | ☐ |
| 24 | **Se m'apaga la Baldufa** | 7a | 20 | ☐ |
| 25 | **El Menjapindula** | 7b | 30 | ☐ |
| 26 | **Penitenciagite** | 6b | 20 | ☐ |
| 27 | **Primavera**   L1 | V+ | 20 | ☐ |
| | L1+L2 | 6a | 32 | ☐ |
| 28 | **Berberechín Fibrao** | 6b+ | 22 | ☐ |
| 29 | **Primera Línea** | 6a | 22 | ☐ |
| 30 | **Pelandruska** | 6b | 22 | ☐ |
| 31 | **Kataplax** | 6c+ | 22 | ☐ |
| 32 | **Records Oblidats** | 6b | 37 | ☐ |
| | L1 6b, L2 V | | | |
| 33 | **Exceso de Pegoland** | 6a+ | 25 | ☐ |

15 16 17 18 19 20 21 22 23 24 25 26 27 28 29 — 33

P3 5 min

28 29 30 31 32 33 10m

*Remena Nena* 7a
Esperó Primavera • Siurana
Mikel Herran *(Pag.194)*

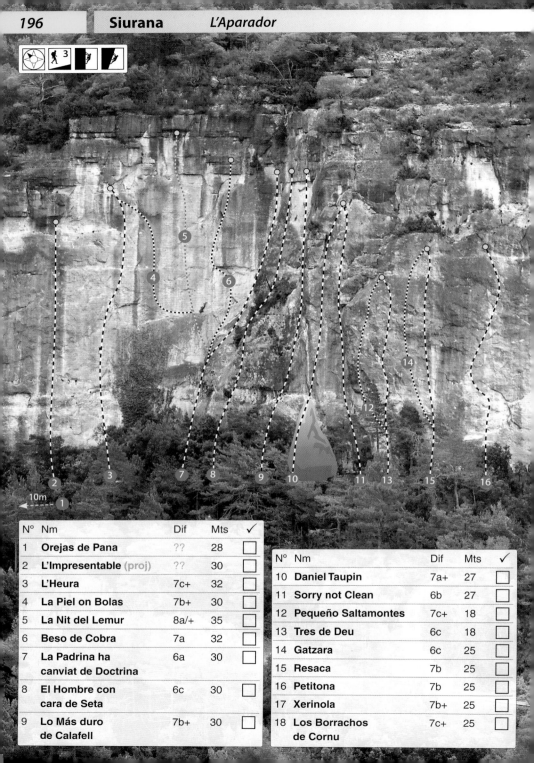

| Nº | Nm | Dif | Mts | ✓ |
|----|----|----|----|----|
| 1 | **Orejas de Pana** | ?? | 28 | ☐ |
| 2 | **L'Impresentable** (proj) | ?? | 30 | ☐ |
| 3 | **L'Heura** | 7c+ | 32 | ☐ |
| 4 | **La Piel on Bolas** | 7b+ | 30 | ☐ |
| 5 | **La Nit del Lemur** | 8a/+ | 35 | ☐ |
| 6 | **Beso de Cobra** | 7a | 32 | ☐ |
| 7 | **La Padrina ha canviat de Doctrina** | 6a | 30 | ☐ |
| 8 | **El Hombre con cara de Seta** | 6c | 30 | ☐ |
| 9 | **Lo Más duro de Calafell** | 7b+ | 30 | ☐ |

| Nº | Nm | Dif | Mts | ✓ |
|----|----|----|----|----|
| 10 | **Daniel Taupin** | 7a+ | 27 | ☐ |
| 11 | **Sorry not Clean** | 6b | 27 | ☐ |
| 12 | **Pequeño Saltamontes** | 7c+ | 18 | ☐ |
| 13 | **Tres de Deu** | 6c | 18 | ☐ |
| 14 | **Gatzara** | 6c | 25 | ☐ |
| 15 | **Resaca** | 7b | 25 | ☐ |
| 16 | **Petitona** | 7b | 25 | ☐ |
| 17 | **Xerinola** | 7b+ | 25 | ☐ |
| 18 | **Los Borrachos de Cornu** | 7c+ | 25 | ☐ |

P3 3 min

Can Codolar

| Nº | Nm | | Dif | Mts | ✓ |
|---|---|---|---|---|---|
| 19 | **Twin Turbo** | | 7c | 27 | ☐ |
| 20 | **Cornuvirus** | | 8a+ | 35 | ☐ |
| 21 | **Buscando a Pepillo** | | 8a | 35 | ☐ |
| 22 | **Tres Tristes Tríceps** | | 8b | 38 | ☐ |
| 23 | **Llargaruda** | | 7b+ | 38 | ☐ |
| 24 | **De Aquí a la Luna y Volver** | | 8a+ | 38 | ☐ |
| 25 | **Solos a Solas** | | 7c | 38 | ☐ |
| 26 | **Rauxa** | L1 | 7a+ | 27 | ☐ |
| | | L1+L2 | 7b | 40 | ☐ |

| Nº | Nm | | Dif | Mts | ✓ |
|---|---|---|---|---|---|
| 27 | **Disbauxa** | L1 | 7b | 25 | ☐ |
| | | L1+L2 | 8a+ | 40 | ☐ |
| 28 | **El Ginestell** | L1 | V+ | 22 | ☐ |
| | | L1+L2 | 6a | 40 | ☐ |
| 29 | **Les dos Cosines** | | V+ | 15 | ☐ |
| 30 | **CAB** | | 6a | 15 | ☐ |
| 31 | **El Trauet** | | 7a+ | 22 | ☐ |
| 32 | **Depredador** (proj) | | ?? | 42 | ☐ |

L'Aparador

P3  5 min

| Nº | Nm | Dif | Mts | ✓ |
|----|----|-----|-----|---|
| 1 | **Repelando en la Bañera Nena** | 8a+ | 42 | ☐ |
| 2 | **La Doble Nelson** | 7c+ | 35 | ☐ |
| 3 | **San Carlos de la Birlocha** | 8a | 35 | ☐ |
| 4 | **Skateboy** | 7c | 35 | ☐ |
| 5 | **Gladiators** | 7c+ | 35 | ☐ |

| Nº | Nm | Dif | Mts | ✓ |
|----|----|-----|-----|---|
| 6 | **Mirall Retrovisor** | 7b+ | 35 | ☐ |
| 7 | ?? | 7a+/b | 28 | ☐ |
| 8 | **Siuranera Total** | 8a | 32 | ☐ |
| 9 | **Bindelef** | 7a+ | 35 | ☐ |
| 10 | **Cop de Roc** | 7a+ | 35 | ☐ |
| 11 | **Fòrum** | 7c+ | 35 | ☐ |
| 12 | **Júlia** | 7b+ | 35 | ☐ |

L'Aparador
(Pags. 196-197)

Can Codolar
(Pag.198)

Ca L'Onassis (Pags. 200-203)

P3

*Rauxa (L1)* 7a+
L'Aparador • Siurana
Toni Arbonés *(Pag.197)*

| N° | Nm | | Dif | Mts | ✓ |
|----|----|----|-----|-----|---|
| 1 | **Entropia** | L1 | 7c+ | 22 | ☐ |
| | | L1+L2 | 8a | 35 | ☐ |
| 2 | **Era la meva Idea** (proj) | | ?? | 32 | ☐ |

| N° | Nm | | Dif | Mts | ✓ |
|----|----|----|-----|-----|---|
| 3 | **Sinestèsia** | | 7a/+ | 15 | ☐ |
| 4 | **Sinsinesia** | | 7b+/c | 15 | ☐ |
| 5 | **Mandíbula Batiente** | | 7c+ | 20 | ☐ |
| 6 | **Montañas de Cadáveres** | | 7c/+ | 20 | ☐ |
| 7 | **Stuck in the Bakery** | | 6b+ | 16 | ☐ |
| 8 | **Atrapado en la Pecera** | | 6b+ | 16 | ☐ |
| 9 | **Peter's Line** | L1 | 7a | 12 | ☐ |
| | | L1+L2 | 7c+ | 30 | ☐ |
| 10 | **Operación Nafta** | | 7c+ | 30 | ☐ |
| 11 | **La Carlets** | | 8b | 30 | ☐ |
| 12 | **AC-DC** | | 7c | 25 | ☐ |

| Nº | Nm | Dif | Mts | ✓ |
|---|---|---|---|---|
| 13 | **Ganga o Gangli** | 7c+ | 25 | ☐ |
| 14 | **No més guies només Vies** | 8a | 25 | ☐ |
| 15 | **Abalong** | 8a | 17 | ☐ |
| 16 | **Epsilong** | 8a+/b | 22 | ☐ |
| 17 | **Herois de Plàstic** | 7c | 40 | ☐ |
| 18 | **Vitalogi** | 7b/+ | 38 | ☐ |
| 19 | **L'Àngel Negre** | 6c | 32 | ☐ |
| 20 | **Casi Trilobite** | 7b | 32 | ☐ |
| 21 | **Terra d'Om** | 7a | 35 | ☐ |
| 22 | **Trauma** | 8a | 25 | ☐ |
| 23 | **Sota de Casa** | 8a+ | 32 | ☐ |
| 24 | **Això per tu Luichy** | 7c/+ | 25 | ☐ |

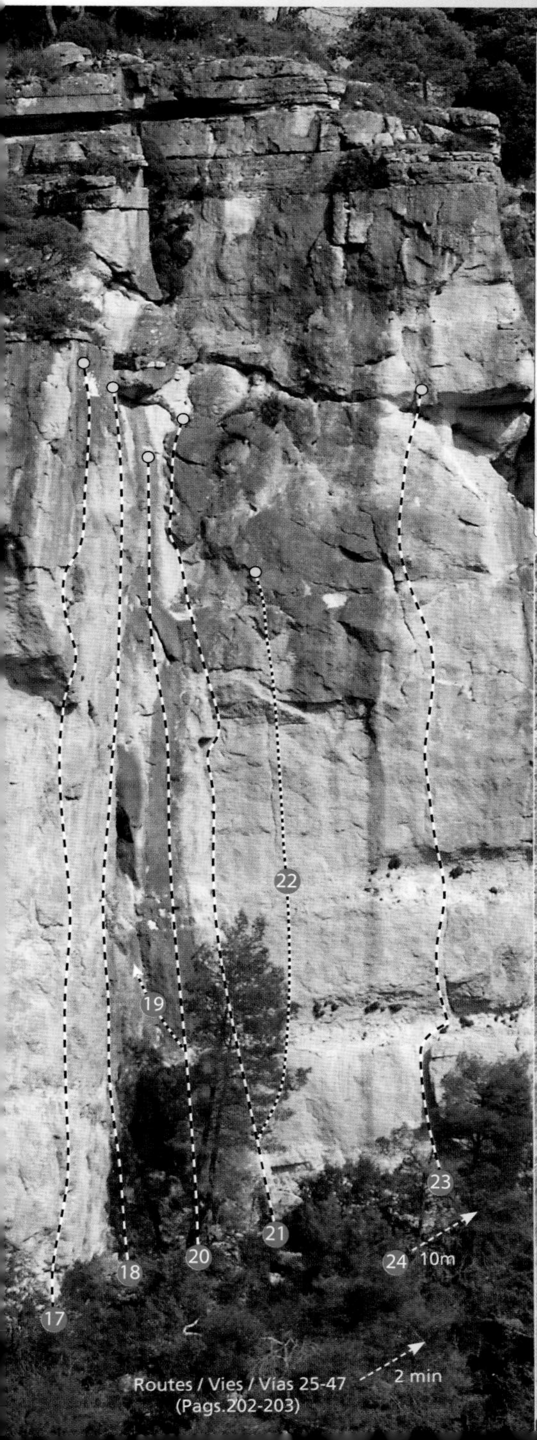
22
19
23
21
20
24 10m
18
17
Routes / Vies / Vias 25-47
(Pags.202-203)
2 min

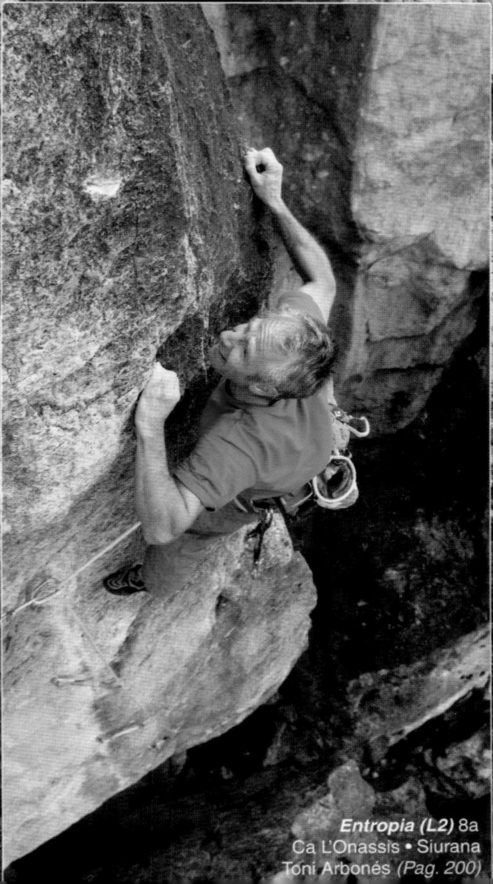

***Entropia (L2)*** 8a
Ca L'Onassis • Siurana
Toni Arbonés *(Pag. 200)*

*Xurragen Panzer* 6b+
Ca L'Onassis • Siurana
Miriam Caravaca *(Pag. 203)*

| Nº | Nm | Dif | Mts | ✓ |
|----|----|----|-----|---|
| 25 | **Althea** | 7b | 32 | ☐ |
| 26 | **Espiral de Gana i Fanatisme** | 7b | 26 | ☐ |
| 27 | **Pelicula de Por** | 7c | 36 | ☐ |
| 28 | **Fondo de Bikini** | 6b | 18 | ☐ |
| 29 | **El Nen Percebe** | 7a+ | 15 | ☐ |
| 30 | **Ethnic** | 7a+ | 15 | ☐ |
| 31 | **Gramon** | 8b/+ | 35 | ☐ |

| Nº | Nm | Dif | Mts | ✓ |
|----|----|----|----|----|
| 32 | **Pichón** | 7a | 33 | ☐ |
| 33 | **Pichón al Cielo** | 7b+ | 38 | ☐ |
| 34 | **Sex Vicious** | 7a+/b | 30 | ☐ |
| 35 | **Tangent** | 7a+ | 25 | ☐ |
| 36 | **Último Aliento** (proj) | 8c? | 24 | ☐ |
| 37 | **Flamingo** | 7b+ | 24 | ☐ |
| 38 | **Missió Botabat** | 8a | 25 | ☐ |
| 39 | **Xurragen Panzer** | 6b+ | 24 | ☐ |
| 40 | **Paquiderm de Goma** | 6b+ | 20 | ☐ |
| 41 | **Argan** | 6b+ | 18 | ☐ |
| 42 | **Sota de Lluna de Menara** | 6c+ | 17 | ☐ |
| 43 | **Vés un Rato a fer el que et Roti** | 7a+ | 17 | ☐ |
| 44 | **Patagucci** | 6c/+ | 18 | ☐ |
| 45 | **Txe Txe Xina** | 6c+/7a | 25 | ☐ |
| 46 | **Patètics** | 7a+ | 25 | ☐ |
| 47 | **Un Somriure Tòxic** | 8a+ | 25 | ☐ |

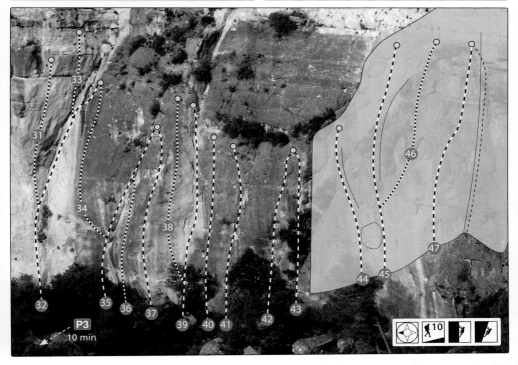

P3
10 min

| N° | Nm | Dif | Mts | ✓ |
|----|----|----|----|----|
| 1 | **Danielpunk** | IV+ | 15 | ☐ |
| 2 | **Menuts** | IV | 15 | ☐ |
| 3 | **Mandarina** | IV | 15 | ☐ |
| 4 | **Arbres** | IV+ | 18 | ☐ |
| 5 | **Primera** | V+ | 30 | ☐ |
| 6 | **Black** | 6b | 30 | ☐ |
| 7 | **Why** | 6a | 30 | ☐ |
| 8 | **Rocky** | 6b+ | 30 | ☐ |
| 9 | **Dragó** | 6b | 30 | ☐ |
| 10 | **Arnau** | 6a+ | 25 | ☐ |
| 11 | **Alma** | 6b | 25 | ☐ |
| 12 | **Sugopy** | 7a | 30 | ☐ |
| 13 | **Sólo Tengo Ganas de Llorar** | 6c | 35 | ☐ |

| N° | Nm | Dif | Mts | ✓ |
|----|----|----|----|----|
| 14 | **Linus** | 7b+ | 30 | ☐ |
| 15 | **Súper Esperó** | 6b | 20 | ☐ |
| 16 | **Súper Final** (15 > 16) | 7a | 30 | ☐ |
| 17 | **Súper Fisura** | V+ | 20 | ☐ |
| 18 | **Fridolín** | 7b | 25 | ☐ |
| 19 | **Bon Col·legui** | 6c+ | 23 | ☐ |
| 20 | **Es Algo** | 7a | 25 | ☐ |
| 21 | **Lucy** | 7b | 18 | ☐ |
| 22 | **Climbing Fathers** | 7b | 18 | ☐ |
| 23 | **Telegazo que te Crío** | 7a+ | 15 | ☐ |
| 24 | **Arbre** | 6c+ | 20 | ☐ |

Grau dels Masets - Camí 2 min

| N° | Nm | Dif | Mts | ✓ |
|----|----|----|----|----|
| 25 | **Piu Piu** | 6b | 20 | ☐ |
| 26 | **Llastra** | 6a | 20 | ☐ |
| 27 | **Charlie III** | 6b | 15 | ☐ |
| 28 | **Charlie II** | 6a | 15 | ☐ |
| 29 | **Charlie I** | V+ | 12 | ☐ |

Grau dels Masets - Esquerra
2 min

| Nº | Nm | Dif | Mts | ✓ |
|---|---|---|---|---|
| 1 | **Suape** | 6b | 15 | |
| 2 | **L'Escola** | V | 18 | |
| 3 | **Fam Fatal** | V+ | 18 | |
| 4 | **Fam Fàcil** | V+ | 20 | |
| 5 | **El Show dels "Teleñecos"** | 6a+ | 15 | |
| 6 | **Baronia de Cabacés** | 6a | 15 | |
| 7 | **El Trinxant** | V+ | 20 | |
| 8 | **Bucometasana** | 6c | 15 | |
| 9 | **Els hi Agrada?** | 7a | 15 | |
| 10 | **Rebuscat** | 6b+ | 15 | |
| 11 | **Filomàtic** | 7a | 15 | |

| Nº | Nm | Dif | Mts | ✓ |
|---|---|---|---|---|
| 12 | **Soy un Hombre Nuevo** | 6a+ | 15 | |
| 13 | **Petitet** | 7a | 15 | |
| 14 | **Brokill** | 7a | 15 | |
| 15 | **Fills d'un Déu Menor** | 7b | 10 | |
| 16 | **Pixies** | 7b+ | 10 | |
| 17 | **Gasolium** | 6c | 10 | |
| 18 | **Petrolium** | 7a+ | 10 | |
| 19 | **3,3** | 7c | 10 | |
| 20 | **Mamuale d'Amore** | 7b+ | 10 | |

*Cenar, Beber...* 6c
Grau dels Masets - Baix
Siurana • Mike Waters *(Pag.)*

| N° | Nm | Dif | Mts | ✓ |
|---|---|---|---|---|
| 1 | **El Pais de la Pandereta** | 6a+ | 18 | ☐ |
| 2 | **Bombero Furgonetero** | 6a | 18 | ☐ |
| 3 | **Diedre** | 6a | 25 | ☐ |
| 4 | **L'Esbuda Nador** | 7a | 18 | ☐ |
| 5 | **Happy Sixties** | 6c | 25 | ☐ |
| 6 | ?? | 7b+ | 22 | ☐ |
| 7 | ?? | 7b | 8 | ☐ |
| 8 | **La Escalera del Mozo** | 6c+ | 25 | ☐ |
| 9 | **Misaotra** | 6b | 25 | ☐ |
| 10 | **El Milagro** | 7b | 30 | ☐ |
| 11 | **Pluja de Pedres** | 7a+ | 15 | ☐ |
| 12 | **Kebrales** | 7c+ | 15 | ☐ |
| 13 | **Chocolate Caliente** | 8c+ | 15 | ☐ |
| 14 | **Leche Caliente** | 8c | 15 | ☐ |
| 15 | **Otro Mundo** | 8a | 10 | ☐ |
| 16 | **Fat Sofá Action** | 7a+ | 15 | ☐ |
| 17 | ?? | 7b+ | 30 | ☐ |
| 18 | **La Muerte del Sponsor** | 7b+ | 30 | ☐ |
| 19 | **Cenar, Beber, Emborra-charse, Vomitar, Dolor...** | 6c | 30 | ☐ |
| 20 | **L'Imbècil** | 7c | 30 | ☐ |

**P4**
10 min

17  18  19  20  21 — 40
(Pags. 210-211)

| Nº | Nm | Dif | Mts | ✓ |
|----|----|-----|-----|---|
| 21 | **Little Ted** | 7a+ | 26 | |
| 22 | **Aleva** | 6b+ | 30 | |
| 23 | **Ladrones de Cojones** | 7c+ | 28 | |
| 24 | **Regalimando** | 7a | 27 | |
| 25 | **No hi ha per tant Xorizo** | 7a | 27 | |

| Nº | Nm | Dif | Mts | ✓ |
|----|----|-----|-----|---|
| 26 | **El Rey del Atajo** | 6c+ | 30 | |
| 27 | **Equipament Alegre** | 6c+ | 26 | |
| 28 | **No Pierdes el Maná** | 7a | 26 | |
| 29 | **Serres de Mestral** | 7b | 30 | |
| 30 | Proj. | ?? | 27 | |
| 31 | **Pit-roig Valent** | 7b | 30 | |

| N° | Nm | Dif | Mts | ✓ |
|----|------|-----|-----|---|
| 32 | **Bruce Lee** | 7a+ | 22 | ☐ |
| 33 | **Desmasiado....** | 7c | 22 | ☐ |
| 34 | **Sinestèsia** | 7a+ | 20 | ☐ |
| 35 | **L'Alternativa** | 6c | 25 | ☐ |
| 36 | **Sonar '05** | 7b | 25 | ☐ |

| N° | Nm | Dif | Mts | ✓ |
|----|------|-----|-----|---|
| 37 | **Clasicorra Bastorra** | 6c | 25 | ☐ |
| 38 | **L'Home del Xapo** | 7a | 25 | ☐ |
| 39 | **Males Puces** | 7b | 25 | ☐ |
| 40 | **Sac de Gemecs** | 7a | 25 | ☐ |

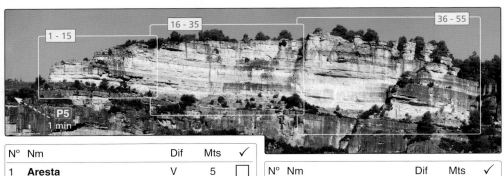

| Nº | Nm | Dif | Mts | ✓ |
|----|-----|-----|-----|---|
| 1 | **Aresta** | V | 5 | |
| 2 | **Pa què Triumfi la Canalla** | 6b+ | 5 | |
| 3 | **Escroto Roto** | 6b | 5 | |
| 4 | **Tant pa té el te com el Paté** | 7a | 6 | |
| 5 | **El Paté també té Te** | 6c | 6 | |
| 6 | **Todo es de Color** | 6c | 6 | |
| 7 | **Rompepechos** | 6b+ | 6 | |
| 8 | **Mi Primer Spit** | 6b | 8 | |
| 9 | **La Rebotosa** | 7c | 8 | |
| 10 | **Too much Butter** | 7c+ | 8 | |
| 11 | **El Bocadillitos** | 7b+ | 8 | |
| 12 | **Ya Cállate** | 6c+ | 8 | |
| 13 | **Hotel Siurana** | 7a | 8 | |
| 14 | **Strikomaníac** | 6c+ | 8 | |
| 15 | **Ya Ríete** | 6b | 8 | |
| 16 | **Desídia Col·lectiva** | 6b+ | 18 | |
| 17 | **Bocs de Mocs** | 6c+ | 18 | |
| 18 | **Blancanitos y los 7 Nananieves** | 7a+ | 18 | |
| 19 | **Garbatx Despistatx** | 6c+ | 18 | |
| 20 | **Rémulo y Romo** | 7a | 18 | |
| 21 | **Cop de Sol** | 6c+ | 18 | |
| 22 | **May thing song a les Zinc and Punk** | 7a | 18 | |
| 23 | **Hermano bebe que la vía es Breve** | 6c+ | 16 | |
| 24 | **Perseidas** | 6b | 15 | |
| 25 | **Trigonometría** | 6a+ | 20 | |
| 26 | **Barrufet** | V+ | 15 | |
| 27 | **Gargamel** | 6a | 15 | |

| Nº | Nm | Dif | Mts | ✓ |
|----|-----|-----|-----|---|
| 28 | **La Mare de la Sardineta** | 6b | 20 | |
| 29 | **Mamá ya he Espitao** | 6a+ | 20 | |
| 30 | **Del Triangle**     (L1) | V+ | 15 | |
| 31 | **Triángulo** | 6b+ | 6 | |
| 32 | **Llobató** | V+ | 15 | |
| 33 | **Yu Vea** | 6a+ | 18 | |
| 34 | **Viernes 13** | 6a+ | 18 | |
| 35 | **Meconi** | 6a | 18 | |
| 36 | **Gat Reggae** | 6c | 25 | |
| 37 | **Hybrydy, the Future?** | 7b+ | 25 | |
| 38 | **Batman** | 7b+ | 22 | |
| 39 | **Der Palo Torete** | 7c | 22 | |
| 40 | **La Bestiola** | 8a+ | 20 | |
| 41 | **Punyetera** | 7c+ | 20 | |
| 42 | **Hòstia** | 7b | 20 | |
| 43 | **Tu no Melafots, Bou!** | 7b+ | 20 | |
| 44 | **Pizza de Pinya** | 7a | 20 | |
| 45 | **La Siuranella** | 7b+ | 22 | |
| 46 | **Macho Alfa** | 7b | 25 | |
| 47 | **Deshinibeix-te** | 6b+ | 25 | |
| 48 | **De Oficio: sus Labores** | 6b | 6 | |
| 49 | **Riuet** | 7a | 12 | |
| 50 | **La Vía de los Cucos** | 7a+ | 12 | |
| 51 | **Els Llimones** | 6c | 18 | |
| 52 | **Asalto de Mata** | 6b | 18 | |
| 53 | **Derbi Paleta** | 6a+ | 15 | |
| 54 | **Aiguamolls de Merda** | 6c | 15 | |
| 55 | **Escal Què** | 6b | 15 | |

P5 | 3 min

| Nº | Nm | Dif | Mts | ✓ |
|----|----|-----|-----|---|
| 1 | **Faraday** | V+ | 15 | ☐ |
| 2 | **El Dit del Gegant** | 6b | 15 | ☐ |
| 3 | **Buscant Brega** | 7a+ | 12 | ☐ |
| 4 | **Diedre** | 6c+ | 22 | ☐ |
| 5 | **Engendro** | 7c+ | 22 | ☐ |
| 6 | **Boys don't Cry** | 7c | 25 | ☐ |
| 7 | **La Diosa del Sexo** | 7c+ | 25 | ☐ |
| 8 | **Perros Flauta** | 8b | 20 | ☐ |
| 9 | **Antuán Pirulero** | 8a | 20 | ☐ |
| 10 | **Muts i la Gàbia** | 7c+ | 20 | ☐ |
| 11 | **El Faristol** | 7c | 25 | ☐ |
| 12 | **Eskalopendra** | 8a+ | 25 | ☐ |
| 13 | **Cromañón Climbing** | 7a+ | 25 | ☐ |
| 14 | **Gora TETA M.** | 7a | 25 | ☐ |
| 15 | **Com més grans més Burros** | 7a | 10 | ☐ |
| 16 | **Uf!, va dir Ell** | 7a | 10 | ☐ |
| 17 | **Isabel** <br> L1 6c+, L2 6b | 6c+ | 25 | ☐ |

| Nº | Nm | Dif | Mts | ✓ |
|----|----|-----|-----|---|
| 18 | **Ni me n'entero** | 7a | 22 | ☐ |
| 19 | **Bar les Borges** | 7b | 22 | ☐ |
| 20 | **Estramoni** | 7b+ | 20 | ☐ |
| 21 | **Invasión** | 7b+ | 10 | ☐ |
| 22 | **El Fetiche** | 7b | 10 | ☐ |
| 23 | **Caniche Torso** | 6c | 10 | ☐ |

*Santa Maria de Siurana*

Can Gans Dionis left/esquerra/izquierda

P5
8 min

| Nº | Nm | Dif | Mts | ✓ |
|---|---|---|---|---|
| 1 | **Tubergolosa** | V+ | 22 | ☐ |
| 2 | **Escaralamoza** | 6b | 20 | ☐ |
| 3 | **Eto e Maá** | 7b | 20 | ☐ |
| 4 | **Eto e Totá** | 6c | 20 | ☐ |
| 5 | **Esconderos Agujidos** | 6c+ | 20 | ☐ |
| 6 | **Eto e Diferente** | 6a+ | 18 | ☐ |
| 7 | **Pimientos en Pepitoria** | 6b | 24 | ☐ |
| 8 | **Hielo Gris** | 6b | 24 | ☐ |
| 9 | **Bob Marley & The Wailers** | 7b+/c | 17 | ☐ |
| 10 | **El Mellaó** | 6b | 17 | ☐ |
| 11 | **??** | 6a | 17 | ☐ |
| 12 | **La Sola Negra** | 6b+ | 17 | ☐ |
| 13 | **Chute de Jalea** | 6c | 17 | ☐ |
| 14 | **Nunca Máis** | 6a+ | 20 | ☐ |
| 15 | **Agonía** | 6c+ | 16 | ☐ |
| 16 | **Pillador Nata** | ?? | 18 | ☐ |
| 17 | **No tires Tanto que te pones Tonto** | 7a+ | 18 | ☐ |
| 18 | **Liechtigkeit des Seins** | 7c | 18 | ☐ |
| 19 | **S'ha de Badar** | 7a+ | 20 | ☐ |

| Nº | Nm | Dif | Mts | ✓ |
|---|---|---|---|---|
| 20 | **Massa temps sense Piano** | 6c | 20 | ☐ |
| 21 | **Il n'y a pas de Quoi** | 7c | 18 | ☐ |
| 22 | **Prendre la Tête** | 7a+ | 18 | ☐ |
| 23 | **Kurt the Gandals** | 7b+ | 12 | ☐ |
| 24 | **Dios Nidor** | 7c+ | 22 | ☐ |
| 25 | **Cólico Nefrítico** | 6c | 22 | ☐ |
| 26 | **No Escalfis que és Pitjor** | 7b | 22 | ☐ |
| 27 | **Trulla-trulla** | 7b+ | 18 | ☐ |
| 28 | Proj. | 7c+? | 18 | ☐ |
| 29 | **Trulla** | 7b+ | 18 | ☐ |
| 30 | **Madame Pompidou** | 7b+ | 15 | ☐ |
| 31 | **La Loca más loca del Bodevil** | 7b | 18 | ☐ |
| 32 | **Fam de Mai** | 8a+ | 25 | ☐ |
| 33 | **Trierer Weg** | 8a | 16 | ☐ |
| 34 | **Druuna** | 7c+ | 16 | ☐ |
| 35 | **L'Esfereït** | 7b+ | 25 | ☐ |
| 36 | **Hook** | 7b | 25 | ☐ |
| 37 | **Necesito Calor** | 7b+ | 15 | ☐ |

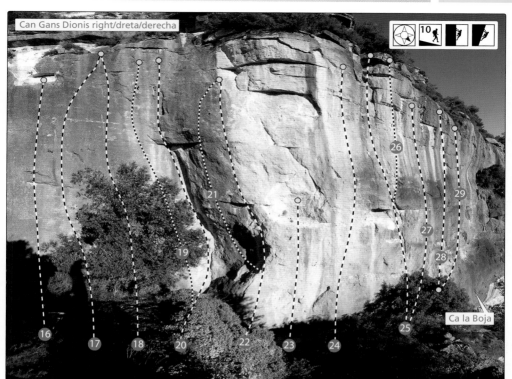

Can Gans Dionis right/dreta/derecha

16 17 18 19 20 21 22 23 24 25 26 27 28 29

Ca la Boja

Ca la Boja

29 30 31 32 33 34 35 36 37

Fixed Rope
Corda Fixa
Cuerda Fija

Can Gans Dionis

Can Pigui Pugui
5 min

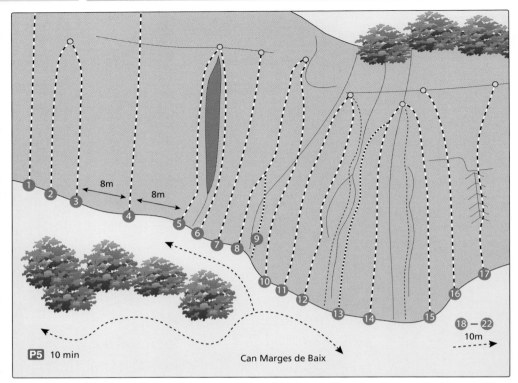

P5 10 min

Can Marges de Baix

| Nº | Nm | Dif | Mts | ✓ |
|----|-----|-----|-----|---|
| 1 | **Fumiliana** | 6c | 27 | ☐ |
| 2 | **Parpelina** | 6a+ | 20 | ☐ |
| 3 | **Capitán Capitruñu** | 6b+ | 20 | ☐ |
| 4 | **Cap de Tortuga** | 7a+ | 27 | ☐ |
| 5 | **Re i no re Més** | 6c | 16 | ☐ |
| 6 | **Passatemps** | V+ | 17 | ☐ |
| 7 | **Escuela de Calor** | 6a | 17 | ☐ |
| 8 | **Fletxa** | V | 18 | ☐ |
| 9 | **Fletxa Directa** | V+ | 22 | ☐ |
| 10 | **Capritxo** | V+ | 22 | ☐ |
| 11 | **Spit de Boira** | 6a | 18 | ☐ |
| 12 | **Última del 85** | 6a | 18 | ☐ |
| 13 | **La Osa Golosa** | 6a | 18 | ☐ |
| 14 | **Cos que Cao** | V+ | 18 | ☐ |
| 15 | **Morrón y cuenta Nueva** | 6b | 18 | ☐ |
| 16 | **Justine** | 6c | 18 | ☐ |
| 17 | **Me Río de Janeiro** | 6b+ | 18 | ☐ |

| N° | Nm | Dif | Mts | ✓ |
|----|-----|------|------|---|
| 18 | **Mal Carat** | 7c | 16 | ☐ |
| 19 | **El Tiempo se ha reído de los que no han Venido** | 6c | 18 | ☐ |
| 20 | **??** | 7b+ | 18 | ☐ |
| 21 | **Pogo II** | 7b+ | 20 | ☐ |
| 22 | **Kiff 'n' Huk** | 6c+ | 10 | ☐ |

| N° | Nm | Dif | Mts | ✓ |
|----|------|------|-----|---|
| 1 | **Tahona** | V+ | 16 | ☐ |
| 2 | **Extremoduro** | 6b+ | 16 | ☐ |
| 3 | **Pixapins** | 6a+ | 16 | ☐ |
| 4 | **Esquivapins** | 6c | 16 | ☐ |
| 5 | **No dan Bolsa** | 6c+ | 18 | ☐ |
| 6 | **Calidoscopi** | 6c | 20 | ☐ |
| 7 | **Jota Negra** | V+ | 20 | ☐ |
| 8 | **Trimegesto** | 6a | 20 | ☐ |
| 9 | **Can Fanga** | V+ | 20 | ☐ |
| 10 | **Monolit Groc** | V+ | 20 | ☐ |
| 11 | **Ay Candemor** | V | 20 | ☐ |
| 12 | **Rollito Lof** | V | 15 | ☐ |
| 13 | **Currupipi** | V | 15 | ☐ |
| 14 | **250 Ptas.** | IV+ | 15 | ☐ |
| 15 | **Mi Primera con Muñón** | V | 16 | ☐ |

*La Osa Golosa* 6a • Can Marges de Dalt • Siurana Isidre Juve *(Pag. 218)*

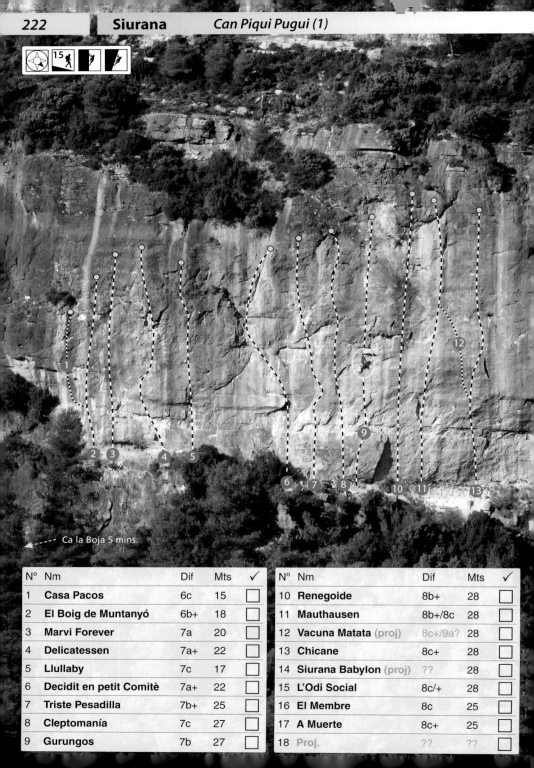

Ca la Boja 5 mins.

| Nº | Nm | Dif | Mts | ✓ |
|----|-----|-----|-----|---|
| 1 | **Casa Pacos** | 6c | 15 | ☐ |
| 2 | **El Boig de Muntanyó** | 6b+ | 18 | ☐ |
| 3 | **Marvi Forever** | 7a | 20 | ☐ |
| 4 | **Delicatessen** | 7a+ | 22 | ☐ |
| 5 | **Llullaby** | 7c | 17 | ☐ |
| 6 | **Decidit en petit Comitè** | 7a+ | 22 | ☐ |
| 7 | **Triste Pesadilla** | 7b+ | 25 | ☐ |
| 8 | **Cleptomanía** | 7c | 27 | ☐ |
| 9 | **Gurungos** | 7b | 27 | ☐ |

| Nº | Nm | Dif | Mts | ✓ |
|----|-----|-----|-----|---|
| 10 | **Renegoide** | 8b+ | 28 | ☐ |
| 11 | **Mauthausen** | 8b+/8c | 28 | ☐ |
| 12 | **Vacuna Matata** (proj) | 8c+/9a? | 28 | ☐ |
| 13 | **Chicane** | 8c+ | 28 | ☐ |
| 14 | **Siurana Babylon** (proj) | ?? | 28 | ☐ |
| 15 | **L'Odi Social** | 8c/+ | 28 | ☐ |
| 16 | **El Membre** | 8c | 25 | ☐ |
| 17 | **A Muerte** | 8c+ | 25 | ☐ |
| 18 | Proj. | ?? | ?? | ☐ |

| Nº | Nm | Dif | Mts | ✓ |
|----|----|-----|-----|---|
| 19 | **Bou i Prou** | 8b | 25 | ☐ |
| 20 | **Mr. Cheki** | 8b+ | 25 | ☐ |
| 21 | **Anabòlica** | 8a | 25 | ☐ |
| 22 | **Anabolinga** | 7c+ | 25 | ☐ |
| 23 | **Gigololo** | 8a+ | 25 | ☐ |
| 24 | **La Ballade des Pendus** | 8b | 25 | ☐ |
| 25 | **Un Rato en cada Postura** | 8a | 25 | ☐ |
| 26 | Proj. | ?? | 32 | ☐ |

| Nº | Nm | Dif | Mts | ✓ |
|----|----|-----|-----|---|
| 27 | **La Cadireta** | 8a | 32 | ☐ |
| 28 | **Fent l'Indio** | 7b | 32 | ☐ |
| 29 | **Siouxie** | 7c+ | 20 | ☐ |
| 30 | **Isadora ¿Dónde Estás?** | 7b | 18 | ☐ |
| 31 | **Acelera Virtuoso** | 8a | 18 | ☐ |
| 32 | **Adrià** | 6a | 18 | ☐ |
| 33 | **El Premio** | 7b+ | 32 | ☐ |

| Nº | Nm | Dif | Mts | ✓ |
|----|-----|-----|-----|---|
| 34 | **Tasta** | 7a | 20 | |
| 35 | **Toca-me-la Sam** | 6c+ | 22 | |
| 36 | **Seguix-me-la Tocant** | 7b+ | 35 | |
| 37 | **El Iogurín** | 7a | 30 | |
| 38 | **Samba pal Gringo** | 8a+ | 20 | |
| 39 | **Eixuga-me-la i Tornem-hi** | 7c+ | 20 | |
| 40 | **Tanoka** | 7c | 20 | |
| 41 | **Harry el Brut** | 7b | 20 | |
| 42 | **Cruela de Vil** | 7b | 32 | |
| 43 | **Gamba Gamba** | 7b | 32 | |
| 44 | **Saiko Dase** | 6b+ | 30 | |
| 45 | **Algo muy Sucio** | 6c+ | 32 | |
| 46 | **Tembleque** | 7a | 22 | |
| 47 | **Tapbioles i Pirretes** | 7a | 22 | |
| 48 | **Bisky on the Rocks** | 7a | 12 | |
| 49 | **Maese Samsagaz** | 7a | 12 | |
| 50 | **Frodo Nuevededos** | 7a+ | 12 | |
| 51 | **Berrinche** | 6c | 12 | |
| 52 | **Cañilla ris pal Sobre** | 7c | 20 | |

| Nº | Nm | Dif | Mts | ✓ |
|----|-----|-----|-----|---|
| 53 | **Rodríguez & Rodríguez** | 7b+ | 20 | |
| 54 | **Terrorisme Autoritzat** | 7b+ | 25 | |
| 55 | **Tros de Ruc** | 7b+ | 25 | |
| 56 | **Cauen Flors del Cel** | 7a+ | 15 | |
| 57 | **Cul Cagat** | 7b | 15 | |
| 58 | **Sublim Obsessió** | 7c+ | 20 | |
| 59 | **Gosgondriol Constrictor** | 6b+ | 20 | |
| 60 | **La Perdida** | 6b+ | 18 | |

*Siouxie* 7c+ • Can Piqui Pugui
Siurana • Javier Viaduz *(Pag. 223)*

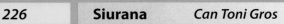

P5
'La Bassa'

Salt de la Reina Mora
5 mins

| Nº | Nm | Dif | Mts | ✓ |
|----|----|-----|-----|---|
| 1 | **Lo Burxot** | 7b | 12 | ☐ |
| 2 | **Kalitri** | 6a+ | 15 | ☐ |
| 3 | **El Salt de la Reina Gora** | 6b+ | 15 | ☐ |
| 4 | **Trichonoma Vaginalis** | 7c | 15 | ☐ |
| 5 | **Mar de Boira** | 7c | 14 | ☐ |
| 6 | **Euphoria** | 7c+ | 16 | ☐ |

| Nº | Nm | Dif | Mts | ✓ |
|----|----|-----|-----|---|
| 7 | **L'Àngelus** | 6c | 18 | ☐ |
| 8 | **Turcios** | 7a+ | 18 | ☐ |
| 9 | **L'Esquitx** | 7a | 18 | ☐ |
| 10 | **Pandèmia** | 6a | 18 | ☐ |
| 11 | **No tinc Lloc** | 6b | 18 | ☐ |
| 12 | **Caga Tió** | 7b | 22 | ☐ |

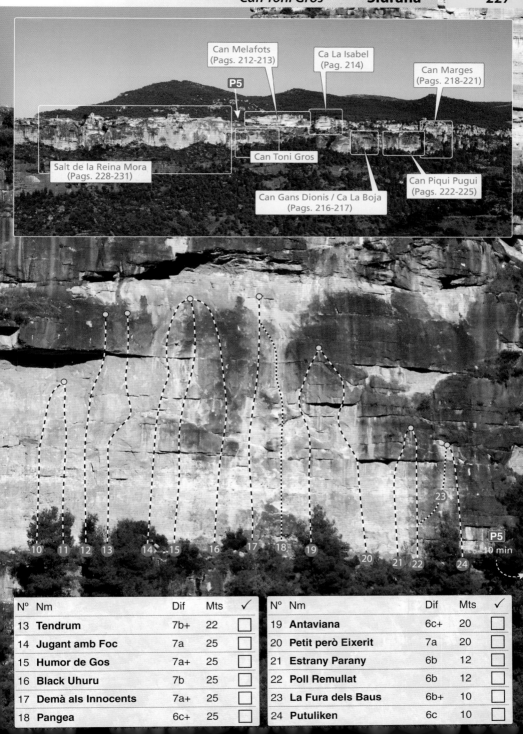

Can Melafots (Pags. 212-213)
Ca La Isabel (Pag. 214)
Can Marges (Pags. 218-221)
P5
Can Toni Gros
Salt de la Reina Mora (Pags. 228-231)
Can Piqui Pugui (Pags. 222-225)
Can Gans Dionis / Ca La Boja (Pags. 216-217)
P5 10 min

| Nº | Nm | Dif | Mts | ✓ |
|----|-----|-----|-----|---|
| 13 | **Tendrum** | 7b+ | 22 | ☐ |
| 14 | **Jugant amb Foc** | 7a | 25 | ☐ |
| 15 | **Humor de Gos** | 7a+ | 25 | ☐ |
| 16 | **Black Uhuru** | 7b | 25 | ☐ |
| 17 | **Demà als Innocents** | 7a+ | 25 | ☐ |
| 18 | **Pangea** | 6c+ | 25 | ☐ |

| Nº | Nm | Dif | Mts | ✓ |
|----|-----|-----|-----|---|
| 19 | **Antaviana** | 6c+ | 20 | ☐ |
| 20 | **Petit però Eixerit** | 7a | 20 | ☐ |
| 21 | **Estrany Parany** | 6b | 12 | ☐ |
| 22 | **Poll Remullat** | 6b | 12 | ☐ |
| 23 | **La Fura dels Baus** | 6b+ | 10 | ☐ |
| 24 | **Putuliken** | 6c | 10 | ☐ |

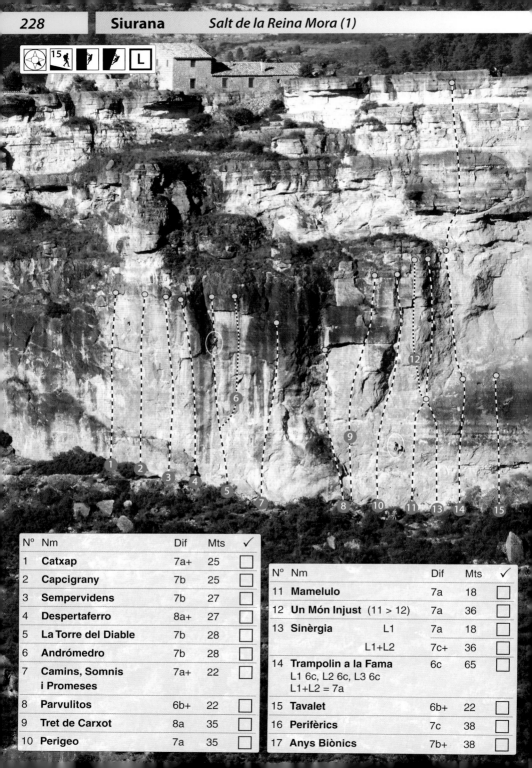

| N° | Nm | Dif | Mts | ✓ |
|---|---|---|---|---|
| 1 | **Catxap** | 7a+ | 25 | ☐ |
| 2 | **Capcigrany** | 7b | 25 | ☐ |
| 3 | **Sempervidens** | 7b | 27 | ☐ |
| 4 | **Despertaferro** | 8a+ | 27 | ☐ |
| 5 | **La Torre del Diable** | 7b | 28 | ☐ |
| 6 | **Andrómedro** | 7b | 28 | ☐ |
| 7 | **Camins, Somnis i Promeses** | 7a+ | 22 | ☐ |
| 8 | **Parvulitos** | 6b+ | 22 | ☐ |
| 9 | **Tret de Carxot** | 8a | 35 | ☐ |
| 10 | **Perigeo** | 7a | 35 | ☐ |

| N° | Nm | | Dif | Mts | ✓ |
|---|---|---|---|---|---|
| 11 | **Mamelulo** | | 7a | 18 | ☐ |
| 12 | **Un Món Injust** (11 > 12) | | 7a | 36 | ☐ |
| 13 | **Sinèrgia** | L1 | 7a | 18 | ☐ |
| | | L1+L2 | 7c+ | 36 | ☐ |
| 14 | **Trampolin a la Fama** L1 6c, L2 6c, L3 6c L1+L2 = 7a | | 6c | 65 | ☐ |
| 15 | **Tavalet** | | 6b+ | 22 | ☐ |
| 16 | **Perifèrics** | | 7c | 38 | ☐ |
| 17 | **Anys Biònics** | | 7b+ | 38 | ☐ |

**P5** 15 min

| N° | Nm | | Dif | Mts | ✓ |
|----|----|----|-----|-----|---|
| 24 | **Caspa** | | 7a | 20 | ☐ |
| 25 | **Somiar és Gratuït** | | 7b | 20 | ☐ |
| 26 | **Piolín** | | 7c | 20 | ☐ |
| 27 | **Les Peladilles** <br> **de l'Alícia** <br> L1 7b, L2 7a+, L3 7c | | 7c | 55 | ☐ |
| 28 | **Regne Taifa** | | 7c | 35 | ☐ |
| 29 | **Soldadet de Plom** | | 7b | 45 | ☐ |
| 30 | **Fills de Sol** | | 7c+ | 48 | ☐ |

| N° | Nm | | Dif | Mts | ✓ |
|----|----|----|-----|-----|---|
| 18 | **3D** | | 6b | 18 | ☐ |
| 19 | **Dimoni Banyat** (20 > 19) | | 7c+ | 38 | ☐ |
| 20 | **Pandora** | L1 | 7a | 18 | ☐ |
| | | L1+L2 | 7a | 36 | ☐ |
| 21 | **Avatar** | | 7c | 35 | ☐ |
| 22 | **Silenci** | | 8b+ | 38 | ☐ |
| 23 | **Esos Chavales Güenos** | | 7b | 38 | ☐ |

| N° | Nm | | Dif | Mts | ✓ |
|----|----|----|-----|-----|---|
| 31 | **Preludi** | L1 | 7c+ | 18 | ☐ |
| | | L1+L2 | 8a | 45 | ☐ |
| 32 | **Barrumballa** | | 6c+ | 23 | ☐ |
| 33 | **Palco Freaks** (32 > 33) | | 7b+ | 45 | ☐ |
| 34 | **Directe a la Sitja** | | 6b | 55 | ☐ |
| | L1 V+, L2 6b, L3 6a | | | | |
| 35 | **Micofilós** | | 7b+ | 60 | ☐ |
| | L1 7a+, L2 7b+, L3 6b+ | | | | |
| 36 | ?? | | ?? | ?? | ☐ |

| N° | Nm | Dif | Mts | ✓ |
|----|----|-----|-----|---|
| 37 | **Sóc un Pardal** | 7a+ | 55 | ☐ |
| | L1 7a, L2 6c+, L3 7a+ | | | |
| 38 | **Brot de Fonoll** | 8a/+ | 30 | ☐ |
| 39 | **Minimal Tecno** | 8a | 35 | ☐ |
| 40 | **El Figot** | 8b | 35 | ☐ |
| 41 | **Bad Boy** | 8b | 35 | ☐ |
| 42 | **Abdelazia** | 8a+ | 33 | ☐ |
| 43 | **Más Agarrao que un Chotis** | V+ | 15 | ☐ |

P5 15 min

*Refugi Ciriac Bonet*

| Nº | Nm | Dif | Mts | ✓ |
|----|----|-----|-----|---|
| 44 | **La Baba dels Pitxa** (43 > 44) | 7b+ | 38 | ☐ |
| 45 | **Chapas Jom** | 7a | 15 | ☐ |
| 46 | **Rumba** | 6b | 17 | ☐ |
| 47 | **Samba** | 6a+ | 17 | ☐ |
| 48 | **Mambo** | 6b+ | 17 | ☐ |
| 49 | **Gatito Silvestre** | 7a+ | 30 | ☐ |
| 50 | **Siuranada** | V+ | 25 | ☐ |
| 51 | **Aterriza como Puedas** | 6b | 25 | ☐ |
| 52 | **L'Invertebrat** (proj) | 7b? | 25 | ☐ |

# Arbolí

**Introduction:** Yet more wonderful limestone climbing in the *Serra de Prades* mountains! Each of Arbolí's sectors has their own distinct character, ranging from the friendly tree-shrouded buttresses of *Can Simiro* and *Can Mansa*, together offering dozens of excellent low and middle grade routes, to the shear, imposing walls of *El Dard* with its unrelentingly steep face and crack climbs. One sector in particular, the magnificent bastion of *El Falcó*, must be a contender for the finest single crag in the region, especially for climbers operating in the 6c-7b range. Furthermore, if all this were not enough, there are the views — stunning vistas across the valley to Siurana and Montsant.

The majority of Arbolí's sectors face predominantly south and are at their best during the colder months of the year, but the north-westerly orientation of *L'Obaga* and *L'Obaga del Falcó* means that climbing is actually possible here right through the summer.

The charming village of Arbolí was once home to a climbers' Refugi, which for a time was the nerve-centre of new route activity, but that has now sadly closed. A local guidebook with details of all Arbolí's sectors and routes is available from bars in the village.

**Approaches - General:** the village of Arbolí lies at the head of the TV-7012 approximately 4.5km from its junction with the C-242 and 25km from Reus. However, as many climbers will be staying either in nearby Cornudella/Siurana or in the *Refugi de La Mussara,* the drives from these two locations merit description.

From Cornudella: follow the C-242 south for approximately 2km then turn left onto a narrow road singposted *El Pantà de Siurana*. Continue for 1.5km then turn sharply right just before reaching the reservoir. The narrow road winds up the hillside, eventually levelling out at the *Coll de la Creu* before continuing to the village of Arbolí (8.5km from Cornudella). *Note:* the parking areas for several of the sectors are situated close to *Coll de la Creu.*

From *Refugi de La Mussara:* drive 1km west on the T-704 then turn left onto the TV-7092. Follow this for approximately 8.5km, passing through the former military camp of *Los Castillejos*, to a junction with the TV-7012. Turn right and follow this into the village (11km from the Refugi).

### Sector Approaches

*L'Obaga:* this is a long, disjointed sector requiring different approaches for different parts of the cliff. For routes 1-25 park in a large lay-by at the *Coll de la Creu* (P1) and follow a well-marked footpath heading diagonally left up the hillside. For routes 13-26 turn right after approximately 100m and follow a vague trail (cairn at the beginning) up to the wall (10 min). For routes 1-12 continue along the lower path for a further 150m (250m from the parking area) then turn right and follow a vague trail for 20m up to the wall (10 min). For routes 27-30 park at P2 and follow the approach for *Can Simiro* (see next paragraph) up to just below the left-hand side of that sector, then continue horizontally left along a vague trail, which leads around the edge of the buttress to the base of the routes (15 min).

*Can Simiro:* park in a small lay-by approximately 170m south of the *Coll de la Creu* (P2). On the opposite side of the road a well-marked path heads up through trees to the right-hand part of the sector (3 min). For the routes on the left-hand part of the sector continue leftwards below the wall then scramble up onto a terrace (5 min).

*Continued on page 234* ▷

***Borinot (L1)*** 6b+ • El Falcó
Arbolí • Daimien O'Sullivan *(Pag. 248)*

◁ *Continued from page 232*

**Can Mansa**: park in lay-bys approximately 400m south-east of the *Coll de la Creu* (P3). On the opposite side of the road a well-marked path heads up through trees. Near the wall the path splits: take the left fork for routes 1-22; the right fork for routes 23-33 (3 min).

**El Duc & Placa Duc**: from P3 walk a few metres back up the road towards the *Coll de la Creu* then turn left onto a dirt track, which is followed downhill. *Placa Duc* is soon seen to the left, just below the road (3 min), while the pinnacle of *El Duc* is situated approximately 200m further down, just to the right of the track (5 min).

**El Cremat**: approximately 650m southeast of the *Coll de la Creu* (towards the village) there is a narrow surfaced track (signposted *Sant Pau* and *Mas de Salín*) zigzagging up the hillside. Drive up this for approximately 800m to park just after a sharp left-hand bend (P4). Walk a few metres back down the road then follow an obvious footpath down and across to the left-hand end of the sector (2 min).

**El Falcó**: follow the narrow road, as for *El Cremat*, but after 500m turn left onto an unsurfaced track, signposted *Mas de Salín*, and continue along this for approximately 950m to a limited parking area (P5) in clear view of the crag. Do not block the track! On foot, follow a well-marked trail (cairns) down to the base of the wall (5 min).

**L'Obaga del Falcó**: as for the previous approach then continue leftwards around the corner to the sector (10-15 minutes, depending on the route).

**El Dard**: from the village of Arbolí drive south on the TV-7012. Approximately 400m past the junction with the TV-7092 there is an exposed limestone 'mesa' on the left-hand side of the road. Park here (P6). On foot, follow a well-marked footpath southwards (cairns). The path zigzags down through a wide gully to join a second path: turn left (facing out) to reach the left-hand end of the sector (10 min).

**Racó de L'Emmanuelle**: from the village of Arbolí drive south on the TV-7012. On the right-hand side of the road by the *Km-3* marker is a large grassy parking area. Approximately 80m further on, turn left onto an unsurfaced track running along the upper rim of a quarry, and follow this for 100m to parking places on the left (P7). On foot, continue along the track for a further 150m to where it fades out then follow a well-marked footpath (cairns), which leads first down and right, and then back leftwards, descending an open gully. At the base of the gully continue leftwards to reach the first routes on the left-hand side of the sector (10 min).

**Maps on pages 238-239.**

**Introducció**: Situat a la calcària *Serra de Prades*, Arbolí ens ofereix una altra excepcional expressió d'aquest tipus de roca. Cada sector té un caràcter diferenciat, des dels sectors 'amables' com *Can Simiro* i *Can Mansa* amb dotzenes d'escalades de grau mig i fàcil a les impressionants i verticals parets d' *El Dard* amb escalades en placa i de fissura força exigents. Un sector en particular, el magnífic *Falcó*, pot ser considerat com un dels millors de la regió especialment pels escaladors entre el 6c-7b. A banda, podreu gaudir d'unes vistes extraordinàries, Siurana i Montsant a l'altra banda de la vall dibuixen davant nostre un espectacle meravellós.

La majoria dels sectors d'Arbolí estan orientats al sud, per la qual cosa us recomanem visitar la zona durant els mesos freds de l'any, però hi ha sectors com *L'Obaga* i *L'Obaga del Falcó* que orientats al nord-oest fan possible l'escalada a l'estiu.

Arbolí va tenir en el seu moment de màxim esplendor un Refugi d'escaladors. Avui en dia, malauradament tancat. No obstant, el poble és molt agradable i tranquil i disposa de diversos bars i restaurants. Podreu trobar la guia local als bars del poble.

**Aproximacions**: Arbolí està a l'inici de la TV-7012, a uns 4.5km de la cruïlla amb la C-242 i a 25km de Reus. Però com que molts escaladors s'ha allotjaran a Cornudella/Siurana o bé al *Refugi de La Mussara* us explicarem l'aproximació des d'aquests punts.

Des de Cornudella: seguiu la C-242 cap al sud aproximadament durant 2km i després gireu a l'esquerra per una carretera estreta amb el senyal *El Pantà de Siurana*. Continueu durant 1.5km i després gireu bruscament cap a la dreta abans d'arribar a l'embassament. La carretera estreta puja sinuosament pel vessant de la muntanya, fins anivellar-se al *Coll de la Creu* abans de continuar cap el poble d'Arbolí (8.5km des de Cornudella).

*Nota:* els aparcaments per alguns dels sectors estan si- tuats a prop del *Coll de la Creu*.

Des del *Refugi de La Mussara*: conduïu 1km per la T-704 i després gireu a l'esquerra per la TV-7092. Seguiu-la durant uns 8.5km, passant per l'antic campament militar de *Los Castillejos*, fins a l'encreuament amb la TV-7012. Gireu a la dreta i seguiu-la fins el poble (11km des del Refugi).

**Aproximacions als sectors**

**L'Obaga**: aquest és un sector llarg, discontinu i haurem de fer diferents aproximacions per arribar a les diverses parts del cingle. Per les vies 1-25 aparqueu a l'eixamplament del *Coll de la Creu* (P1) i seguiu un camí ben marcat que puja en diagonal esquerra pel vessant de la muntanya. Per les vies 13-26 gireu a la dreta després de uns 100 metres i seguiu un corriol fonedís (fita a l'inici) fins la paret

*Continua a la pàgina 236* ▷

***Mr. Krek*** 7b • El Dard • Arbolí
Alexandra Schweikart *(Pag. 255)*

◁ *Ve de la pàgina 234*

(10 minuts). Per les vies 1-12 continueu pel camí de baix durant 150 metres més (250 metres des del P1) i llavors gireu a la dreta i seguiu un corriol poc marcat durant 20 metres fins a la paret (10 minuts). Per les vies 27-30 aparqueu al P2 i seguiu l'aproximació de *Can Simiro* (vegeu més avall) fins arribar just a sota el costat esquerre d'aquest sector i després continueu horitzontalment cap a l'esquerra per un sender poc marcat que us portarà a la base de les vies, a l'altre cantó de l'esperó (15 minuts).

**Can Simiro**: aparqueu en un petit eixamplament aproximadament 170 metres al sud del *Coll de la Creu* (P2). Des de la carretera un sender ben marcat que puja entre els arbres us porta a la part dreta del sector (3 minuts). Per les vies de la part esquerra continueu cap l'esquerra per sota la paret i després enfileu-vos per arribar a una feixa (5 minuts des del P2).

**Can Mansa**: aparqueu en els eixamplaments uns 400 metres al sud-est del *Coll de la Creu* (P3). A l'altra banda de la carretera, un sender ben marcat us porta entre els arbres. A prop de la paret el camí es divideix: agafeu el trencall de l'esquerra per les vies de l' 1-22; i el trencall de la dreta per les vies 23-33 (3 minuts).

**El Duc i la Placa Duc**: des del P3 retrocediu uns metres cap al *Coll de la Creu* i després gireu a l'esquerra per una pista de terra, que seguireu avall. *La Placa Duc* la veureu de seguida a l'esquerra, just sota la carretera, mentre que l'agulla d'*El Duc* està uns 200 metres més avall, just al costat de la pista (5 minuts).

**El Cremat**: a uns 650 metres al sud-est del *Coll de la Creu* (direcció el poble) hi ha una carreretera asfaltada (senyal *Sant Pau / Mas de Salín*) que va en zig-zag amunt pel vessant de la muntanya. Conduïu durant aproximadament 800 metres i aparqueu després una corba tancada a mà esquerra (P4). Camineu uns quans metres avall per la carretera i aleshores seguiu un caminet que va descendint i arriba al costat esquerre del sector (2 minuts).

**El Falcó**: seguiu la mateixa carreretera estreta, igual que pel *Cremat*, però després de 500 metres gireu a l'esquerra per una pista sense asfaltar, senyalitzada *Mas de Salín* i continueu durant uns 950 metres més fins al pàrquing (P5, no massa gran) des d'on ja es veu el sector. No bloquegeu la pista!!! A peu, seguiu un corriol ben marcat (fites) fins a la base de la paret (5 minuts).

**L'Obaga del Falcó**: igual que per l'aproximació anterior, però continueu cap a l'esquerra passant les últimes vies del *Falcó*, fins arribar al sector (10-15 minuts, depenent de la via escollida).

**El Dard**: des del poble d'Arbolí, conduïu cap al sud per la TV-7012. Uns 400 metres després de l'encreuament amb la TV-7092 hi ha una gran llosa de roca plana a l'esquerra de la carretera. Aparqueu aquí (P6). A peu, seguiu un corriol ben marcat cap al sud (fites). El camí zigzagueja avall per una canal fins a trobar un altre camí. Gireu a l'esquerra (mirant enfora) fins arribar al costat esquerre del sector (10 minuts).

**Racó de L'Emmanuelle**: des del poble d'Arbolí conduïu cap al sud per la TV-7012. Al costat dret de la carretera, al punt *Km-3*, hi ha un gran pàrquig en una esplanada. Uns 80 metres més enllà gireu a l'esquerra per una pista de terra que va per sobre la pedrera i seguiu-la durant 100 metres fins que arribeu a un aparcament a mà esquerra (P7). A peu, continueu per la pista durant 150 metres més fins on aquesta desapareix i llavors seguiu un senderó ben marcat (fites), que primer va avall i a la dreta i després a l'esquerra baixant per una canal ampla. A la base de la canal continueu cap a l'esquerra per accedir a les primeres vies a l'esquerra del sector (10 minuts).

**Mapes a les pàgines 238-239.**

**Introducción**: Situado en la calcárea *Serra de Prades*, Arbolí nos ofrece otra expresión excepcional de este tipo de roca. Cada sector tiene un carácter diferenciado, desde los sectores "amables" como *Can Simiro* y *Can Mansa* con docenas de escaladas de grado medio y fácil hasta las impresionantes y verticales paredes de *El Dard*, con escaladas en placa y fisuras muy exigentes. Un sector en particular, el magnífico *Falcó*, destaca como uno de los mejores de la región, especialmente para los escaladores que se mueven entre 6c-7b. Cabe añadir que podéis disfrutar de unas vistas extraordinárias, Siurana y Montsant al otro lado del valle dibujan un espectáculo maravilloso.

La mayoría de los sectores de Arbolí están orientados al sur, por lo cual recomendamos visitar la zona durante los meses fríos del año, aunque hay sectores como *L'Obaga* y *L'Obaga del Falcó* que orientados al noroeste hacen posible la escalada en verano.

Arbolí tuvo en el momento de máximo esplendor un Refugio de escaladores, que hoy en día está cerrado. No obstante, el pueblo es muy agradable y tranquilo y dispone de diversos bares y restaurantes. Podréis encontrar una guía local a la venta en los bares del pueblo.

**Aproximaciones**: Arbolí está al inicio de la TV-7012, aproximadamente a 4.5km del cruce con la C-242 y a 25km de Reus. Pero ya que muchos escaladores pernoctarán en Cornudella/Siurana o bien en el *Refugi de La Mussara*, describiremos las aproximaciones desde estos puntos.

Desde Cornudella: seguid la C-242 hacia el sur durante unos 2km y después girad a la izquierda

Catacrack 7a • Can Simiro • Arbolí
Daimien O'Sullivan *(Pag. 242)*

por una carretera estrecha, señalizado *El Pantà de Siurana*. Continuad durante 1.5km y después girad bruscamente a la derecha antes de llegar a la presa. La estrecha carretera sube serpenteando la ladera de la montaña hasta llegar a la cima *Coll de la Creu*, continuad por la carretera hasta el pueblo de Arbolí (8.5km desde Cornudella). *Nota:* las zonas de aparcamiento para varios de los sectores están situadas cerca del *Coll de la Creu*.

Desde el *Refugi de La Mussara:* conducid 1km por la T-704 y después girad a la izquierda por la TV-7092. Seguidla aproximadamente durante 8.5km, pasando por el antiguo campamento militar de *Los Castillejos* hasta llegar al cruce con la TV-7012. Girad a la derecha y seguid hasta el pueblo (11km desde el Refugi).

### Aproximaciones a los sectores

*L'Obaga:* este es un sector amplio y discontinuo por el cual vamos a necesitar diferentes aproximaciones para las distintas partes de la pared. Para las vías 1-25 aparcad en el ensanche del *Coll de la Creu* (P1) y seguid un camino bien marcado que sube en diagonal hacia la izquierda por la ladera de la montaña. Para las vías 13-26 girad a la derecha después de aproximadamente 100 metros y seguid un sendero poco marcado (hito al inicio) hasta la pared (10 minutos). Para las vías 1-12 continuad por el camino de abajo durante 150 metros más (250 metros desde el P1) y entonces girad a la derecha y seguid un sendero poco marcado durante unos 20 metros hasta la pared (10 minutos). Para las vías 27-30 aparcad en el P2 y seguid la aproximación de *Can Simiro* (ver más abajo) hasta justo debajo el lado izquierdo del sector y después continuad hacia la izquierda por un sendero un poco invadido por la vegetación que os lleva a la base de las vías, al otro lado del espolón (15 minutos).

*Can Simiro:* aparcad en un pequeño ensanche aproximadamente 170 metros al sur del *Coll de la Creu* (P2). Al otro lado de la carretera, un sendero bien marcado os lleva entre los árboles a la parte derecha del sector (3 minutos). Para las vías de la izquierda continuad hacia la izquierda y después trepad hasta una repisa (5 minutos desde el P2).

*Can Mansa:* aparcad en los ensanches unos 400 metros al sureste del *Coll de la Creu* (hacia el pueblo, P3). En el otro lado de la carretera, un sendero bien marcado sube entre los árboles y al llegar cerca de la pared se divide: tomad el ramal izquierdo para las vías de la 1-22 y el derecho para las vías 23-33 (3 minutos).

*El Duc y la Placa Duc:* desde el P3 caminad unos metros por la carretera hacia el *Coll de la Creu* y después girad a la izquierda por una pista de tierra que seguiréis cuesta abajo. La *Placa Duc* se ve enseguida justo bajo la carretera, mientras que la

*Continúa en la página 239* ▷

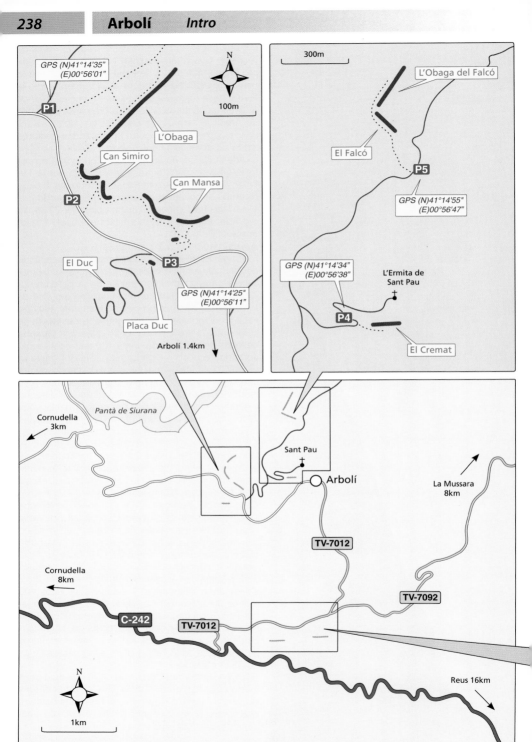

GPS (N)41°14'35"
(E)00°56'01"

P1

N

100m

L'Obaga

Can Simiro

P2

Can Mansa

P3

El Duc

Placa Duc

GPS (N)41°14'25"
(E)00°56'11"

Arbolí 1.4km

300m

L'Obaga del Falcó

El Falcó

P5

GPS (N)41°14'55"
(E)00°56'47"

GPS (N)41°14'34"
(E)00°56'38"

L'Ermita de
Sant Pau

P4

El Cremat

Cornudella
3km

Pantà de Siurana

Sant Pau

Arbolí

La Mussara
8km

TV-7012

Cornudella
8km

C-242

TV-7012

TV-7092

Reus 16km

N

1km

◁*Viene de la página 237*

aguja de *El Duc* está unos 200 metros más abajo a la derecha de la pista (5 minutos).

**El Cremat**: aproximadamente 650 metros al sureste del *Coll de la Creu* hay un camino asfaltado (señal *Sant Pau / Mas de Salín*) que va zigzagueando hacia arriba por la ladera de la montaña. Conducid durante aproximadamente 800 metros y aparcad justo después de una curva cerrada a mano izquierda (P4). Retroceded unos metros por la carretera y seguid un caminito que va descendiendo y llega al lado izquierdo del sector (2 minutos).

**El Falcó**: seguid el mismo camino asfaltado que para *El Cremat,* pero después de 500 metros girad a la izquierda por una pista sin asfaltar, señalizada *Mas de Salín* y continuad durante unos 950 metros más hasta llegar a un aparcamiento (P5 no muy amplio) desde donde ya se ve el sector. ¡No bloqueéis la pista! A pie, seguid un sendero bien marcado (hitos) hasta la base de la pared (5 minutos).

**L'Obaga del Falcó**: igual que para la aproximación anterior pero continuad hacia la izquierda, pasando las últimas vías del *Falcó*, hasta llegar al sector (10-15 minutos, dependiendo de la vía escogida).

**El Dard**: desde el pueblo de Arbolí, conducid hacia el sur por la TV-7012. Unos 400 metros después del cruce con la TV-7092 y a la izquierda de la carretera hay una gran losa de roca, muy evidente y plana. Aparcad aquí (P6). A pie seguid un sendero bien marcado hacia el sur (hitos), el camino zigzaguea hacia abajo por una canal ancha hasta unirse a otro camino. Girad a la izquierda (mirando hacia afuera) hasta llegar al lado izquierdo del sector (10 minutos).

**Racó de L'Emmanuelle**: desde el pueblo conducid hacia el sur por la TV-7012. Al lado derecho de la carretera en el poste del *Km-3* hay una gran esplanada donde podeis aparcar. Unos 80 metros más adelante, girad a la izquierda por una pista de tierra que va por encima de la cantera y seguidla durante 100 metros hasta el parking (P7) a la izquierda. A pie, continuad por la pista durante 150 metros más hasta que ésta desaparece y entonces seguid un sendero bien marcado (hitos) que os lleva primero hacia la derecha y abajo y después a la izquierda, bajando por una canal ancha. En la base de la canal continuad hacia la izquierda para acceder a las primeras vías de la izquierda del sector (10 minutos).

*Mapas en las página 238-239.*

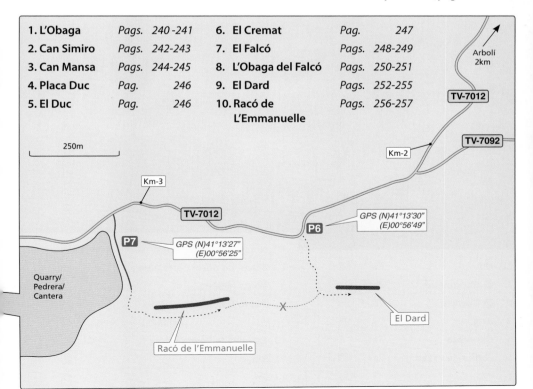

Arbolí 2km

TV-7012

TV-7092

250m

Km-2

Km-3

TV-7012

GPS (N)41°13'30" (E)00°56'49"

P6

P7

GPS (N)41°13'27" (E)00°56'25"

Quarry/ Pedrera/ Cantera

El Dard

Racó de l'Emmanuelle

| Nº | Nm | Dif | Mts | ✓ |
|----|----|-----|-----|---|
| 1 | **El Rondinaire** | 7a+ | 25 | ☐ |
| 2 | **El Covard** | 7b+ | 25 | ☐ |
| 3 | Proj. | ?? | 25 | ☐ |
| 4 | **Caravaca** | 7a+ | 8 | ☐ |
| 5 | **Fisura de l'Àlex** | 7c+ | 20 | ☐ |
| 6 | Proj. | ?? | 30 | ☐ |

| Nº | Nm | | Dif | Mts | ✓ |
|----|----|---|-----|-----|---|
| 7 | **Quien no corre corre, vuela** | | 7c+ | 25 | ☐ |
| 8 | **Porca Misèria** (proj) | | 8a? | 28 | ☐ |
| 9 | **Por lo Bajini** | L1 | 6b+ | 25 | ☐ |
| | | L1+L2 | 6c+ | 40 | ☐ |
| 10 | **Esquiva la Pálida** (proj) | | 7c+? | 30 | ☐ |
| 11 | **Slays** | | 7c | 25 | ☐ |
| 12 | Proj. | | 8b? | 18 | ☐ |

Fixed Rope
Corda Fixa
Cuerda Fija

| Nº | Nm | | Dif | Mts | ✓ |
|----|----|----|-----|-----|---|
| 13 | Proj. | | 8c? | 20 | ☐ |
| 14 | Proj. | | 8c+/9a? | 20 | ☐ |
| 15 | El Sorro | | 8b | 25 | ☐ |
| 16 | Proj? | | ?? | ?? | ☐ |
| 17 | Peligrosa María | L1 | 7b+ | 28 | ☐ |
| | Peligrosa Juana | L1+L2 | 7c | 45 | |
| 18 | Síndrome de Damm | | 7b | 25 | ☐ |
| 19 | Galí-Canto | | 7b+ | 25 | ☐ |
| 20 | La Vella Negra | | 7b | 25 | ☐ |

| Nº | Nm | Dif | Mts | ✓ |
|----|----|-----|-----|---|
| 21 | Arseniac | 7a | 23 | ☐ |
| 22 | El Enano vió la Muerte | 6c+ | 23 | ☐ |
| 23 | Frentepelá | 6c | 15 | ☐ |
| 24 | Slap-Olla | 7a+ | 17 | ☐ |
| 25 | Porros i Porrons | 6b | 15 | ☐ |
| 26 | Hob-Nobs | 7a+ | 16 | ☐ |
| 27 | Bad Bat | 6c+ | 15 | ☐ |
| 28 | Pall Mall de Coll | 7b+ | 27 | ☐ |
| 29 | Compte Cràpula (proj) | ?? | 30 | ☐ |
| 30 | Jargó | 7a+ | 32 | ☐ |

| Nº | Nm | Dif | Mts | ✓ |
|----|----|-----|-----|---|
| 1 | **Pescatera Punyetera** | 6b+ | 10 | ☐ |
| 2 | **Tú Vas a lo que Vas** | V | 20 | ☐ |
| 3 | **Mighty Pennis** | 6a+ | 32 | ☐ |
| 4 | **Y Luego Pasa lo que Pasa** | 6b+ | 32 | ☐ |
| 5 | **Pa d'Aglà** | 7b | 33 | ☐ |
| 6 | **Alambrado sea Dios** | 7b+ | 20 | ☐ |
| 7 | **No m'enganyis més** | 7a | 20 | ☐ |
| 8 | **Agua de Fuego** | 7a | 20 | ☐ |
| 9 | **Ke te Kalles!** | 7a+ | 20 | ☐ |
| 10 | **Inversió Tèrmica** | 7a+ | 18 | ☐ |
| 11 | **Catacrack** | 7a | 20 | ☐ |
| 12 | **Puta Morta** | 7c | 20 | ☐ |
| 13 | **Puta Morta (Directa)** | 7c+ | 20 | ☐ |
| 14 | **Sika'n'Destroy** | 8a+ | 20 | ☐ |
| 15 | **Paraiso Artificial** | 7c | 20 | ☐ |
| 16 | **Seteve** | 8a | 15 | ☐ |
| 17 | **Dret de Cuixa** | 7c | 15 | ☐ |

| Nº | Nm | Dif | Mts | ✓ |
|----|----|-----|-----|---|
| 18 | **Ave Errante** | 7a | 12 | ☐ |
| 19 | **Matèria Satànica Marina** | 6b | 15 | ☐ |
| 20 | **Tot Pujant al Cim** | 6c+ | 15 | ☐ |
| 21 | **A qui Ejacula, Déu Ajuda** | 6c+ | 25 | ☐ |
| 22 | **Allegro ma non Troppo** | 6c | 25 | ☐ |
| 23 | **Poker d'Alho** | 7b+ | 20 | ☐ |
| 24 | **Tirabreks** | 8a | 20 | ☐ |
| 25 | **Els Indesitjables** | 7a+ | 25 | ☐ |
| 26 | **Els Impresentables** | 7b | 25 | ☐ |
| 27 | **Esperó** | 6c | 25 | ☐ |
| 28 | **El Robagallines** | 6a+ | 15 | ☐ |
| 29 | **En Braulies** | V | 12 | ☐ |
| 30 | **Possa't la Samarra** | V+ | 12 | ☐ |
| 31 | **Kiffelarden** | IV | 10 | ☐ |
| 32 | **Tan Fàcil** | III+ | 10 | ☐ |

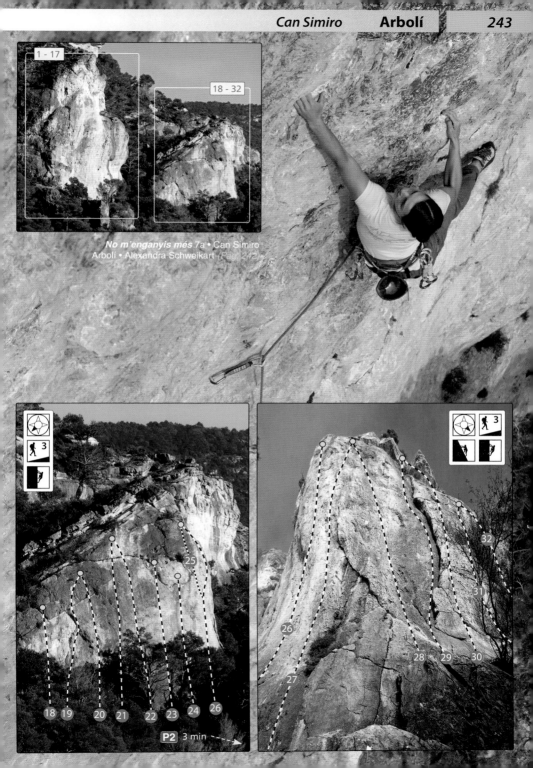

*No m'enganyis més* 7a • Can Simiro
Arbolí • Alexandra Schweikart (Pag. 242)

18  19   20   21   22  23   24   26

P2   3 min

26
27
28   29   30
31
32
25

| Nº | Nm | Dif | Mts | ✓ |
|----|----|-----|-----|---|
| 1 | **Comecocos** | 7a+ | 12 | ☐ |
| 2 | **Guiri-gri** | 6a | 12 | ☐ |
| 3 | **Kuriosillo** | 6a | 12 | ☐ |
| 4 | **Marfullenga** | V+ | 12 | ☐ |
| 5 | **Domenec's Patapumba** | 6a | 10 | ☐ |
| 6 | **Iosumite** | V+ | 12 | ☐ |
| 7 | **Sou uns Rancis!** | 6a+ | 12 | ☐ |
| 8 | **Esperó o Fissura** | V | 15 | ☐ |
| 9 | **Més por-que-Vergonya** | 6a | 15 | ☐ |
| 10 | **Nosespande** | V+ | 18 | ☐ |
| 11 | **Botifarra a Seques** | 6b | 18 | ☐ |

| Nº | Nm | Dif | Mts | ✓ |
|----|----|-----|-----|---|
| 12 | **Lolo Flores** | 6c+ | 18 | ☐ |
| 13 | **Capicua** | 6c+ | 22 | ☐ |
| 14 | **L'Avi** | 7b | 22 | ☐ |
| 15 | **La Yaca Kika** (proj) | 8a? | 20 | ☐ |
| 16 | **Carmina Burana** | 7b | 20 | ☐ |
| 17 | **Desvariant-la** | 7a+ | 20 | ☐ |
| 18 | **Ja t'hi Cagues** | 7a | 15 | ☐ |
| 19 | **Ja t'hi Cagues Damunt** | 7b | 16 | ☐ |
| 20 | **Amanita Martínez** | 6c | 15 | ☐ |
| 21 | **Endivia Cochina** | 7a+ | 15 | ☐ |
| 22 | **Això s'Avisa** | 6c | 15 | ☐ |

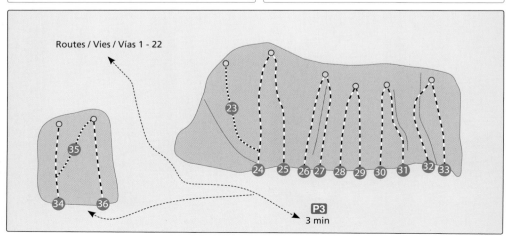

Routes / Vies / Vías 1 - 22

*Allegro ma non Troppo* 6c • Can Simiro
Arbolí • Andy Sinclair *(Pag. 242)*

| Nº | Nm | Dif | Mts | ✓ |
|----|-----|-----|-----|---|
| 23 | **Cabras Rocosas** | 6a+ | 15 | ☐ |
| 24 | **Patchanka** | 7a | 15 | ☐ |
| 25 | **Moltes Grasses** | 6b | 15 | ☐ |
| 26 | **Eskanya** | IV+ | 12 | ☐ |
| 27 | **Canti de Plasti** | IV+ | 12 | ☐ |
| 28 | **Valdric** | IV+ | 12 | ☐ |
| 29 | **Ninot** | IV+ | 12 | ☐ |

| Nº | Nm | Dif | Mts | ✓ |
|----|-----|-----|-----|---|
| 30 | **Feber** | IV | 12 | ☐ |
| 31 | **Famobil** | IV | 12 | ☐ |
| 32 | **E.H. Sukarra** | V+ | 15 | ☐ |
| 33 | **Cuéncame un Cuenco** | 6b | 15 | ☐ |
| 34 | **El Cantero (lama x 2)** | 6a+ | 10 | ☐ |
| 35 | **Polvo di Scorrimiento** | 6a+ | 10 | ☐ |
| 36 | **Jack al Daniel** | 6a | 10 | ☐ |

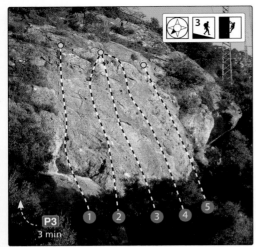

| N° | Nm | Dif | Mts | ✓ |
|----|-----------------------|------|-----|---|
| 6  | **Mari Line**          | 6a+  | 23  | ☐ |
| 7  | **Ets un Hilary**      | V+   | 20  | ☐ |
| 8  | **??**                 | V+   | 17  | ☐ |
| 9  | **Truita en Suc**      | V+   | 17  | ☐ |
| 10 | **Bola de Drap**       | V    | 20  | ☐ |
| 11 | **Pensaments Porcs**   | V+   | 20  | ☐ |
| 12 | **Entre Pitus i Flautes** | 6a | 22 | ☐ |
| 13 | **El Handicapat**      | 6b+  | 20  | ☐ |
| 14 | **Malvasia**           | 6c+  | 20  | ☐ |
| 15 | **El te Cha Está**     | 7b   | 15  | ☐ |
| 16 | **Kiff mi Kiwi**       | 8a   | 15  | ☐ |
| 17 | **Capitán Memo**       | 6a   | 15  | ☐ |
| 18 | **Amor X Semana**      | 7a   | 15  | ☐ |
| 19 | **Bribriblibli**       | 7b   | 15  | ☐ |

| N° | Nm | Dif | Mts | ✓ |
|----|---------------|-----|-----|---|
| 1  | **The Nose**    | IV  | 10  | ☐ |
| 2  | **Ainulindale** | IV  | 10  | ☐ |
| 3  | **Valaquenta**  | IV+ | 10  | ☐ |
| 4  | **Akallabêth**  | IV  | 10  | ☐ |
| 5  | **5 Estrelles** | IV  | 10  | ☐ |

| N° | Nm | Dif | Mts | ✓ |
|---|---|---|---|---|
| 1 | **Ron Cremat** | V | 14 | ☐ |
| 2 | **Queimada** | 6a | 14 | ☐ |
| 3 | **Havaneres** | 6a+ | 15 | ☐ |
| 4 | **Mulata de la Havana** | 6b | 15 | ☐ |
| 5 | **Marina** | 6b | 18 | ☐ |
| 6 | **El Budell** | 6c+ | 18 | ☐ |
| 7 | **Romero-Feliu** | 7a | 18 | ☐ |
| 8 | **St. Canut** | 6b | 17 | ☐ |
| 9 | **Shanghai** | V+ | 14 | ☐ |
| 10 | **Olives Follades** | V+ | 14 | ☐ |
| 11 | **Quintos Calents** | V | 14 | ☐ |
| 12 | **Carniceros de la Noche** | IV+ | 13 | ☐ |
| 13 | **El Glamor de la Muntanya** | V | 12 | ☐ |
| 14 | **Terra Mítica** | 6a+ | 15 | ☐ |
| 15 | **La Poma de Newton** | 6c+ | 18 | ☐ |
| 16 | **Marfantes** | 6a+ | 18 | ☐ |
| 17 | **Xicarró Xarxot** | 6a+ | 18 | ☐ |
| 18 | **Anorèxia** | 6a | 18 | ☐ |
| 19 | **Bulímia** | V+ | 18 | ☐ |

Arbolí

| N° | Nm | | Dif | Mts | ✓ |
|----|-----|---|-----|-----|---|
| 1 | **Satán, Papero, Hijo de Puta** | | 7c | 30 | ☐ |
| 2 | **Bon Noi** | | 8a | 35 | ☐ |
| 3 | **El Sortidor** | | 7c+ | 28 | ☐ |
| 4 | **l'Aranya Negra** | | 7b | 30 | ☐ |
| 5 | **Excalibur** | | 7c | 30 | ☐ |
| 6 | **El Cagat** | | 7b | 40 | ☐ |
| 7 | **Chanidanger** | | 7a+ | 38 | ☐ |
| 8 | **Borinot** | L1 | 6b+ | 20 | ☐ |
| | | L1+L2 | 7a | 40 | ☐ |
| 9 | **Per Tutatis** | | 7a+ | 40 | ☐ |
| 10 | **Haber Pedido Muerte** | | 6c+ | 40 | ☐ |
| 11 | **La Millor de...** | | 6c | 31 | ☐ |
| 12 | **¡Arri, Ricardo!** | | 6c+ | 30 | ☐ |
| 13 | **Pere Mata** | | 6c | 25 | ☐ |

L'Obaga del Falcó

| N° | Nm | Dif | Mts | ✓ |
|----|-----|-----|-----|---|
| 14 | **Melissa** | 6c | 25 | ☐ |
| 15 | **Bolongo** | 6c+ | 25 | ☐ |
| 16 | **Trenca'm els Pinyols** L1 6c+, L2 7a, L3 7a+ | 7a+ | 60 | ☐ |

| Nº | Nm | Dif | Mts | ✓ |
|----|-----|-----|-----|---|
| 17 | **Animal** | 7a+ | 20 | |
| 18 | **Pa Ella y pa los Guiris** | 7a+ | 27 | |
| 19 | **Salmo Ventitrés** | 7a | 20 | |
| 20 | **Vermella Directa** | 7b | 20 | |
| 21 | **To pa los Pollos, Moreno** | 7b | 28 | |
| 22 | **Fandango** | 7b | 30 | |
| 23 | **Virus** | 8a | 25 | |

| Nº | Nm | Dif | Mts | ✓ |
|----|-----|-----|-----|---|
| 24 | **Jinga** | 7b | 22 | |
| 25 | **Sofà i Video** | 7b+ | 20 | |
| 26 | **Lusiernaga de la Noshe** | 6b+ | 22 | |
| 27 | **Desafio Extremo** | 7a+ | 25 | |
| 28 | **El Tronc** | 8a | 18 | |
| 29 | **El Asesino es el Sherif** | 7b+ | 20 | |
| 30 | **Qué Tendrá el Negro** | 6b+ | 20 | |
| 31 | **¿De qué Vas?** | 6a+ | 18 | |
| 32 | **Espavila Fidel** | 6b | 18 | |

| Nº | Nm | Dif | Mts | ✓ |
|----|----|-----|-----|---|
| 1 | **Organogènesis** | 8a+ | 20 | ☐ |
| 2 | **Hombre Rico, Hombre Pobre** | 8a | 15 | ☐ |
| 3 | **Intersticial** | 7c | 20 | ☐ |
| 4 | **Sika-no** (proj) | 8a+? | 30 | ☐ |
| 5 | **Ghanja** | 8a | 28 | ☐ |
| 6 | **El Frenasssuuu!** (proj) | 7c+? | 28 | ☐ |
| 7 | **??** | ?? | 15 | ☐ |
| 8 | **Carquinyoli** | 6c+ | 15 | ☐ |
| 9 | **La Ryobi va dir Prou** | 7b+ | 33 | ☐ |
| 10 | **Proj.** | 8b/+? | 28 | ☐ |
| 11 | **Termina Aitor** (proj) | 8a+? | 28 | ☐ |
| 12 | **Variant** (13 > 11) | 8a | 28 | ☐ |
| 13 | **Gioconda** | 7b+ | 30 | ☐ |
| 14 | **Vendetta** | 7c | 30 | ☐ |

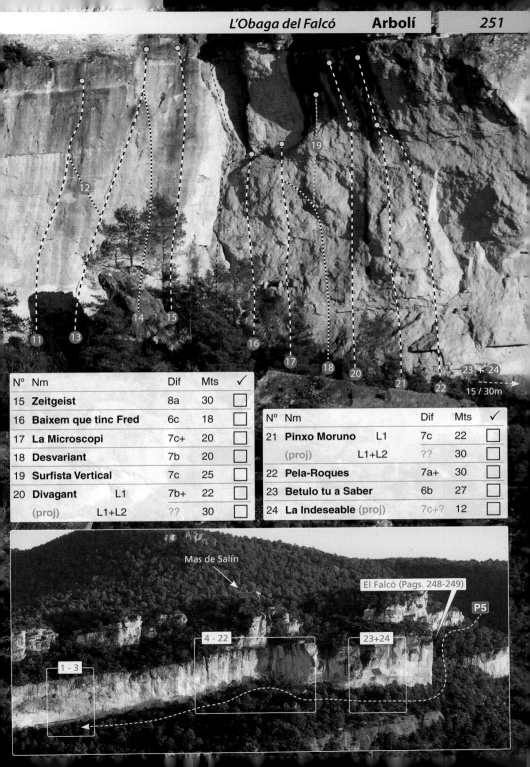

| Nº | Nm | | Dif | Mts | ✓ |
|----|----|----|-----|-----|---|
| 15 | **Zeitgeist** | | 8a | 30 | |
| 16 | **Baixem que tinc Fred** | | 6c | 18 | |
| 17 | **La Microscopi** | | 7c+ | 20 | |
| 18 | **Desvariant** | | 7b | 20 | |
| 19 | **Surfista Vertical** | | 7c | 25 | |
| 20 | **Divagant** | L1 | 7b+ | 22 | |
| | (proj) | L1+L2 | ?? | 30 | |

| Nº | Nm | | Dif | Mts | ✓ |
|----|----|----|-----|-----|---|
| 21 | **Pinxo Moruno** | L1 | 7c | 22 | |
| | (proj) | L1+L2 | ?? | 30 | |
| 22 | **Pela-Roques** | | 7a+ | 30 | |
| 23 | **Betulo tu a Saber** | | 6b | 27 | |
| 24 | **La Indeseable** (proj) | | 7c+? | 12 | |

Mas de Salín

El Falcó (Pags. 248-249)

P5

4 - 22

23+24

1 - 3

P6
10 min

1 - 19

20 - 33 (Pags. 254-255)

| Nº | Nm | Dif | Mts | ✓ |
|----|----|----|-----|---|
| 1 | **Ford Mercury** | V+ | 20 | ☐ |
| 2 | **Aleluyah** | 6b | 20 | ☐ |
| 3 | **Abadie d'Arbolie** | 6b+ | 20 | ☐ |
| 4 | **No ens Atossiguis** | 6a+ | 22 | ☐ |
| 5 | **Kagamànecs** | 6b | 23 | ☐ |
| 6 | Proj. | ?? | 12 | ☐ |
| 7 | **Emboirats** | 6c+ | 10 | ☐ |
| 8 | **Alpha Blondy Connection** | 6a | 10 | ☐ |
| 9 | **De Espaldas al Reno** | 7c+ | 20 | ☐ |

| Nº | Nm | Dif | Mts | ✓ |
|----|----|----|-----|---|
| 10 | **De Capalfons** | 7a+ | 28 | ☐ |
| 11 | **Viciats i Desquiciats** | 7b+ | 25 | ☐ |
| 12 | **Mistyflowers** | 7a | 25 | ☐ |
| 13 | **Directa Chauen** | 7b+ | 25 | ☐ |
| 14 | **Silverado** | 7b | 25 | ☐ |
| 15 | **Foc als Peus** | 6c+ | 23 | ☐ |
| 16 | **Kurtyca no era Tant** | 6a | 18 | ☐ |
| 17 | ?? | 7c+ | 28 | ☐ |
| 18 | **El Cromo** | 8a | 28 | ☐ |
| 19 | **Via dels Guiris** | 7c | 20 | ☐ |

| Nº | Nm | Dif | Mts | ✓ |
|---|---|---|---|---|
| 20 | **Yarak** | 7c+ | 30 | |
| 21 | **El Marginao** | 7c | 40 | |
| 22 | Proj. | 8a+/b? | 30 | |
| 23 | **??** | 7b+ | 30 | |
| 24 | **Massada** (proj) | ?? | 30 | |
| 25 | **Qué Sola Estás** | 7b | 23 | |

| Nº | Nm | Dif | Mts | ✓ |
|---|---|---|---|---|
| 26 | **La Purísima Ascensión** | 7b | 25 | |
| 27 | **Panoli** | 7c+ | 28 | |
| 28 | **Mr. Krek** | 7b | 28 | |
| 29 | **Poma Tempura** | 8a+ | 20 | |
| 30 | **Interplanetari** | 7b+ | 30 | |
| 31 | **Txus i Txart** | 6c+ | 15 | |
| 32 | **L'Encarregat** | 7b+ | 24 | |
| 33 | **Josep Fuster** | 7b | 25 | |

| N° | Nm | Dif | Mts | ✓ |
|----|-----|-----|-----|---|
| 1 | **Incompatibles** | 7a+ | 12 | ☐ |
| 2 | **Yes Woman yes Cry** | 8a | 18 | ☐ |
| 3 | **Paradise Lost** | 7c | 22 | ☐ |
| 4 | **És de Quess** | 7c | 15 | ☐ |
| 5 | **Txungatxumba** | 7c | 25 | ☐ |
| 6 | **La Suau** (proj) | ?? | 20 | ☐ |
| 7 | **Més Escalar menys Criticar** | 7a | 20 | ☐ |
| 8 | **Mirada Gitana** | 6c | 20 | ☐ |

| N° | Nm | Dif | Mts | ✓ |
|----|-----|-----|-----|---|
| 9 | **Eh, Manuel** | 6c | 25 | ☐ |
| 10 | **Taraf!** | 6b | 25 | ☐ |
| 11 | **Trifàssic Familiar** | 7c | 30 | ☐ |
| 12 | **Terrapia de Xoc** | 6c+ | 15 | ☐ |
| 13 | **Coc-rapit** | 7a | 30 | ☐ |
| 14 | **El Baile del Meneito del Culito** | 6c+ | 30 | ☐ |
| 15 | **Tele-apatía** | 7b | 25 | ☐ |
| 16 | **Número Màgic** | 6c+ | 25 | ☐ |

| N° | Nm | Dif | Mts | ✓ |
|---|---|---|---|---|
| 17 | **Dos Pedres** | 6b+ | 25 | ☐ |
| 18 | **Sant-tiveri** | 6a+ | 25 | ☐ |
| 19 | **Opri-refu** | 6a | 25 | ☐ |
| 20 | **Desertors de la City** | 6a+ | 25 | ☐ |
| 21 | **Fucking Babylonia** (proj) | 7c? | 25 | ☐ |
| 22 | **Babylone Kele** | 7a+ | 25 | ☐ |
| 23 | **El Calorro** | 6c+ | 25 | ☐ |

| N° | Nm | Dif | Mts | ✓ |
|---|---|---|---|---|
| 24 | **Cirano de Priorat** | 6b | 22 | ☐ |
| 25 | **Samba de l'Olla** | 6b+ | 20 | ☐ |
| 26 | **Matsutake** | 7a | 28 | ☐ |
| 27 | **Barrenari** | 7a+ | 27 | ☐ |
| 28 | **Me Llamo Carlos** | IV+ | 12 | ☐ |
| 29 | **Vacances a Mont-ral** | IV+ | 12 | ☐ |
| 30 | **Que viva Herodes** | V | 10 | ☐ |
| 31 | **Measombra** | V | 10 | ☐ |

🇬🇧 *Introduction:* The almost unbroken line of conglomerate cliffs on the southern aspect of the *Serra Major de Montsant* massif, over 10km long and up to 150m high, is so vast that it probably has a greater acreage of rock than all of the other zones in the guidebook put together!

This is an awesome visual spectacle for both climber and non-climber alike. Viewed from Siurana on the opposite side of the valley it is truly stunning!

To date Montsant boasts around 600 routes spread across 20 different sectors, ranging from short power-problems on gigantic boulders to long endurance-pitches up huge blank-looking walls, where two-finger pocket follows two-finger pocket in a seemingly never ending struggle to reach the top before the terminal pump sets in. There are also some notable multi-pitch climbs here although very few are equipped. Details of all Montsant's sectors and routes can be found in *Montsant - Vertiente Sur* (Super-crack Ed. 2009).

Many of the sectors have a southerly orientation and are at their best on calm, sunny days in the cooler months of the year. However, summer visitors may also find excellent afternoon and evening conditions on the east and southeast facing sectors, particularly if (as is often the case) a stiff breeze is blowing. Due to Montsant's considerable altitude and exposure windy days in the colder months are best spent somewhere more sheltered, though the lower-lying sector *Totxos de La Morera* is usually a safe bet in these conditions.

Climbers planning to visit Montsant should consider two further points: firstly, those measuring the desirability of a zone by its proximity to the road may baulk at the 20-60 minute uphill approaches needed to reach the majority of its sectors; secondly, and rather more serious, are the Bird-bans (Jan 1st to July 15th) affecting several of the major cliffs.

*Approaches - General:* the starting point for all approaches is the town of Cornudella situated at *Km-45* on the C-242. In order to simplify approach information we have split the zone into four Sub-zones running left to right (west to east) along the massif.

### Sub-zone 1

*L'Enderrocada:* follow the TV-7021 for 8km to La Morera de Montsant. Approximately 200m before the village turn left onto an unnamed road and follow this for 4.5km to L'Escaladei. On entering the village immediately turn right following signs for *La Cartoixa.* After 1km the road passes a large and impressive ruined monastery of *La Cartoixa* (currently undergoing renovations) where it turns into unsurfaced track. After approximately 300m there is a junction, with a *Benvinguts* ("Welcome") signpost: turn left here. At the next junction, approximately 1.5km further on, again take the left fork, signposted *Cabacés 9.6km.* Continue driving along the track to a point approximately 6km from *La Cartoixa.* The last couple of km descend into a valley and pass a large old house and vineyards on the left. The parking area (P1) is situated on a bend about 150m after the house, by several signposts, one of which is for *Grau de l'Enderrocada.* On foot, walk up a track behind the signposts for 80m then turn left onto a well-marked path heading uphill towards the cliffs. Just before reaching the first rock-bands turn right and follow a vague trail contouring across the hillside then leading up to the first routes at the left-hand end of the sector (15 min). The other routes are reached by continuing rightwards below the sector.

*Note:* a Bird-ban is in place on this sector from January 1st to July 15th.

*L'Escletxa:* as for the previous approach but 500m after the second junction of the track (marked by the signpost *Cabacés 9.6km*) park (P2) at the *Coll de l'Hort.* From here a metal signpost marks the beginning of a path heading uphill to the *Grau de l'Escletxa.* Follow this until 10m before reaching the cliffs then head up and right towards an impressive orange wall protected by large overhangs 3m above the ground - the main part of the sector (15 min). Routes 1-3 are reached by continuing up the main path for approximately 100m. Routes 14-16 are situated on a buttress 50m up and right of the orange wall.

### Sub-zone 2

*Racó de Missa:* About 200m before entering La Morera de Montsant on the TV-7021, turn left onto a road signposted *L'Escaladei,* which effectively circumnavigates the village. Just after passing the final houses turn right onto a track (surfaced for the first 300m) signposted *El Camí de l'Escaladei* and follow this for 2.8km to a large purpose-made parking area on the right (P3). On foot, follow a well-marked path up the steep hillside towards the cliffs then continue up and leftwards, at one point utilizing a couple of iron rungs to surmount a short rock-band, to reach the base of the sector (30 min). *Note:* the right-hand part of the cliff contains a further 20 or so routes but due to their westerly orientation (receiving sun only late in the day) and the fact that one or more bolt hangers are missing from several routes, this part of the sector is far less popular than the rest. Full details can be found in the local guidebook.

*Continued on page 261* ▷

# Montsant

*Rata Arraconada* 7a
Racó de Missa • Montsant
Andreas Klarström *(Pag. 282)*

***Ciàtica*** 8a
Carrasclet • Montsant
Ali Kennedy *(Pag. 296)*

◁ *Continued from page 258*

**Totxos de La Morera - Totxo de La Morera & La Punyalada**: as for the previous approach but park (P4) 850m along the *El Camí de l'Escaladei* track in a large clearing on the right. On foot, follow a wide track leading towards the cliffs. A few metres after reaching the upper edge of a field of vines, turn right onto a smaller trail (cairn) which quickly leads to a junction with a more prominent path coming in from La Morera. Turn left and follow this path for 150m then turn right onto a side-path signposted with a symbol of an abseiling climber. This is actually the *Montsant Via Ferrata* path, although the poor condition of the installations means access to the Ferrata itself is 'officially' discouraged at the moment. The huge boulder of *Totxo de la Morera* is encountered after approximately 150m of ascent, with the smaller block of *La Punyalada* just to its right and slightly higher (10 minutes from P4).

**Totxo de Dalt**: pass between *Totxo de La Morera* and *La Punyalada* then continue uphill following a vague trail through the trees for approximately 50m to the next large boulder (12 min).

**Totxo Salfores**: as for the previous approaches but from where the *Via Ferrata* path starts, continue along the main footpath for a further 200m (the totxo soon becomes visible) before dropping down and left to the base of the boulder (10 min).

**Totxo del Vilar & Totxos del Barranc de la Grallera**: begin as for the previous approaches but on passing the field of vines and reaching the main path coming from La Morera, turn right and follow this back towards the village for approximately 150m. The twin boulders are a few metres above the path (7 min). *Note:* it is also possible to reach this point from P5 by following the main path (signposted *Grau de Salfores*) directly from the village (7 min).

**Salfores**: park as for *Totxos de la Morera* (P4) and follow the approach as far as the signpost for the Via Ferrata. Continue along the main path (marked by yellow and white paint marks) heading diagonally left up the hillside. On reaching a junction with another path coming in from the left, turn sharply right and scramble up a gully. At the next terrace the main walkers' path leads horizontally left: go right here and continue scrambling up and right to sloping ledges beneath the sector, using a fixed knotted rope on the last few metres (45 min). Because of the final rather exposed section this approach is unsuitable for non-climbers and dogs.

### Sub-zone 3

The starting point for approaches to the next three sectors is a small car park situated at the most northerly (highest) point of La Morera de Montsant. To reach this, turn right from the TV-7021 100m after passing the junction with the road to l'Escaladei, and just before entering the village itself. Follow the narrow road uphill (possible parking places on either side) for 250m then turn right again to reach the upper parking area (P5). *Note:* a Bird-ban is in place on these three sectors from January 1st to July 15th.

**La Falconera**: walk leftwards up the surfaced track and then sharply back right to reach signposts where the path splits. Take the right fork, signposted *Grau de l'Agnet/Grau dels Barrots/Grau del Carrasclet* and follow the well-marked path (red and white paint marks). At the next junction again take the right-hand option, signposted *Grau dels Barrots/ Grau del Carrasclet* (yellow and white paint marks). After a further 10 minutes the path splits again: here turn left (signposted *Grau dels Barrots*) and follow the path steeply uphill. At the first rock band the path heads rightwards passing a solitary route (*First Hand* 7a) before eventually turning back left and passing a large hole in the ground, to reach the base of the routes on the right-hand side of the lower tier of the sector (35 min). Continue left to reach the other routes. The multi-pitch climbs on the left-hand side of the cliff require a scramble up grade III territory to reach wide ledges below the routes (50 min). Because of the final section this approach is unsuitable for non-climbers and dogs. *Note:* the route *Sol d'Estiu* on the extreme left-hand side of the sector is best reached by following the path signposted *Grau de l'Agnet* and then traversing in when level with the base of the route (50 min).

**Els Barrots (lower)**: as for the previous approach but on reaching the wall (just after passing the large hole) continue rightwards along the base of the cliff to the sector (40 min).

**Els Barrots (upper)**: from the right-hand side of the lower sector climb a deep and evil-looking chimney (tricky for dogs and, perhaps, rather scary for non-climbers) using iron rungs to the next terrace, then crawl and walk leftwards to reach spacious ledges below the routes (45 min). The routes on the far left-hand side of the sector start from where the ledge is at its narrowest, in a position of extreme exposure, and great care is needed both in reaching and belaying from this stance. *Note:* the utmost caution is also required in order to avoid dislodging loose stones from the ledge as they invariably fall directly onto the path below!

**El Carrasclet (lower)**: as for the previous approaches but where the *Grau dels Barrots* path forks left, follow the right-hand path (green and white paint-marks) signposted *Grau del Carrasclet* diagonally up and right. Follow the path, scrambling through the first bands of rock, to arrive at a very pleasant 'hidden' forest at the base of the sector (40 min).

**El Carrasclet (upper)**: from the base of *El Carrasclet (lower)* continue rightwards, passing between huge

*Continued on page 262* ▷

◁ *Continued from page 261*
water-sculptured boulders then continue up to the base of an impressive chimney equipped with metal rungs and cables. This is the *Grau del Carrasclet*. Climb the chimney (distinctly awkward, especially when carrying a heavy sack) to reach the upper terrace. Walk left (facing in) then where the path splits continue along the lower option (signposted *Els Barrots/La Morera*) in an extremely exposed position to reach the base of the sector (50 min). Because of the difficulty of the chimney section non-climbers should use Via Ferrata gear. Impossible for dogs unless small enough to fit in the sack!

### Sub-zone 4

**El Libro**: from the eastern outskirts of Cornudella follow signposts for *Sant Joan del Codolar* (approximately 4km of driving, first on a road and then a narrow track) to a spacious parking area (P6) beside the beautiful *Ermita de Sant Joan del Codolar*. A large metal signpost for *Itinerari 5* marks the start of a path heading leftwards. Follow this (red-white/blue-yellow paint marks) for about 10 minutes to a metal signpost for *Grau del Montsant*. Here turn right and follow the well-marked path (red/white paint marks) up a broad spur, then leftwards through the first bands of rock. The path levels out as it reaches the summit plateau and passes through a narrow gap between rocks. Just after this there is a very prominent tree (there are few on the upper slopes of Montsant) and a large boulder (with a cairn on top) by its side. Immediately after the tree leave the main path and follow a vague trail heading left up the hillside, keeping left of a shallow gully. The trail soon levels out and joins a more prominent path coming in from the right. Continue leftwards (west) as the path broadens and swings around into a narrow hanging valley. Follow the first streambed down and left to a drop-off at the edge of the cliffs then turn sharply right and walk/scramble along a terrace for 200m (exposed and tricky in places!) to the first routes at the right-hand end of the sector. The routes further left are accessed using an in-situ ropeway and many require hanging belays to start. This approach is unsuitable for non-climbers and dogs (50 min). *Note:* a Bird-ban is in place on this sector from January 1st to July 15th.

**Cingles de Sant Joan**: follow the previous approach as far as the prominent tree and boulder. Continue along the main path for a further 100m before turning right onto a smaller trail heading east. After 200m another junction is reached: turn right here and continue, passing cairns and descending slightly to reach the base of the extreme left-hand end of the sector (50 min). An alternative approach involving considerably less height-gain on foot (though considerably more by car, including some off-road driving) is to follow the approach to *Roca de les Hores* (see below). From below that sector continue walking westwards along the well-marked path but after approximately 450m branch off leftwards onto a narrow goat-track. This actually passes directly above the cliffs of *Cingles de Sant Joan* keeping within a few metres of the edge. After approximately 350m the goat-track joins up with the 'normal' approach just before dropping down to the left-hand end of the sector (30 min from P7). *Note:* this is an extensive sector with several isolated groups of routes scattered along its length. We have concentrated our attention on the right-hand side of the sector where the highest concentration of routes are to be found. From where the path drops down from the summit plateau continue rightwards for approximately 300m to an area of impressively clean-cut diedres and smooth walls.

**Roca de les Hores**: from Cornudella follow the C-242 northwards. Midway between *Km-39* and *Km-38* turn left onto a steep winding road leading up into the village of Albarca. Continue through the village then follow an unsurfaced track for approximately 500m until just before reaching a ruined building. Here the track swings right past a signpost for *Inici/Final – Itinerari 11*. Follow the track, passing a large cylindrical water tank after 50m. After 350m there is a barrier with a sign prohibiting access for unauthorized vehicles, but the rule is only enforced during periods of high fire risk and the barrier is then lowered. Soon after this the track splits: take the left fork and continue for a further 2.3km up to a large grassy parking area (P7) at the *Pla del Grau Gran*. *Note:* this track was formally strictly 4x4 territory but recent resurfacing of the most treacherous sections means that at the time of writing (and in dry conditions) it is now a reasonable proposition for any vehicle with suitably high clearance. However, the final few hundred metres are somewhat 'spectacularly positioned' so keep your eyes firmly on the road, not the scenery!

From the parking area follow a path marked by a signpost *Corbatera/Serra Major* diagonally rightwards up the hillside. Pass through several short rock bands (blue paint marks), ignoring a left-fork just after the first, and continue directly uphill. The path levels out at a small grassy headland with a large solitary pine on the left. Here, fork left off the main path (cairn) and after 5m go left again, following a narrow trail horizontally across the top of a short rock band (exposed). Approximately 70m after the grassy headland fork left again, dropping down onto a lower path which gradually becomes more well-defined as it crosses grassy meadows on the edge of a small pine forest. The path continues westwards, eventually arriving at the right-hand end of the sector, which only becomes visible a few minutes before actually reaching it (20 min from the car

*Note:* for those wishing to avoid the off-road driving it is also possible to park by the *Inici/Final – Itinerari 11* signpost and follow a well-marked footpath up to the parking area (25 min extra walking). Tiring. Alternately this sector can also be approached from the *Ermita de Sant Joan del Codolar* (P6), following a path directly up the very steep ravine starting just behind the building (30 min). Exhausting!

**Maps on pages 270-273.**

**Introducció:** La gairebé ininterrompuda cinglera de roca conglomerada que forma el costat sud de la *Serra Major del Montsant*, de més de 10km i fins a 150 metres d'alçada, és tan immensa que probablement té més roca que totes les altres zones d'aquesta guia juntes!

La cara sud del Montsant és un espectacle visual impressionant, ja sigui tant per a l'escalador com per al simple excursionista. Vista des de Siurana, a l'altre costat de la vall, és, senzillament, espectacular!

Fins a data d'avui el Montsant disposa al voltant de 600 vies distribuïdes en 20 sectors. Trobareu des de vies de bulder en blocs gegants fins a llargs eterns de resistència sobre parets aparentment llises, on van apareixent els bidits un rere l'altre, en una brega quasi inacabable fins que arribem amb els braços ben inflats a la reunió.

Molts dels sectors tenen orientació sud i són perfectes pels mesos hivernals, si fa sol és clar. No obstant, a l'estiu i sobretot a les tardes podem trobar molt bones condicions en els diferents sectors orientats al sud-est, si com sovint passa bufa una mica de vent. Degut a la considerable alçada i exposició del Montsant millor que triem algun lloc més protegit els dies ventosos dels mesos més freds de l'hivern, tot i que el sector dels *Totxos de la Morera* degut a la seva menor alçada, és una aposta segura si tenim aquestes condicions. Els que planifiqueu escalar al Montsant heu de considerar dues coses: per una banda , per la majoria de sectors cal caminar entre 20 i 60 minuts costa amunt i per l'altra, hi ha alguna prohibició en relació a la protecció d'aus rapinyaires (1 gener a 15 juliol) que afecta alguns dels sectors principals.

**Aproximacions**

El punt de partida per a totes les aproximacions és Cornudella de Montsant, poble situat al *Km-45* de la C-242. Per tal de simplificar els accessos hem dividit la zona en 4 sub-zones, d'esquerra a dreta (oest a est) del massís.

**Sub-zona 1**

**L'Enderrocada:** seguiu la TV-7021 durant 8km fins la Morera de Montsant. 200 metres abans d'entrar al poble gireu a l'esquerra per una carretera sense nom i seguiu-la 4.5km fins Escaladei. Quan arribeu al poble gireu immediatament a la dreta, seguint els cartells indicant *Cartoixa*. Després d'1km la carretera passa per l'impressionant i enrunat Monestir de *La Cartoixa* (en restauració actualment) i llavors comença una pista sense pavimentar. Després de 300 metres hi ha un encreuament amb un senyal que diu "Benvinguts": aneu a l'esquerra i al proper encreuament, a uns 1.5km, agafeu a l'esquerra, senyal *Cabacés 9.6km* Continueu conduint per la pista durant 6km aproximadament (des de *La Cartoixa*). Els últims 2km baixen cap a una vall i passen el *Mas de Forçans*, un gran i antic casal i unes vinyes a l'esquerra. El pàrquing (P1) està en una corba, uns 150 metres després de la casa, on hi ha diversos senyals, un dels quals és *Grau de l'Enderrocada*.

*Continua a la pàgina 264* ▷

La Falconera
(Pags. 292-293)

Els Barrots
(Pags. 294-295)

El Carrasclet
(Pags. 296-299)

P5

◁ *Ve de la pàgina 263*

A peu, seguiu per la pista darrera del senyal durant 80 metres i després gireu a l'esquerra per un camí ben marcat que puja cap a les parets. 10 metres abans d'arribar a les primeres cingleres, gireu a la dreta i seguiu un sender poc definit que va passant per sota les parets i que finalment us portarà a les primeres vies del sector (15 minuts). Les altres vies són accessibles continuant caminant per la base del sector. *Nota:* hi ha una prohibició d'escalar per la protecció de les aus rapinyaires en aquest sector de l'1 de gener al 15 de juliol.

**L'Escletxa:** igual que l'aproximació anterior però 500 metres després del segon encreuament de la pista, senyal *Cabacés 9.6km,* cal aparcar (P2) al *Coll de l'Hort*. Des d'aquí un senyal metàl·lic marca l'inici d'un camí que va pujant cap al *Grau de l'Escletxa*. Seguiu-lo fins a 10 metres abans de les parets, i llavors continueu en diagonal cap a dalt i a la dreta cap a una impressionant paret de color taronja amb grans desploms a 3 metres de terra: aquest és el sector principal (15 minuts). Les vies 1-3 són accessibles continuant el camí principal durant 100 metres més. Les vies 14-16 estan en un sòcol uns 50 metres més amunt i a la dreta de la paret taronja.

### Sub-zona 2

**Racó de Missa:** 200 metres abans d'entrar a la Morera de Montsant per la TV-7021 gireu a l'esquerra per una carretera senyalitzada *L'Escaladei*, que envolta el poble. Després de les últimes cases gireu per una pista cap a la dreta (cimentada durant 300 metres) i amb el senyal *El Camí d'Escaladei*. Seguiu-la durant 2.8km (des de la carretera) fins un pàrquing a la dreta, gran i evident, creat expressament pel sector (P3). A peu, seguiu un camí ben marcat que puja costa amunt cap a les parets, continuant després cap a l'esquerra, i en algun moment utilitzant un parell de graons de ferro per superar alguna paret petita, fins arribar a la base del sector en 30 minuts des del P3. *Nota:* aquest és un sector força extens i nosaltres ens hem centrat en la part central i esquerra del sector. La part dreta té unes 20 vies més, però degut a la seva orientació oest (assolellat només al final del dia) i el fet que falten alguns ancoratges, la fa menys popular que la resta del sector. Podeu trobar els detalls complerts d'aquesta a la guia local.

**Totxos de La Morera - Totxo de La Morera i La Punyalada:** igual que per l'aproximació anterior però als 850 metres d'haver agafat *El Camí d'Escaladei* aparqueu en un eixamplament a la dreta. A peu, seguiu una pista ampla cap amunt i després a l'esquerra cap a les parets. Uns metres després d'arribar al límit de les vinyes a l'esquerra, gireu a la dreta per un camí més estret (fita) que aviat us porta a un encreuament amb un altre camí

més marcat que ve de La Morera. Gireu a l'esquerra i seguiu el camí durant 150 metres i aleshores gireu a la dreta per un camí secundari assenyalat amb el dibuix d'un escalador rapelant. Aquest és, de fet, el camí cap a la via ferrada del Montsant, tot i que el mal estat de les instal·lacions fa que l'accés a la ferrada estigui "oficialment" prohibit. L'enorme bloc del *Totxo de la Morera* es troba als 150 metres en ascens des d'aquest encreuament, i el bloc més petit de *La Punyalada* es troba a la dreta una mica més enllà (10 minuts des del P4).

**Totxo de Dalt:** passeu entre el *Totxo de la Morera* i *La Punyalada* i continueu cap a dalt, seguint un sender una mica perdut entre els arbres durant aproximadament 50 metres fins el proper gran bloc (12 minuts).

**Totxo Salfores:** igual que per les anteriors aproximacions però on comença la via ferrada, continueu pel camí principal durant 200 metres (el bloc es veu ben aviat) abans de baixar a l'esquerra cap a la base de la paret (10 minuts).

**Totxo del Vilar i Totxos del Barranc de la Grallera:** igual que per les aproximacions anteriors però al passar les vinyes i arribar al camí principal que ve de La Morera de Montsant, gireu a la dreta i seguiu-lo fins el poble durant uns 150 metres. Els dos blocs bessons estan just damunt del camí (7 minuts). *Nota:* també es pot arribar a aquest punt des del P5 seguint el camí principal (senyalitzat *Grau de Salfores*) directament des del poble (7 minuts).

**Salfores:** utilitzeu el pàrquing P4 (el mateix que pels *Totxos de La Morera*) i seguiu el mateix camí fins el senyal per la via ferrada. Continueu pel camí principal (marcat amb pintura blanca i groga) que va tirant amunt en diagonal cap a l'esquerra pel pendent de la muntanya. Quan arribeu a un encreuament amb un altre camí que ve des de l'esquerra, gireu a la dreta i pugeu per una canal. A la següent feixa el camí principal continua horitzontal cap a l'esquerra, però nosaltres anirem grimpant pel pendent de la dreta sota el sector, utilitzant una corda fixa amb nusos al final (45 minuts). Degut a que el final de l'aproximació és exposat aquest sector no és adequat per a gossos i/o no escaladors.

### Sub-zone 3

El punt de partida per als propers 3 sectors és un petit aparcarcament a la part més alta del poble de La Morera de Montsant. Per arribar-hi gireu a la dreta des de la TV-7021, 100 metres després de l'encreuament amb la carretera que va a Escaladei i justament abans d'entrar al poble. Seguiu la carretereta costa amunt (es pot aparcar a banda i banda) durant 250 metres i després gireu a la dreta per arribar a l'aparcament de la zona superior (P5).

*Nota:* està prohibit escalar per la protecció de rapinyaires en aquests 3 sectors des de l'1 de gener fins al 15 de juliol.

Café con Leche... 6b+
La Falconera • Montsant
Tash Kennedy (Pag. 293)

no és apta per als no escaladors i/o gossos. *Nota:* a la via *Sol d'Estiu* a l'extrem esquerre del sector, s'hi accedeix de manera més còmoda seguint el camí assenyalat *Grau de l'Agnet* i després creuant quan estigueu a nivell de la base de la via (50 minuts).

**Els Barrots (inferior):** igual que l'aproximació anterior però en arribar a la paret (després de l'avenc) continueu a la dreta per la base de la paret fins al sector (40 minuts).

**Els Barrots (superior):** des de l'extrem dret del sector inferior pugeu per una canal-xemeneia estreta i fosca que té graons de ferro instal·lats fins arribar a una feixa, i allí, una mica encongits, passeu cap a l'esquerra fins les amples feixes al peu de via (45 minuts). Una mica difícil per als gossos i força intimidant per als no escaladors. Les vies a l'extrem esquerre del sector comencen en una feixa molt estreta i exposada. O sigui, cal vigilar al aproximar-se al costat esquerre i a l'assegurar. *Nota:* vigileu de no llençar pedres ja que anirien a parar al camí de sota!

**Carrasclet (inferior):** igual que per les aproximacions anteriors però on el camí cap al *Grau dels Barrots* va a l'esquerra, seguiu recte (pintura verda i blanca i un senyal *Grau del Carrasclet*). El camí va en diagonal cap a la dreta i amunt. Seguiu el camí, enfilant-vos per les primeres franges de roca fins a arribar a un agradable i semi-ocult bosquet a la base del sector (40 minuts).

**Carrasclet (superior):** des de la base del *Carrasclet inferior* continueu cap a la dreta, passant entremig de uns grans blocs esculpits per l'erosió de l'aigua i continueu fins a la base d'una espectacular xemeneia equipada amb cables i graons de ferro. Aquest és el *Grau del Carrasclet*. Pugeu o arrossegueu-vos per la xemeneia – una mica estrany i incòmode, sobretot amb una motxilla pesada – fins arribar a la part superior on hi ha una feixa. Camineu cap a l'esquerra (mirant cap endins) i quan el camí es divideix agafeu el de baix (senyal *Els Barrots* i *La Morera*) per una zona molt exposada i aèria fins arribar a la base del sector (50 minuts). Degut a la dificultat de la xemeneia els no escaladors haurien d'utilitzar material de via ferrada. Aquesta aproximació és impossible per als gossos, llevat que siguin prou petits com per dur-los dins de la motxilla.

### Sub-zona 4

**El Libro:** Des dels afores a l'est de Cornudella seguiu els cartells *Sant Joan del Codolar* (aproximadament 4km de cotxe) primer per una carretera i després per una pista estreta, fins a un ampli pàrquing (P6) al costat de la preciosa ermita de *Sant Joan del Codolar*. Un gran senyal metàl·lic *Itinerari 5* indica el començament del camí que us porta cap a l'esquerra. Seguiu-lo (pintura blanca-vermella/blava-groga) durant 10 minuts fins un senyal metàl·lic

**La Falconera:** camineu cap a l'esquerra per la pista asfaltada fins que arribeu a uns senyals on el camí es divideix. Agafeu el de la dreta, amb el senyal *Grau de l'Agnet, Grau dels Barrots* i *Grau del Carrasclet,* i seguiu el camí ben marcat, passant unes marques de pintura vermella i blanca. Al proper encreuament torneu a agafar el camí de la dreta, senyalitzat *Grau dels Barrots* i *Grau del Carrasclet* marcat amb pintura groga i blanca. Després de 10 minuts el camí es divideix altre cop: cal girar a l'esquerra *Grau dels Barrots* i seguir el camí força pendent costa amunt. En arribar a la primera franja de roca el camí va cap a la dreta, passant una via que està sola (*First Hand 7a*) i després tornar a anar cap a l'esquerra, passareu un avenc al costat del camí i arribareu a les primeres vies del costat dret del sector de sota (35 minuts). Per arribar a les feixes de la base de les vies de diversos llargs haureu de fer una grimpada de 3r grau (50 minuts). La part final de l'aproximació

Continua a la pàgina 266 ▷

◁ *Ve de la pàgina 265*
que indica *Grau del Montsant*. Aquí gireu a la dreta i seguiu amunt per un sender ben marcat amb pintura vermella i blanca, per un llom ample, i després a l'esquerra a través de les primeres franges de roca. El camí planeja quan arriba a la carena, i s'esmuny entre roques que el fan ben estret. Justament després d'això trobem un arbre molt prominent (n'hi ha ben pocs a les zones altes del Montsant) i un bloc enorme al costat (amb una fita a dalt). Just després de l'arbre deixeu el camí principal i seguiu un sender poc fressat que puja cap a l'esquerra de la muntanya, mantenint-se a l'esquerra d'una canal poc profunda. El camí aviat torna a planejar i es troba amb un altre camí més ample que ve de la dreta. Continueu cap a l'esquerra (oest), el camí s'eixampla i gira cap dins d'una vall estreta i "penjada". Seguiu el llit del primer torrent cap avall i a l'esquerra fins a un punt on veureu el precipici a sota vostre, llavors vireu cap a la dreta i camineu/grimpeu per la feixa durant 200 metres fins les primeres vies de l'extrem dret del sector. Les vies més cap a l'esquerra són accessibles utilitzant unes cordes fixes i en moltes cal estar penjat a les instal·lacions per assegurar. La part final del camí per la feixa és exposada i complicada en alguns llocs, per tant, totalment desaconsellat per a no escaladors i/o gossos (50 minuts). *Nota:* Hi ha prohibició d'escalar en aquest sector des de l'1 de gener fins el 15 de juliol.

**Cingles de Sant Joan:** seguiu l'aproximació anterior fins l'arbre prominent i el gran bloc de pedra. Continueu pel camí principal durant 100 metres més abans de girar a la dreta per un camí secundari que va cap a l'est. Després de 200 metres trobareu un encreuament: gireu a la dreta i continueu, passant fites i baixant lleugerament, fins arribar a la base de l'extrem esquerre del sector (50 minuts). El camí continua cap a la dreta per la base d'aquest extens sector. Una aproximació alternativa que redueix el temps de la caminada però augmenta el de conducció per pista, és seguir l'aproximació a la *Roca de les Hores* (veure més avall). Des de sota aquest sector continueu caminant cap a l'oest, per un camí ben marcat però després d'uns 450 metres trenqueu a l'esquerra per un camí accidentat. Aquest de fet passa per sobre dels *Cingles de Sant Joan*, a pocs metres de la part superior de la paret. Després de 350 metres aquest camí s'uneix amb l'aproximació "normal", just abans de descendir cap a la part esquerra del sector (30 minuts des del P7). *Nota:* aquest sector és molt ampli, amb diversos grups de vies repartits per tota la seva extensió. Ens hem centrat en la part dreta del sector on hi ha la concentració més alta de vies. Des d'on baixa el camí del cim de la paret continueu cap a la dreta aproximadament 300 metres fins una impressionant zona de diedres i parets llises.

**Roca de les Hores:** des de Cornudella seguiu la C-242 cap al nord. A mig camí entre el *Km-39* i el *Km-38* gireu cap a l'esquerra per una carretera estreta, pendent i sinuosa fins al poble d'Albarca. Travesseu el poble i seguiu una pista sense asfaltar durant 500 metres fins just abans un edifici en runes. Aquí la pista gira a la dreta passant un senyal *Inici/Final – Itinerari 11*. Seguiu la pista, passareu un gran dipòsit d'aigua després de 50 metres. Després d'uns 350 metres hi ha una barrera amb un senyal de prohibit l'accés a vehicles no autoritzats, però això només es compleix durant els períodes d'alt risc d'incendis, aleshores trobareu la barrera tancada. Després la pista es divideix: agafeu el trencall de l'esquerra i continueu 2.3km fins un prat herbós (P7) anomenat *Pla del Grau Gran*.
*Nota:* aquesta pista abans era només per 4x4, però recentment s'han asfaltat alguns dels trossos més dolents. Per tant en condicions climatològiques estables és possible pujar-hi amb qualsevol tipus de vehicle si és una mica alt. Els darrers centenars de metres tenen unes vistes espectaculars, per això cal que aneu en compte, fixeu-vos en la carretera, no en el paisatge!
Des del P7 seguiu un camí marcat amb un senyal *Corbatera/Serra Major* en diagonal cap a la dreta i amunt. Passeu unes franges baixes de roca (pintura blava) i després continueu amunt entre els pins. Quan el camí comença a planejar arribareu a un pla herbós no massa gran amb un gran pi solitari a la esquerra. Aquí, deixeu el camí principal i aneu cap a l'esquerra (fita) i després de 5 metres més, altre cop a l'esquerra, seguint un caminet estret que va per damunt d'unes parets. 70 metres més enllà del pi gireu a l'esquerra un altre cop, seguiu aquest sender fins al sector. Aquest només es fa visible uns minuts abans d'arribar-hi (20 minuts des del cotxe). *Nota:* pels que no vulguin conduir per l'esmentada pista, també poden aparcar al costat del senyal *Inici/Final – Itinerari 11* i seguir un camí ben marcat fins al P7 (25 minuts més de caminada).
Com a alternativa també podeu arribar a aquest sector des de l'ermita de *Sant Joan del Codolar* (P6), seguint un camí molt costerut per la barrancada que comença justament després de l'ermita (30 minuts, molt esgotador!).

***Mapes a les pàgines 270-273.***

***Montsantrrat*** 7b+
Racó de Missa • Montsant
Emma Cañellas *(Pag. 283)*

**Introducción:** La casi ininterrumpida barrera rocosa de roca conglomerada que forma el lado sur de la *Serra Major del Montsant*, de más de 10km y hasta 150 metros de altura, es tan inmensa que probablemente tiene más roca que todas las otras zonas de esta guía juntas.

La cara sur del Montsant es un espectáculo visual impresionante, ya sea para el escalador como para el excursionista. Vista desde Siurana, al otro lado del valle, es realmente espectacular.

Hasta la fecha, la zona del Montsant dispone de alrededor de 600 vías, distribuidas en 20 sectores. Encontraréis vías de bulder en bloques gigantes y vías largas sobre paredes aparentemente lisas, pero salpicadas de bidedos que aparecen uno tras otro, en una lucha casi sin final hasta llegar a la reunión con los antebrazos bien hinchados.

Muchos de los sectores están orientados al sur y son perfectos para los meses de invierno, si sale el sol. No obstante, en verano y sobre todo por la tarde, podréis encontrar muy buenas condiciones en los diferentes sectores orientados al sureste y si como pasa a menudo sopla un poco de brisa. Debido a la considerable altura y exposición del Montsant, será mejor que elijáis un lugar más protegido para los días ventosos de los meses más frios del invierno, aunque el sector *Totxos de la Morera*, debido a su menor altura, es normalmente una apuesta segura, si se dan estas condiciones. Los que planifiquéis escalar en el Montsant, debéis considerar dos cosas: por un lado para la mayoría de sectores se tiene que andar entre 20 y 60 minutos cuesta arriba y por otro hay alguna prohibición por protección de las aves rapaces (1 de enero a 15 de julio) que afecta a algunos de los sectores principales.

### Aproximaciones
El punto de partida para todas las aproximaciones es Cornudella de Montsant, pueblo situado en el Km-45 de la C-242. Para simplificar los accesos hemos dividido la zona en 4 sub-zonas, de izquierda a derecha (oeste a este) del macizo.

### Sub-zona 1
**L'Enderrocada:** seguid la TV-7021 durante 8km hasta la Morera de Montsant. 200 metros antes de entrar en el pueblo, girad a la izquierda por una carretera sin nombre y seguidla 4.5km hasta Escaladei. Cuando lleguéis al pueblo, girad inmediatamente a la derecha, siguiendo los carteles indicando *Cartoixa*. Después de 1km la carretera pasa por el impresionante monasterio en ruinas de *La Cartoixa* (actualmente en restauración) y entonces empieza una pista sin asfaltar. Después de 300 metros hay un cruce con una señal que dice "Benvinguts": girad a la izquierda. En el siguiente cruce, a unos 1.5km girad a la izquierda en la señal *Cabacés 9.6km*. Continuad conduciendo por la pista durante 6km

aproximadamente (desde *La Cartoixa*). Los últimos 2km bajan hacia un valle y pasan por el *Mas de Forçans*, una antigua y señorial casa, donde hay diversas señales, una de las cuales es *Grau de l'Enderrocada*. A pie, seguid por la pista de detrás de la señal durante 80 metros y después girad a la izquierda por un camino bien marcado que sube hacia las paredes. 10 metros antes de llegar a las primeras paredes, girad a la derecha y seguid un sendero poco marcado que pasa por debajo de las paredes y que finalmente os llevará a las primeras vías del sector (15 minutos). Las otras vías son accesibles continuando por la base del sector. *Nota:* hay una prohibición de escalar debido a la protección de las aves rapaces desde el 1 de enero al 15 de julio.

**L'Escletxa:** igual que la aproximación anterior pero 500 metros después del segundo cruce de la pista señal *Cabacés 9.6km* aparcad (P2) en el *Coll de l'Hort*. Desde aquí una señal metálica marca el inicio de un camino que sube hacia el *Grau de l'Escletxa*. Seguidlo hasta 10 metros antes de las paredes y entonces, continuad en diagonal hacia arriba y a la derecha, en dirección a una impresionante pared naranja con grandes desplomes a 3 metros del suelo: éste es el sector principal (15 minutos). Las vías 1-3 son accesibles continuando el camino principal durante 100 metros más. Las vías 14-16 están en un zócalo, unos 50 metros más arriba y a la derecha de la pared naranja.

### Sub-zona 2
**Racó de Missa:** 200 metros antes de entrar en la Morera de Montsant por la TV-7021, girad a la izquierda por una carretera señalizada *L'Escaladei* que rodea el pueblo. Después de las últimas casas, girad por una pista hacia la derecha (de cemento durante 300 metros) y con la señal *El Camí d'Escaladei*. Seguidla durante 2.8km (desde la carretera) hasta un parking a la derecha, grande y evidente, creado para el sector (P3). A pie, seguid un camino bien marcado que sube hacia las paredes, continuando después a la izquierda y en algún momento utilizando escalones de hierro para superar algún resalte, hasta llegar a la base del sector en 30 minutos desde el P3. *Nota:* este sector es muy extenso así que nos hemos sólo centrado en la en la parte central e izquierda del sector. En la parte derecha hay unas 20 vías más, pero debido a su orientación oeste (sol por la tarde) y el hecho que faltan algunos anclajes, ésta es mucho menos popular que el resto del sector. Podéis encontrar los detalles completos de esta parte del sector en la guía local.

**Totxos de La Morera - Totxo de La Morera y La Punyalada:** igual que para la aproximación anterior, pero a los 850 metros de haber tomado *El Camí* *d'Escaladei* aparcad en un ensanche a la derecha. A pie, seguid una pista ancha hacia arriba y después hacia la izquierda, dirección a las paredes. Unos metros después de llegar al límite de un viñedo a la izquierda, girad a la derecha por un camino más estrecho (hito) que pronto os lleva hasta un cruce con otro camino mejor marcado que viene de La Morera. Girad a la izquierda y seguid el camino durante 150 metros y entonces tomad a la derecha un camino secundario, señalizado con el dibujo de un escalador rapelando. Éste es, de hecho, el camino a la ferrata del Montsant, aunque el mal estado de las instalaciones hace que el acceso a ésta esté "oficialmente" prohibido. El enorme bloque del *Totxo de La Morera* se encuentra a 150 metros de ascenso desde este cruce y el bloque algo más pequeño de *La Punyalada* justo a la derecha y algo más arriba (10 minutos desde el P4).

**Totxo de Dalt**: pasar entre el *Totxo de la Morera* y *La Punyalada* y continuad hacia arriba, siguiendo un sendero algo perdido entre los árboles durante aproximadamente 50 metros hasta el próximo gran bloque (12 minutos).

**Totxo Salfores**: igual que para las anteriores aproximaciones pero donde empieza la vía ferrata, continuad por el camino principal durante 200 metros (el bloque se ve enseguida) antes de bajar hacia la izquierda a la base de la pared (10 minutos).

**Totxo del Vilar y Totxos del Barranc de la Grallera**: igual que las aproximaciones anteriores pero al pasar el viñedo y llegar al camino principal que viene de La Morera, girad a la derecha y seguidlo hacia el pueblo durante unos 150 metros. Los dos bloques gemelos están a unos pocos metros sobre el camino (7 minutos). Nota: también es posible llegar a este punto desde el P5 siguiendo el camino principal (seña- lizado *Grau de Salfores*) directamente desde el pueblo (7 minutos).

**Salfores**: utilizad el parking P4 (el mismo que para los *Totxos de La Morera*) y seguid el mismo camino hasta la señal para la vía ferrata. Continuad por el camino principal (marcado con pintura blanca y ama- rilla) que sube en diagonal hacia la izquierda por la pendiente de la montaña. Cuando lleguéis al cruce, girad netamente a la derecha y trepad por una canal. En la siguiente repisa el camino principal continúa horizontal hacia la izquierda, pero vosotros continuaréis trepando por la pendiente de la derecha bajo el sector, usando una cuerda fija con nudos al final (45 minutos). Debido a que el final de la aproximación es expuesta, este sector no es apropiado para perros y/o no escaladores.

*Continúa en la página 270* ▷

◁ *Viene de la página 269*

### Sub-zona 3

El punto de partida para los próximos 3 sectores es un pequeño espacio para aparcar en la parte más alta (norte) del pueblo de La Morera de Montsant. Para llegar a éste, girad a la derecha desde la TV-7021, 100 metros después del cruce con la carretera que va a Escaladei y justamente antes de entrar en el pueblo. Seguid la carreterita hacia arriba (se puede aparcar a ambos lados) durante 250 metros y después girad a la derecha para llegar al parking de la zona superior (P5). *Nota:* está prohibido escalar para la protección de las aves rapaces en estos 3 sectores desde el 1 de enero hasta el 15 de julio.

**La Falconera:** andad hacia la izquierda por la pista asfaltada hasta que lleguéis a unas señales donde el camino se divide. Tomad el de la derecha, señal *Grau de l'Agnet*, *Grau dels Barrots* y *Grau del Carrasclet* y seguid el camino bien marcado, pasando marcas de pintura roja y blanca. En el próximo cruce, volved a tomar el camino de la derecha, señalizado *Grau dels Barrots* y *Grau del Carrasclet* marcado con pintura amarilla y blanca. Después de 10 minutos el camino se divide otra vez: girad a la izquierda *Grau dels Barrots* y seguid el empinado camino hacia arriba. Al llegar a la primera franja de roca, el camino va hacia la derecha pasando la una vía (*First Hand 7a*) antes de volver hacia la izquierda, pasando una sima al lado del camino, hasta llegar a las primeras vías que hay en el extremo inferior del sector (35 minutos). Continuad hacia la izquierda para las otras vías. Las vías de varios largos en el lado izquierdo de la pared requieren una trepada de 3er grado para alcanzar las cómodas repisas a pie de vía (50 minutos). La parte final de la aproximación no es apropiada para perros y/o no escaladores. *Nota:* a la vía *Sol d'Estiu* en el extremo izquierdo del sector se accede de manera más cómoda siguiendo el camino señalizado *Grau de l'Agnet* y después cruzando cuando estemos a nivel de la base de la vía (50 minutos).

**Els Barrots (inferior):** igual que para la aproximación anterior, pero al llegar a la pared (después de la sima) continuad por la derecha por la base de la pared hasta el sector (40 minutos).

**Els Barrots (superior):** desde el extremo derecho del sector inferior, subir por una canal-chimenea un tanto oscura y poco atractiva, con algunos hierros que facilitan la progresión hasta la próxima repisa, desde allí, un poco encogidos, pasad hacia la izquierda hasta donde la repisa se ensancha a pie de vía (45 minutos). Algo complicado para los perros, e intimidante para los no escaladores. Las vías del extremo izquierdo del sector, inician en una repisa estrecha y expuesta. O sea, tomad las debidas precauciones al aproximarse al lado izquierdo y al asegurar. *Nota:* vigilad no tirar piedras ya que caerían directamente sobre el camino que pasa por debajo.

**Carrasclet (inferior):** igual que para las aproximaciones anteriores, pero donde el camino del *Grau de Barrots* va hacia la izquierda, seguid hacia arriba y a la derecha (pintura verde y blanca) y la señal *Grau del Carrasclet*.

El camino va en diagonal hacia la derecha y arriba. Siguiendo el camino, trepar por las primeras

*Continúa en la página 272* ▷

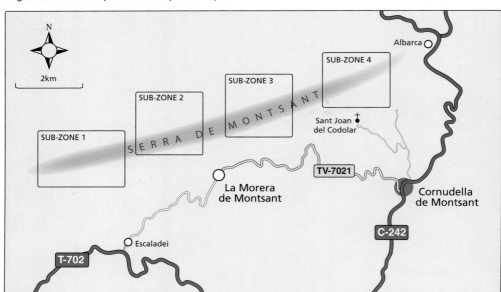

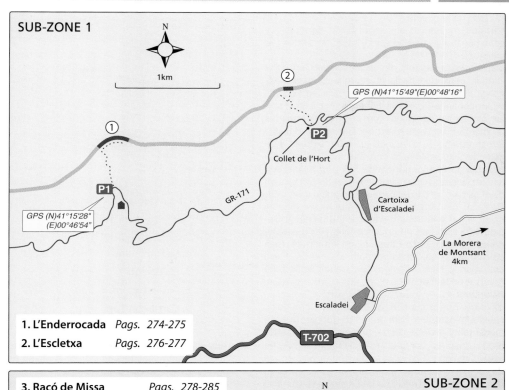

SUB-ZONE 1

N

1km

② GPS (N)41°15'49"(E)00°48'16"

① P2

Collet de l'Hort

GR-171

Cartoixa d'Escaladei

P1

GPS (N)41°15'28" (E)00°46'54"

La Morera de Montsant 4km

Escaladei

T-702

1. L'Enderrocada   *Pags. 274-275*
2. L'Escletxa   *Pags. 276-277*

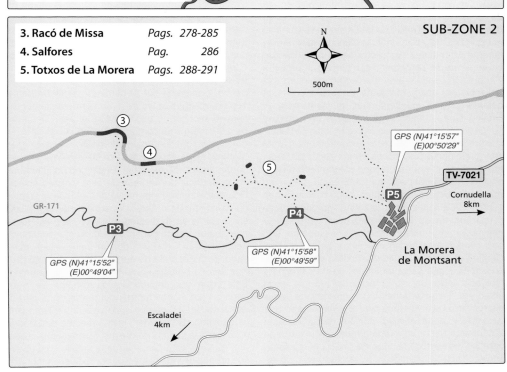

3. Racó de Missa   *Pags. 278-285*
4. Salfores   *Pag. 286*
5. Totxos de La Morera   *Pags. 288-291*

SUB-ZONE 2

N

500m

③ GPS (N)41°15'57" (E)00°50'29"

④

⑤ TV-7021

GR-171

Cornudella 8km

P5

P3 P4

GPS (N)41°15'52" (E)00°49'04"

GPS (N)41°15'58" (E)00°49'59"

La Morera de Montsant

Escaladei 4km

◁ *Viene de la página 270*

barreras rocosas hasta llegar a un agradable y semi-oculto bosquecillo en la base del sector (40 minutos).

***Carrasclet (superior):*** desde la base del Carrasclet inferior, continuad hacia la derecha, pasando entre grandes bloques esculpidos por la erosión del agua, continuad hasta la base de una espectacular chimenea equipada con cables y escalones de hierro. Éste es el *Grau del Carrasclet*. Subid o arrastraros por la chimenea (un tanto extraño e incómodo, especialmente con una mochila pesada) hasta la parte superior donde hay una repisa. Andad hacia la izquierda (mirando hacia adentro) y cuando el camino se divide, coged el de abajo (señal *Els Barrots* i *La Morera*) por una zona muy expuesta hasta llegar a la base del sector (50 minutos) Debido a la dificultad de la chimenea, los no escaladores deberían utilizar material de vía ferrata. Esta aproximación es imposible para los perros, salvo que sean lo suficientemente pequeños como para llevarlos en la mochila.

***Sub-zona 4***
***El Libro:*** desde las afueras al este de Cornudella, seguid los carteles *Sant Joan del Codolar* (aproximadamente 4km de coche, primero por una carretera y después por una pista estrecha) hasta un amplio parking (P6) al lado de la preciosa ermita de *Sant Joan del Codolar*. Una gran señal metálica *Itinerari 5* indica el inicio de un camino que va hacia la izquierda. Seguidlo (pintura blanca/roja-amarilla) durante 10 minutos hasta otra señal metálica que indica *Grau del Montsant*. Aquí girad a la derecha y seguid un sendero bien marcado con pintura roja y blanca, por una ancha loma y después por la izquierda a través de las primeras franjas de roca. El camino llanea cuando llega a la cima de la loma y se interna entre rocas que lo hacen bien estrecho. Justamente después de esto encontramos un árbol muy prominente (hay pocos en las zonas altas del Montsant) y un enorme bloque al lado (con un hito encima). Justo después del árbol dejad el camino principal y seguid un sendero poco marcado que sube hacia la izquierda de la colina, manteniéndose a la izquierda de un barranco poco profundo. El camino pronto vuelve a nivelarse y empalma con otro camino más ancho que viene de la derecha. Continuad hacia la izquierda (oeste), el camino se ensancha y gira hacia el interior de un estrecho y "colgado" valle. Seguid el lecho del torrente hacia abajo y a la izquierda hasta un punto donde veréis el precipicio bajo vuestros pies. Entonces virad a la derecha y andad/trepad por la repisa durante 200 metros hasta las primeras vías en el extremo derecho del sector. Las vías más hacia la izquierda son accesibles utilizando cuerdas fijas y en muchas

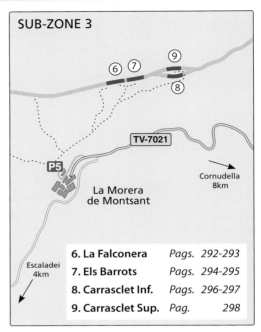

**SUB-ZONE 3**

6 7 9
8

TV-7021

P5

Cornudella
8km

La Morera
de Montsant

Escaladei
4km

| | |
|---|---|
| **6. La Falconera** | *Pags. 292-293* |
| **7. Els Barrots** | *Pags. 294-295* |
| **8. Carrasclet Inf.** | *Pags. 296-297* |
| **9. Carrasclet Sup.** | *Pag. 298* |

hay que estar colgado de las instalaciones para asegurar. La parte final del camino por la repisa es expuesta y complicada en algunos lugares es totalmente desaconsejable para no escaladores y/o perros (50 minutos). *Nota:* está prohibido escalar por protección de rapaces, del 1 de enero al 15 de julio.

***Cingles de Sant Joan:*** seguid la aproximación anterior hasta el árbol prominente y el gran bloque de piedra. Continuad por el camino principal durante 100 metros más antes de girar a la derecha por un camino secundario que va hacia el este. Después de 200 metros encontraréis un cruce: girad a la derecha y continuad pasando hitos y bajando ligeramente hasta llegar a la base del extremo izquierdo del sector (50 minutos). El camino continúa hacia la derecha por la base de este extenso sector. Una aproximación alternativa que reduce el tiempo de caminata, pero amplía la conducción por pista, es seguir la aproximación a la *Roca de les Hores* (ver abajo). Desde debajo de este sector continuad andando hacia el oeste por un camino bien marcado, pero después de aproximadamente 450 metros, tomad a la izquierda un accidentado camino. Éste pasa por encima de los *Cingles de Sant Joan* a unos pocos metros del borde de la pared. Después de 350 metros, este camino se junta con la aproximación "normal", justo antes de descender a la parte izquierda del sector (30 minutos desde el P7). *Nota:* este sector es muy amplio, con diversos grupos de vías dispersos por toda su extensión.

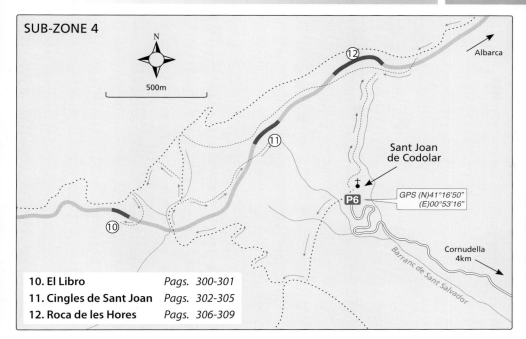

## SUB-ZONE 4

N

500m

Albarca

Sant Joan
de Codolar

P6

GPS (N)41°16'50"
(E)00°53'16"

Barranc de Sant Salvador

Cornudella
4km

Nos hemos centrado en la parte derecha del sector, donde hay la mayor concentracion de vías Desde donde el camino de la cima empieza a descender, continuad a la derecha durante unos 300 metros hasta una impresionante zona de diedros y lisas paredes.

***Roca de les Hores:*** desde Cornudella seguid la C-242 hacia el norte. A medio camino entre los Km-39 y 38, girad hacia la izquierda por una carretera estrecha empinada y sinuosa hasta el pueblo de Albarca. Cruzad el pueblo y seguid una pista sin asfaltar durante unos 500 metros hasta justo antes de llegar a un edificio en ruinas. Aquí la pista gira a la derecha pasando una señal *Inici/Final – Itinerari 11*. Seguid la pista, pasando un gran depósito de agua circular después de 50 metros. Después de 350 metros hay una barrera con una señal que prohíbe el paso a vehículos no autorizados, en general esto sólo pasa durante los periodos de alto riesgo de incendios y entonces está cerrada. Unos cuantos metros más allá la pista se divide: tomad el ramal izquierdo y continuad 2.3km hasta una pradera (P7), *Pla del Grau Gran*. *Nota:* esta pista antes era sólo para 4x4, pero recientemente se han asfaltado algunos de los tramos más dañados. Por tanto, en condiciones climatológicas estables, es posible subir con cualquier tipo de vehículo si es un poco alto.

Desde el P7 seguid un camino marcado con una señal *Corbatera/Serra Major* en diagonal hacia la derecha y arriba. Pasad unas franjas de roca bajas (pintura azul) y después continuad cuesta arriba entre los pinos. Cuando el camino empieza a aplanarse llegaréis a una pequeña esplanada. con un gran pino solitario a la izquierda. Aquí, dejad el camino principal e id hacia la izquierda (hito) y después de 5 metros más, otra vez a la izquierda, siguiendo un sendero estrecho que va por la parte superior de unas paredes. 70 metros después del pino girad a la izquierda otra vez y seguid este sendero hasta el sector. El sector sólo se ve unos minutos antes de llegar (20 minutos desde el coche). *Nota:* para los que no queráis conducir por la mencionada pista, también podéis aparcar al lado de la señal *Inici/Final – Itinerari 11* y seguir un camino bien marcado hasta el P7 (25 minutos, cansados más de caminata).

Como alternativa, también podéis llegar a este sector desde la ermita de *Sant Joan del Codolar* (P6), siguiendo un camino muy empinado por el barranco que comienza justo después de la ermita (30 minutos, muy agotador).

***Mapas en las página 270-273.***

1 Jan - 15 Jul

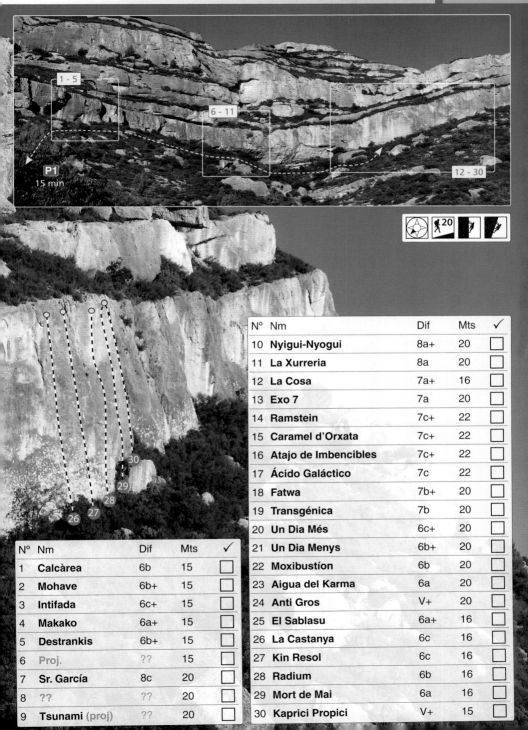

| Nº | Nm | Dif | Mts | ✓ |
|---|---|---|---|---|
| 10 | **Nyigui-Nyogui** | 8a+ | 20 | ☐ |
| 11 | **La Xurreria** | 8a | 20 | ☐ |
| 12 | **La Cosa** | 7a+ | 16 | ☐ |
| 13 | **Exo 7** | 7a | 20 | ☐ |
| 14 | **Ramstein** | 7c+ | 22 | ☐ |
| 15 | **Caramel d'Orxata** | 7c+ | 22 | ☐ |
| 16 | **Atajo de Imbencibles** | 7c+ | 22 | ☐ |
| 17 | **Ácido Galáctico** | 7c | 22 | ☐ |
| 18 | **Fatwa** | 7b+ | 20 | ☐ |
| 19 | **Transgénica** | 7b | 20 | ☐ |
| 20 | **Un Dia Més** | 6c+ | 20 | ☐ |
| 21 | **Un Dia Menys** | 6b+ | 20 | ☐ |
| 22 | **Moxibustíon** | 6b | 20 | ☐ |
| 23 | **Aigua del Karma** | 6a | 20 | ☐ |
| 24 | **Anti Gros** | V+ | 20 | ☐ |
| 25 | **El Sablasu** | 6a+ | 16 | ☐ |
| 26 | **La Castanya** | 6c | 16 | ☐ |
| 27 | **Kin Resol** | 6c | 16 | ☐ |
| 28 | **Radium** | 6b | 16 | ☐ |
| 29 | **Mort de Mai** | 6a | 16 | ☐ |
| 30 | **Kaprici Propici** | V+ | 15 | ☐ |

| Nº | Nm | Dif | Mts | ✓ |
|---|---|---|---|---|
| 1 | **Calcàrea** | 6b | 15 | ☐ |
| 2 | **Mohave** | 6b+ | 15 | ☐ |
| 3 | **Intifada** | 6c+ | 15 | ☐ |
| 4 | **Makako** | 6a+ | 15 | ☐ |
| 5 | **Destrankis** | 6b+ | 15 | ☐ |
| 6 | Proj. | ?? | 15 | ☐ |
| 7 | **Sr. García** | 8c | 20 | ☐ |
| 8 | **??** | ?? | 20 | ☐ |
| 9 | **Tsunami** (proj) | ?? | 20 | ☐ |

| Nº | Nm | Dif | Mts | ✓ |
|----|-----|-----|-----|---|
| 1 | **Hostal Lupita** | 7a | 25 | |
| 2 | **Magma** | 8b | 20 | |
| 3 | **Elephunk** | 8a/+ | 20 | |
| 4 | **Underground** | 7c+ | 12 | |
| 5 | **Temuki** | 8a+ | 22 | |
| 6 | **Rutina** | 7c+ | 22 | |
| 7 | **Il Duomo** | 7c+ | 28 | |
| 8 | **La Mare** | 8a+ | 28 | |

| Nº | Nm | Dif | Mts | ✓ |
|----|-----|-----|-----|---|
| 9 | **Goodbye Mr. Fish** | 8a+ | 28 | |
| 10 | **Sindosis** | 8a | 28 | |
| 11 | **Diedro** | 7b+ | 25 | |
| 12 | Proj. | 8c? | ?? | |
| 13 | **Chorrada** (proj) | ?? | 25 | |
| 14 | **Jumbo** | 6b | 25 | |
| 15 | **Tornasol** | 6b | 20 | |
| 16 | **Fly Robin Fly** | 6b | 20 | |

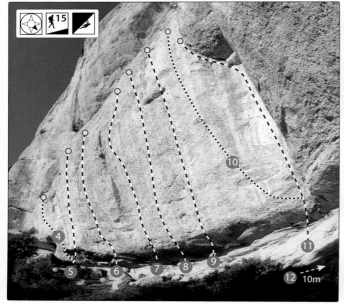

*Il Duomo* 7c+
L'Escletxa • Montsant
Òscar Giménez *(Pag. 276)*

***Akiri Bomboro*** 7c
Racó de Missa • Montsant
Gaz Parry *(Pag. 279)*

| Nº | Nm | Dif | Mts | ✓ |
|---|---|---|---|---|
| 1 | **Kamaleón** | 7c | 50 | |
| 2 | **Akiri Bomboro** | 7c | 50 | |
| 3 | **Camino del Ray** | 7b+ | 60 | |
| 4 | **Scala-Dei** | 7c | 55 | |
| 5 | **Quinta Forca** | 7b+ | 45 | |
| 6 | **Hakuna Matata** | 6b | 18 | |
| 7 | **Ideal Standard** | 6c | 18 | |
| 8 | **Gronxador** | V | 18 | |

| Nº | Nm | Dif | Mts | ✓ |
|---|---|---|---|---|
| 9 | **Tobogan** | V | 18 | |
| 10 | **Nyigo-Nyago** | V | 17 | |
| 11 | **Marta** | V+ | 17 | |
| 12 | **Xavier** | V | 10 | |
| 13 | **Jana** | IV | 10 | |
| 14 | **Sense Solta ni Volta** | 6c+ | 30 | |
| 15 | **Tal com Cau** | 6c | 32 | |
| 16 | **Anar de Bòlit** | 6c | 30 | |
| 17 | **Així de Bé** | 6b+ | 30 | |
| 18 | **Over the Clouds** | 7a | 32 | |

| Nº | Nm | | Dif | Mts | ✓ |
|----|----|----|-----|-----|---|
| 19 | **Ara Plà** | | 7a+ | 25 | ☐ |
| 20 | **Sang Freda** | | 7a+ | 25 | ☐ |
| 21 | **Antiparkes** | | 6b+ | 20 | ☐ |
| 22 | **Dura de Pelar** | | 7b | 30 | ☐ |
| 23 | **Ací Caic, ací m'Aixeco** | | 7b | 25 | ☐ |
| 24 | ?? | L1 | 6a | 14 | ☐ |
| | | L1+L2 | 7a+ | 28 | |
| 25 | ?? | L1 | V | 14 | ☐ |
| | | L1+L2 | 7a | 28 | |
| 26 | **Ara hi Corro** | | 6c+ | 36 | ☐ |
| 27 | **Dents i Ungles** | | 7a+ | 35 | ☐ |
| 28 | ?? | | 7b | 35 | ☐ |
| 29 | **Abans d'Entrar, deixeu Sortir** | | 6c | 25 | ☐ |
| 30 | ?? | | 6b+ | 35 | ☐ |
| 31 | ?? | | 6b+ | 32 | ☐ |
| 32 | ?? | | 6c | 32 | ☐ |

***Llarg*** 7b+
Racó de Missa • Montsant
Emma Cañellas *(Pag. 283)*

| Nº | Nm | Dif | Mts | ✓ |
|----|-----|-----|-----|---|
| 33 | **Caramba Caracho** | 6c | 42 | ☐ |
| 34 | **Nanses del Priorat** | 6c | 30 | ☐ |
| 35 | **Uf, va dir Ell** | 6b+ | 30 | ☐ |
| 36 | **Bufa** | 7a | 30 | ☐ |
| 37 | **No es Guanya per Disgustos** | 7a | 30 | ☐ |

| Nº | Nm | | Dif | Mts | ✓ |
|----|-----|-----|-----|-----|---|
| 38 | **Rata Arraconada** | | 7a | 25 | ☐ |
| 39 | **Purolitic** | L1 | 7a | 25 | ☐ |
| | | L1+L2 | 7a+ | 35 | ☐ |
| 40 | ?? | | 7a | 25 | ☐ |
| 41 | **Catalonia is not Patagonia** | | 7b | 40 | ☐ |

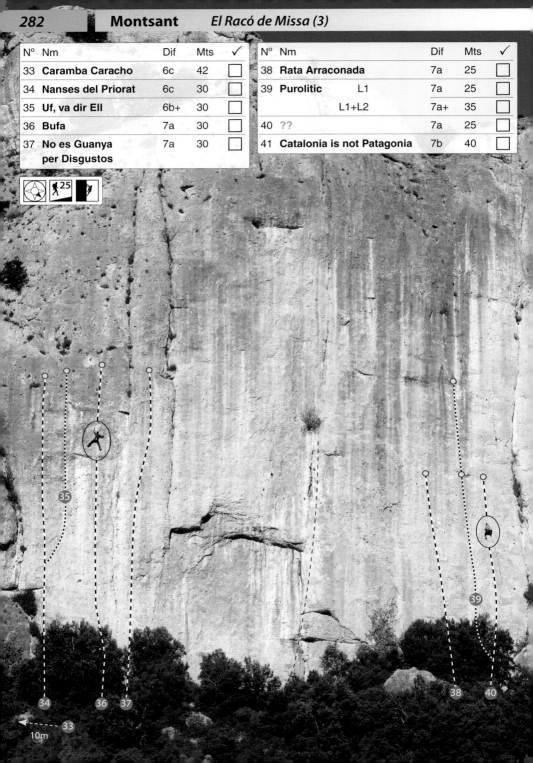

| Nº | Nm | Dif | Mts | ✓ |
|----|----|-----|-----|---|
| 42 | **La Terra Promesa** | 7a+ | 38 | |
| 43 | **La Llum** | 7b | 36 | |
| 44 | **Mea Culpa** | 7b+ | 30 | |
| 45 | **Serra de Prades** | 7c | 28 | |

| Nº | Nm | Dif | Mts | ✓ |
|----|----|-----|-----|---|
| 46 | **La Cartoixa** | 7c | 30 | |
| 47 | **Montsantrrat** | 7b+ | 30 | |
| 48 | **Llarg** | 7b+ | 30 | |
| 49 | **Curt** | 7b+ | 27 | |

| Nº | Nm | | Dif | Mts | ✓ |
|----|----|----|-----|-----|---|
| 50 | **La 41** | | 7b | 20 | ☐ |
| 51 | **La Babaria** | L1 | 7c | 30 | ☐ |
| | | L1+L2 | 7c+ | 50 | ☐ |
| 52 | **Cipriano Al-Gore** | | 7b | 25 | ☐ |
| 53 | **L-ments** (53 > 51) | | 8b+ | 50 | ☐ |

| Nº | Nm | Dif | Mts | ✓ |
|----|----|-----|-----|---|
| 54 | **Element Oxigen** (53 > 54 > 57) | 8c | 40 | ☐ |
| 55 | **Carmeta la Cagona** | 8a+ | 30 | ☐ |
| 56 | **L'Esclava del Temps** (55 > 56) | 8b | 50 | ☐ |
| 57 | **Oxigen** (55 > 57) | 8b | 40 | ☐ |

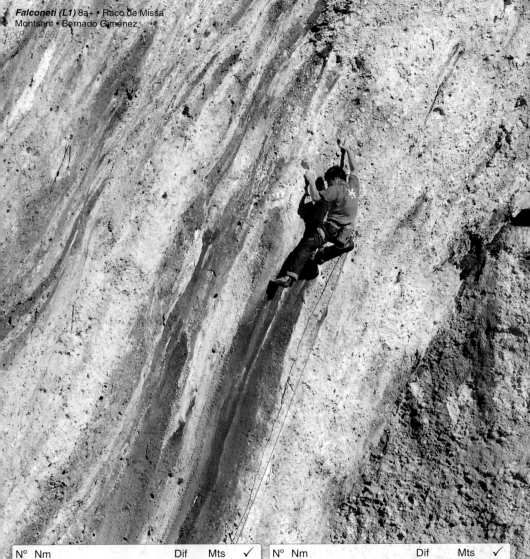

**Falconeti (L1)** 8a+ • Racó de Missa
Montsant • Bernado Giménez

| Nº | Nm | | Dif | Mts | ✓ |
|----|----|----|----|----|----|
| 58 | **Rat Apenat** | | 8a | 30 | ☐ |
| 59 | **Green Team** | | 8a | 30 | ☐ |
| 60 | **La Canaleta** | L1 | 8a+ | 30 | ☐ |
| | | L1+L2 | 8b+ | 40 | ☐ |
| 61 | **La Mosca** | L1 | 8a | 30 | ☐ |
| | **Collonera** | L1+L2 | 8c | 45 | ☐ |
| 62 | **Monocroma** | (61 > 62) | 8a+ | 45 | ☐ |
| 63 | **Devoramingas** | | 8a | 28 | ☐ |

| Nº | Nm | | Dif | Mts | ✓ |
|----|----|----|----|----|----|
| 64 | **Hidrofóbia** | L1 | 8a | 28 | ☐ |
| | | L1+L2 | 8b | 45 | ☐ |
| 65 | **Falconeti** | L1 | 8a+ | 25 | ☐ |
| | | L1+L2 | 8b+ | 45 | ☐ |
| 66 | Proj. | | ?? | 45 | ☐ |
| 67 | **Anabalina** | L1 | 7c+ | 30 | ☐ |
| | **en Trance** | L1+L2 | ?? | 45 | ☐ |
| 68 | **L'Antagonista** (proj) | | 8b+/c? | 60 | ☐ |

P4
40 min

| N° | Nm | | Dif | Mts | ✓ |
|----|-----|-----|-----|-----|---|
| 1 | **Kintus i Purus** | | 7b | 30 | ☐ |
| 2 | **Totem Lulu** | L1 | 7c | 25 | ☐ |
| | | L1+L2 | 7c+ | 50 | ☐ |
| 3 | **El Balcó del Priorat** | | 7c+ | 50 | ☐ |
| 4 | Proj. | | ?? | 30 | ☐ |
| 5 | **Espeleón** | | 7c | 35 | ☐ |
| 6 | **Mar Flotant** | | 7c | 33 | ☐ |
| 7 | **Semilla Negra** | | 7b | 40 | ☐ |
| 8 | **Semilla Blanca** | | 7a | 40 | ☐ |
| 9 | **Ramon lo Foll** | | 6c+ | 35 | ☐ |
| 10 | **Long Life** | | 6b+ | 50 | ☐ |
| 11 | **Tierra de Nadie** | | 8a+ | 40 | ☐ |
| 12 | **Efecto Proa** | | 8a | 35 | ☐ |
| 13 | **Talibán** | | 7a+ | 35 | ☐ |

*El Monstruo del Arbo-ness (L3)* 7a
La Falconera / Els Barrots • Montsant
Ali Kennedy *(Pags. 293 / 294)*

| N° | Nm | Dif | Mts | ✓ |
|----|----|-----|-----|---|
| 1 | **Sipitinta** | 6c+ | 18 | ☐ |
| 2 | **No tan Kantis** | 6c+ | 18 | ☐ |
| 3 | **Figatova** | 6c | 18 | ☐ |
| 4 | **La Cosa Nostra** | 6c | 15 | ☐ |
| 5 | **Merçença** | 6c | 12 | ☐ |
| 6 | **K-k-tua** | 6b+ | 12 | ☐ |
| 7 | **Fullaraca** | 6b | 10 | ☐ |
| 8 | **L'Esperó** | 7c+ | 15 | ☐ |
| 9 | **L'ase Si** | 8b | 15 | ☐ |

| N° | Nm | Dif | Mts | ✓ |
|----|----|-----|-----|---|
| 10 | **Fatxenda** | 7c | 15 | ☐ |
| 11 | **Fruto di Marius** | 7c+ | 15 | ☐ |
| 12 | **Planeta Fumus** | 8a | 15 | ☐ |
| 13 | **Taló Dret** | 7a | 15 | ☐ |
| 14 | **Mandonguilles de Bou amb Sípia** | 7c+ | 15 | ☐ |
| 15 | **La Mare de la Conilla** | V | 15 | ☐ |
| 16 | **Ferransi** | 6a+ | 15 | ☐ |
| 17 | **La Cunillera** | 6a | 18 | ☐ |
| 18 | ?? | ?? | 18 | ☐ |
| 19 | **El Diedre de les Follardes** | V+ | 15 | ☐ |
| 20 | **O Fallamos Todos o Pinchamos la Muñeca** | 6a+ | 15 | ☐ |

La Morera
de Montsant

Totxo de la Morera
West / Oest / Oeste

Totxo de la Morera
South / Sud / Sur

Totxo Punyalada

| Nº | Nm | Dif | Mts | ✓ |
|----|-----------|------|-----|---|
| 21 | **La Musa** | 6a | 15 | ☐ |
| 22 | **Esquerra** | 7c | 8 | ☐ |
| 23 | **Dreta** | 7b+ | 6 | ☐ |
| 24 | **Opinel** | 6b | 10 | ☐ |
| 25 | **La Punyalada** | 6b+ | 10 | ☐ |
| 26 | **Trapera** | 6c+ | 10 | ☐ |
| 27 | **Hook** | 6a+ | 8 | ☐ |
| 28 | **Chuky** | 7a | 8 | ☐ |

Totxo de la Morera
East / Est / Este

Totxo Salfores

Via Ferrata de Montsant

1. Totxo de la Morera
2. Totxo Punyalada
3. Totxo de Dalt
4. Totxo Salfores
5. Totxo de Vilars
6. Barranc de la Grallera

Vines
Vinyes
Viñedo

P4

El Camí de l'Escaladei

La Morera
900m

| N° | Nm | Dif | Mts | ✓ |
|---|---|---|---|---|
| 1 | ?? | ?? | 17 | |
| 2 | **Cop de Calor** | 6c+ | 17 | |
| 3 | **Curt de Talla** | 6c | 18 | |
| 4 | **Gra de Sorra** | 6b+ | 18 | |
| 5 | **Satànic** | 6b | 18 | |
| 6 | **Via Normal** | V | 15 | |
| 7 | **Fantomas** | 6c+ | 8 | |

| N° | Nm | Dif | Mts | ✓ |
|---|---|---|---|---|
| 8 | **L'Home Volant** | 7b | 8 | |
| 9 | **Llima del 4** | 6c+ | 16 | |
| 10 | **Torticolis** | 6c+ | 18 | |
| 11 | **Cop de Foc** | 6c+ | 17 | |
| 12 | **Pollastrot** | 6b+ | 15 | |
| 13 | **Gigi** | 6b+ | 15 | |

Totxo de Dalt

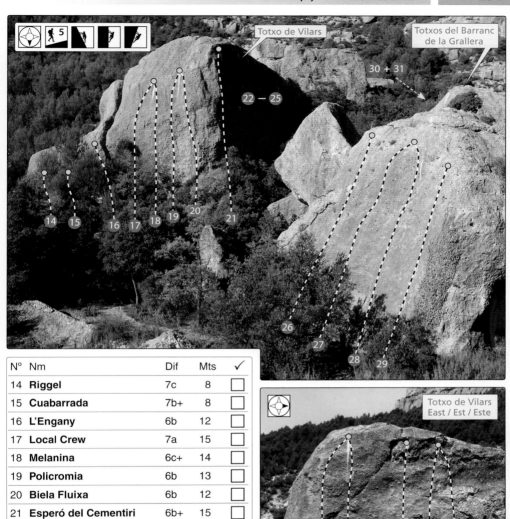

Totxo de Vilars

Totxos del Barranc de la Grallera

30 + 31

22 — 25

14  15  16  17  18  19  20  21

26  27  28  29

| Nº | Nm | Dif | Mts | ✓ |
|----|----|-----|-----|---|
| 14 | **Riggel** | 7c | 8 | ☐ |
| 15 | **Cuabarrada** | 7b+ | 8 | ☐ |
| 16 | **L'Engany** | 6b | 12 | ☐ |
| 17 | **Local Crew** | 7a | 15 | ☐ |
| 18 | **Melanina** | 6c+ | 14 | ☐ |
| 19 | **Policromia** | 6b | 13 | ☐ |
| 20 | **Biela Fluixa** | 6b | 12 | ☐ |
| 21 | **Esperó del Cementiri** | 6b+ | 15 | ☐ |
| 22 | **Stagehand** | 6b | 15 | ☐ |
| 23 | **Frodo Bolsón de Bolsón Cerrado** | 6a | 15 | ☐ |
| 24 | **Mephistopheles** | V | 15 | ☐ |
| 25 | **Burils** | V | 15 | ☐ |
| 26 | ?? | ?? | 10 | ☐ |
| 27 | **Esquerra** | III+ | 10 | ☐ |
| 28 | **Mig** | III+ | 10 | ☐ |
| 29 | **Dreta** | IV | 10 | ☐ |
| 30 | ?? | IV+ | 10 | ☐ |
| 31 | ?? | IV+ | 10 | ☐ |

Totxo de Vilars
East / Est / Este

21  22  23  24  25

| N° | Nm | Dif | Mts | ✓ |
|---|---|---|---|---|
| 1 | **Sol d'Estiu (R)**<br>L1 6a+, L2 6b+,<br>L3 6a+ (Variant - V) | 6b+ | 85 | ☐ |
| 2 | ?? | ?? | ?? | ☐ |
| 3 | **Els Intocables**<br>L1 6c+, L2 6b+,<br>L3 7c+, L4 7c+ | 7c+ | 110 | ☐ |
| 4 | **Ortega-Camacho**<br>L1 6b, L2 6b+,<br>L3 8a, L4 7c+ | 8a | 110 | ☐ |

1 Jan - 15 Jul

Grau de l'Agnet
P5
40 min

| N° | Nm | Dif | Mts | ✓ |
|----|----|----|----|----|
| 5 | **Pollos Rudos** | 6b+ | 20 | ☐ |
| 6 | ?? | 6c | 20 | ☐ |
| 7 | **Rasta Refugio** | 6c+ | 20 | ☐ |
| 8 | ?? | 7a | 20 | ☐ |
| 9 | **Blat de Moro** | 7a+ | 20 | ☐ |
| 10 | **La Cagallona** | 7b | 25 | ☐ |

| N° | Nm | Dif | Mts | ✓ |
|----|----|----|----|----|
| 11 | **Tukulito Sakayama (R)** L1 7b, L2 7a+, L3 6b, L4 7b+, L5 V+ | 7b+ | 125 | ☐ |
| 12 | **El Monstruo del Arbo-ness (R)** L1 6b, L2 7a+, L3 7a, L4 6b | 7a | 120 | ☐ |
| 13 | **Café con Leche con más Café** | 6b+ | 30 | ☐ |
| 14 | **Stars in Tokio** | 6b+ | 30 | ☐ |

= ☒ 1 Jan - 15 Jul

| N° | Nm | Dif | Mts | ✓ |
|----|----|-----|-----|---|
| 1 | El Monstruo... (L3)* | 7a | 30 | ☐ |
| 2 | Doble Cero | 7b | 30 | ☐ |
| 3 | Pascual-Feliu | 7a+ | 25 | ☐ |
| 4 | Suarem la Cansalada | 7b+ | 25 | ☐ |
| 5 | ?? | 7a | 35 | ☐ |
| 6 | ?? | 7a+ | 25 | ☐ |
| 7 | Proj. | ?? | ?? | ☐ |
| 8 | Prou de Bous | 6c | 20 | ☐ |
| 9 | Fina y Segura | 6c+ | 25 | ☐ |
| 10 | Orgasmatrón | 6b | 25 | ☐ |
| 11 | Esquivaleura | 6b+ | 25 | ☐ |
| 12 | La Veina de la Comercial | 7c | 20 | ☐ |
| 13 | Barrote Vil | 7b+ | 20 | ☐ |
| 14 | La Senyal | 7c | 20 | ☐ |
| 15 | Las Chicas de Copenhague | 7c+ | 25 | ☐ |
| 16 | Sagrada Familia | 7c+ | 25 | ☐ |
| 17 | Super-Skunk | 7c | 25 | ☐ |

| N° | Nm | Dif | Mts | ✓ |
|----|----|-----|-----|---|
| 18 | The Rose | 7b+ | 25 | ☐ |
| 19 | Lo Foradot | 6b+ | 27 | ☐ |
| 20 | Sor-presa | 7a | 27 | ☐ |
| 21 | Planeta Pupazza | 6c | 27 | ☐ |

*El Monstruo del Arbo-ness — La Falconera (Pag. 293)

Grau dels Barrots
(Via Ferrata)

29 →
15m

P5
40 min

| N° | Nm | Dif | Mts | ✓ |
|----|-----|-----|-----|---|
| 22 | La Normal | 6b | 18 | ☐ |
| 23 | ?? | 6c | 25 | ☐ |
| 24 | Sacrifais | 7a | 27 | ☐ |
| 25 | Parc Güell | 7a+ | 22 | ☐ |
| 26 | Yogui | 6c+ | 25 | ☐ |
| 27 | ?? | 6a+ | 25 | ☐ |
| 28 | Ciclop | 6b | 20 | ☐ |
| 29 | It seems Easy, but is not Difficult | 6c+ | 20 | ☐ |

| Nº | Nm | Dif | Mts | ✓ |
|---|---|---|---|---|
| 1 | **Alzeimer** | 8a | 30 | ☐ |
| 2 | **Ciàtica** | 8a | 30 | ☐ |
| 3 | **Mel de Romer** | 7c+ | 30 | ☐ |
| 4 | **Espoli** | 6b+ | 25 | ☐ |
| 5 | **Proj.** | ?? | ?? | ☐ |
| 6 | **Diedro** | 6b | 25 | ☐ |
| 7 | **Fa Goig** | 6c+ | 25 | ☐ |

| Nº | Nm | Dif | Mts | ✓ |
|---|---|---|---|---|
| 8 | **Es fa Pregar** | 7a+ | 25 | ☐ |
| 9 | **Paret Seca** | 6c+ | 25 | ☐ |
| 10 | **Tou com una Figa** | 7a+ | 25 | ☐ |
| 11 | **??** | 7a | 25 | ☐ |
| 12 | **??** | 7a | 25 | ☐ |
| 13 | **Ben Plantada** | 6c+ | 25 | ☐ |

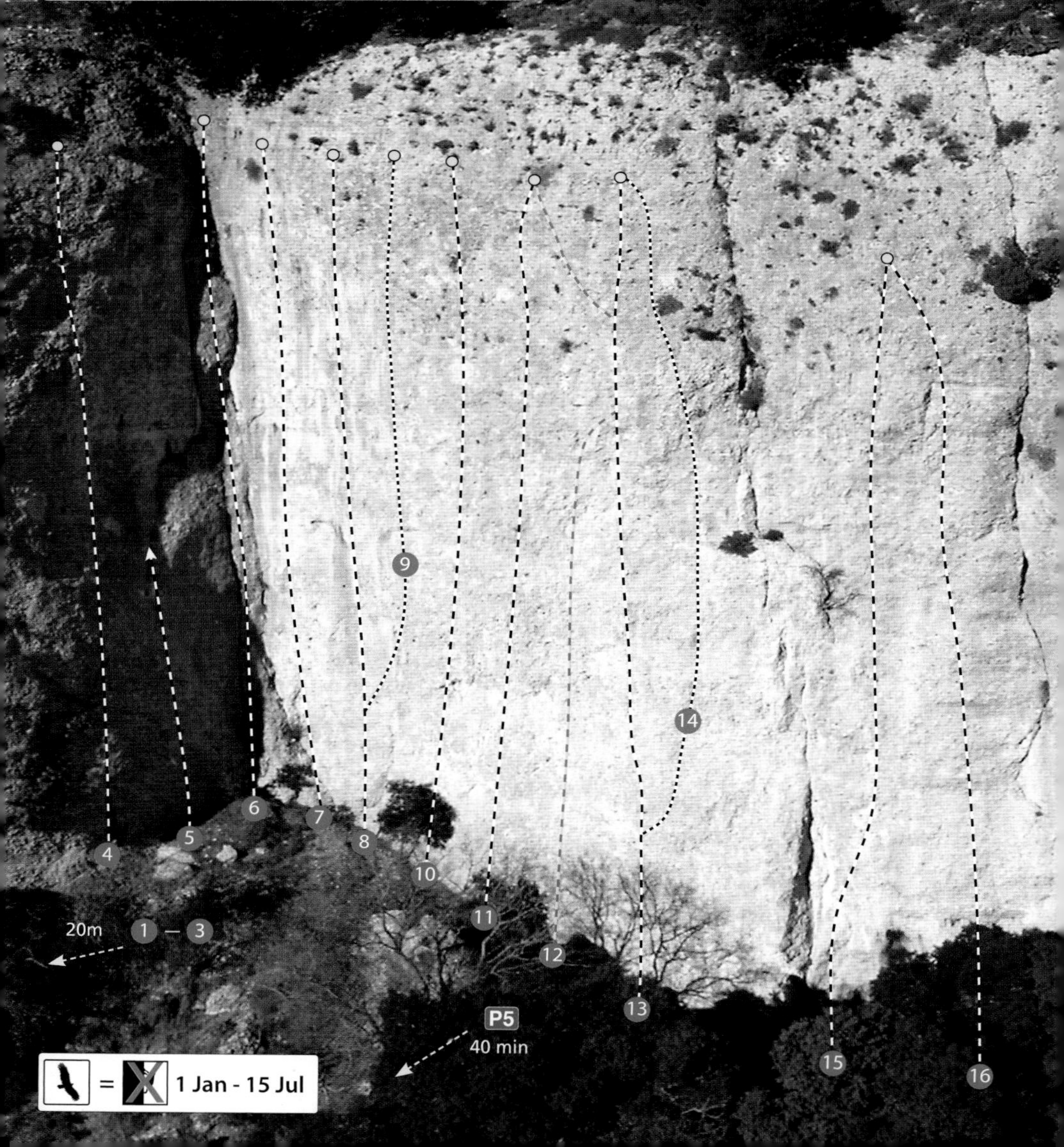

4
5
6
7
8
9
10
11
12
13
14
15
16
20m
1 – 3
P5
40 min
= 1 Jan - 15 Jul

| Nº | Nm | Dif | Mts | ✓ |
|----|----|-----|-----|---|
| 14 | **Mala Baba** | 7a | 25 | ☐ |
| 15 | ?? | 7a | 28 | ☐ |
| 16 | ?? | 7a | 28 | ☐ |
| 17 | **Flors i Violes** | 6a+ | 30 | ☐ |
| 18 | **Per Amor a l'Art** | 6a+ | 30 | ☐ |
| 19 | **Per sucar-hi Pa** | 6a | 28 | ☐ |

| Nº | Nm | Dif | Mts | ✓ |
|----|----|-----|-----|---|
| 20 | **Mal Pas** | 6b+ | 28 | ☐ |
| 21 | **Punt Flac** | 6a+ | 30 | ☐ |
| 22 | **Xino-Xano** | 6a+ | 30 | ☐ |
| 23 | **A Peu Pla** | 6a+ | 30 | ☐ |
| 24 | **Carrasclet** | 6a | 30 | ☐ |

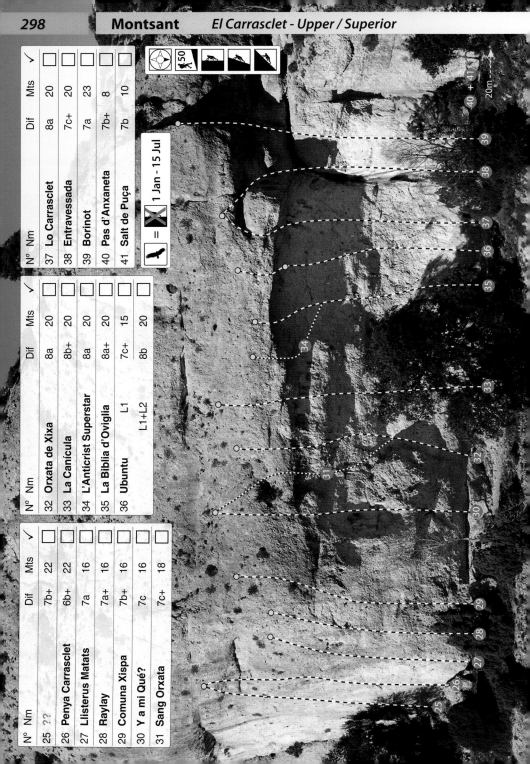

| N° | Nm | Dif | Mts | ✓ |
|----|----|----|----|----|
| 37 | Lo Carrasclet | 8a | 20 | |
| 38 | Entravessada | 7c+ | 20 | |
| 39 | Borinot | 7a | 23 | |
| 40 | Pas d'Anxaneta | 7b+ | 8 | |
| 41 | Salt de Puça | 7b | 10 | |

= [X] 1 Jan - 15 Jul

| N° | Nm | Dif | Mts | ✓ |
|----|----|----|----|----|
| 32 | Orxata de Xixa | 8a | 20 | |
| 33 | La Canícula | 8b+ | 20 | |
| 34 | L'Anticrist Superstar | 8a | 20 | |
| 35 | La Biblia d'Oviglia | 8a+ | 20 | |
| 36 | Ubuntu | L1 7c+ | 15 | |
| | | L1+L2 8b | 20 | |

| N° | Nm | Dif | Mts | ✓ |
|----|----|----|----|----|
| 25 | ?? | 7b+ | 22 | |
| 26 | Penya Carrasclet | 6b+ | 22 | |
| 27 | Llisterus Matats | 7a | 16 | |
| 28 | Raylay | 7a+ | 16 | |
| 29 | Comuna Xispa | 7b+ | 16 | |
| 30 | Y a mi Qué? | 7c | 16 | |
| 31 | Sang Orxata | 7c+ | 18 | |

= 1 Jan - 15 Jul

25 - 39

40 + 41

Grau dels
Barrots
300m

Grau del
Carrasclet 50m

P5

1 - 3

4 - 16

17 - 24

40 min

Routes / Vies / Vías 1-24
Pags. 296-297

Grau del
Carrasclet 50m

*Nº 31* 6b+ • El Racó de Missa
Montsant • Lupe Hurtado *(Pag. 280)*

Fixed Rope
Corda Fixa
Cuerda Fija

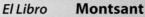

| N° | Nm | Dif | Mts | ✓ |
|----|----|----|----|----|
| 1 | **El Flakuchón** | 7c+ | 25 | ☐ |
| 2 | **El Niño** | 7b+ | 25 | ☐ |
| 3 | **Mali Puli** | 8a | 25 | ☐ |
| 4 | **El Mal Bicho** | 8a+ | 28 | ☐ |
| 5 | **Brutal Session** | 8a+ | 28 | ☐ |
| 6 | **El Gordinflón** | 7a+ | 28 | ☐ |
| 7 | **La Listilla** | 7c | 30 | ☐ |
| 8 | **El Milagro** | 8b+ | 30 | ☐ |
| 9 | **El Sentido de la Vida** | 8a+ | 30 | ☐ |

| N° | Nm | Dif | Mts | ✓ |
|----|----|----|----|----|
| 10 | **Diedro Kamasutra** | 7c | 25 | ☐ |
| 11 | **Página en Blanco** | 8a+ | 30 | ☐ |
| 12 | **La Estupenda historia de Ramón lo Foll** | 7c+ | 30 | ☐ |
| 13 | **La Bulle** | 7a | 30 | ☐ |
| 14 | **Préface** | 7c+ | 30 | ☐ |
| 15 | **El Portillo de les Ánimas** | 6b+ | 27 | ☐ |
| 16 | **La Busqueda Fanática** | 7b | 25 | ☐ |

| N° | Nm | Dif | Mts | ✓ |
|---|---|---|---|---|
| 1 | ?? | 6b | 25 | ☐ |
| 2 | **Sense Pena ni Gloria** | 6b+ | 25 | ☐ |
| 3 | **Ni Fa, ni Fum** | 6b | 25 | ☐ |
| 4 | **La Sap Llarga** | 6a+ | 25 | ☐ |
| 5 | **Ailori** | 7a | 35 | ☐ |
| 6 | **Extremadamente Pollo** | 6c+ | 35 | ☐ |
| 7 | **Sortpresa** | 6c | 35 | ☐ |
| 8 | **Psico-trek** | 6c | 35 | ☐ |

| N° | Nm | Dif | Mts | ✓ |
|---|---|---|---|---|
| 9 | **Corda Fluixa** | 6b+ | 35 | ☐ |
| 10 | **A Dojo** | 6c | 35 | ☐ |
| 11 | **Trinco-Trinco** | 6b+ | 25 | ☐ |
| 12 | **Joc Brut** | 6b | 30 | ☐ |
| 13 | **Empentes i Rodolons** | 7a | 30 | ☐ |
| 14 | **Espill** | 7c+ | 35 | ☐ |
| 15 | Proj. | ?? | 35 | ☐ |

1 - 15

16 - 52 (Pags. 304-305)

*Ciàtica* 8a
Carrasclet • Montsant
Ali Kennedy *(Pag. 296)*

| N° | Nm | Dif | Mts | ✓ |
|----|-----|-----|-----|---|
| 16 | **Peti qui Peti** | 7b+ | 28 | ☐ |
| 17 | ?? | 7b+ | 28 | ☐ |
| 18 | ?? | 7b | 28 | ☐ |
| 19 | **Sac de Gemecs** | 7a | 28 | ☐ |
| 20 | **Sa i Estalvi** | 7a+ | 28 | ☐ |
| 21 | **El Rei dels Bastos** | 7a | 26 | ☐ |
| 22 | **Xauxa** | 6c | 23 | ☐ |
| 23 | **Para el Carro** | 6c | 27 | ☐ |
| 24 | ?? | 6b+ | 27 | ☐ |
| 25 | **Hagi Pau** | 6a+ | 25 | ☐ |
| 26 | ?? | 6a+ | 25 | ☐ |
| 27 | ?? | 6b+ | 25 | ☐ |
| 28 | **Tranquilo Majete** | 6b+ | 25 | ☐ |
| 29 | **Esparraca-vents** | 6b | 25 | ☐ |

| N° | Nm | Dif | Mts | ✓ |
|----|-----|-----|-----|---|
| 30 | **Passi-ho-bé** | 7a | 25 | ☐ |
| 31 | **Pell de Gallina** | 7a+ | 25 | ☐ |
| 32 | **Per Fi** | 6c+ | 25 | ☐ |
| 33 | **Per Art de Màgia** | 6c | 25 | ☐ |
| 34 | **Racó de Món** | 6a+ | 25 | ☐ |
| 35 | ?? | 6b+ | 27 | ☐ |
| 36 | ?? | 7a | 27 | ☐ |
| 37 | ?? | 6c+ | 30 | ☐ |
| 38 | **Pedra de Toc** | 7a | 30 | ☐ |
| 39 | **Moratona** | 7a+ | 25 | ☐ |
| 40 | **Oh Benvinguts** | 6c+ | 25 | ☐ |
| 41 | ?? | ?? | 25 | ☐ |
| 42 | ?? | ?? | 25 | ☐ |

| Nº | Nm | Dif | Mts | ✓ |
|----|----|-----|-----|---|
| 43 | ?? | ?? | 25 | ☐ |
| 44 | ?? | ?? | 25 | ☐ |
| 45 | ?? | ?? | 25 | ☐ |
| 46 | ?? | 6c+ | 20 | ☐ |
| 47 | ?? | 6c | 20 | ☐ |
| 48 | ?? | 6c+ | 20 | ☐ |
| 49 | ?? | 7b | 20 | ☐ |
| 50 | ?? | 7b | 22 | ☐ |
| 51 | ?? | 7a | 22 | ☐ |
| 52 | ?? | 6c+ | 22 | ☐ |

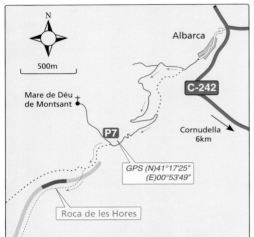

| N° | Nm | Dif | Mts | ✓ |
|----|------|-----|-----|---|
| 1 | Proj. | ?? | 15 | ☐ |
| 2 | ?? | 6c | 17 | ☐ |
| 3 | ?? | 6c+ | 18 | ☐ |
| 4 | **Esmolabec** | 6b | 25 | ☐ |
| 5 | **Don Vito** | 6b | 25 | ☐ |
| 6 | **Tot al Mes** | 6a+ | 25 | ☐ |
| 7 | **Mai al Mes** | 6a+ | 25 | ☐ |
| 8 | **Mohave** | 7a+ | 30 | ☐ |
| 9 | **Mal de Ojo** | 7b | 27 | ☐ |
| 10 | **Xulu Verdures** | 7b | 25 | ☐ |
| 11 | **Cap de Ruc** | 7b | 27 | ☐ |
| 12 | **Dr. Tricornio** | 7b+ | 25 | ☐ |

*L'Espigat* 7c+
Roca de les Hores • Montsant
Joan Manel Sedó *(Pag. 308)*

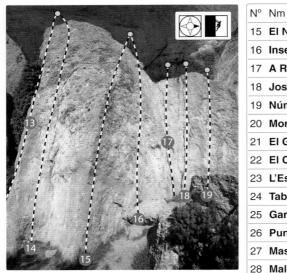

| N° | Nm | Dif | Mts | ✓ |
|---|---|---|---|---|
| 15 | **El Nene** | 6a+ | 12 | |
| 16 | **Insert Coin** | 6a | 11 | |
| 17 | **A Rajatanga** | V+ | 11 | |
| 18 | **Jose Mític** | 6a+ | 11 | |
| 19 | **Número Set** | V | 10 | |
| 20 | **Morfeo** (proj) | ?? | 35 | |
| 21 | **El Guiño del Ojo** (21 > 22) | 7c+ | 35 | |
| 22 | **El Cunyat** (23 > 22) | 8a | 35 | |
| 23 | **L'Espigat** | 7c+ | 35 | |
| 24 | **Tabernícola** | 7c | 35 | |
| 25 | **Gargamel** | 7c | 35 | |
| 26 | **Punt de Cobardía** | 7b+ | 30 | |
| 27 | **Masaker cuco Masaker** | 7b | 30 | |
| 28 | **Mal de Ventre** | 7a | 25 | |
| 29 | **I ha pas de Putes** | 7a+ | 25 | |
| 30 | **La Baraka** | 6c | 25 | |
| 31 | **Simbiosi** | 6b+ | 25 | |

| N° | Nm | Dif | Mts | ✓ |
|---|---|---|---|---|
| 13 | **Joaquin er Nesio** | 6b | 12 | |
| 14 | **Gra de Cul** | 6c+ | 12 | |

| Nº | Nm | Dif | Mts | ✓ |
|----|----|-----|-----|---|
| 32 | **Porca Miseria** | 7a | 30 | ☐ |
| 33 | **El Lledoner** | 6b | 12 | ☐ |
| 34 | **Bestia de Gla** | 6b | 12 | ☐ |
| 35 | **El Gust és Meu** | 6c | 20 | ☐ |
| 36 | **La Rossa Glosa** | 6b | 20 | ☐ |
| 37 | **Pell de Gallina** | 7a+ | 35 | ☐ |
| 38 | **Que no se te vaya la Pinza** | 6c+ | 30 | ☐ |
| 39 | **En Terreno Hostil** | 6c/+ | 28 | ☐ |
| 40 | **Cop de Grace** | 6c+/7a | 28 | ☐ |
| 41 | **No em Toquis els Collons amb els Noms** | 7a | 23 | ☐ |

*Punt de Cobardía* 7b+
Roca de les Hores • Montsant
Paco Garrido *(Pag. 308)*

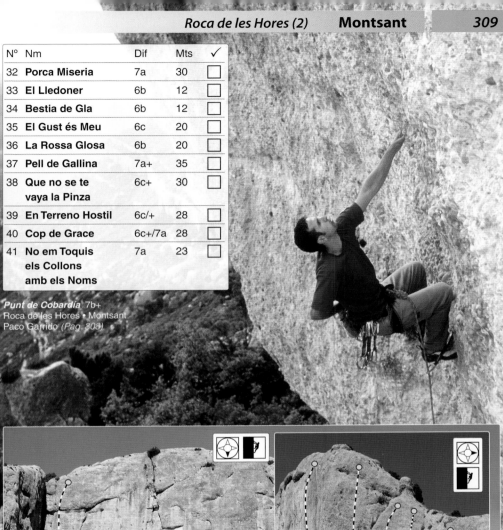

# Margalef

*Introduction:* The conglomerate cliffs of Margalef situated on the north-western slopes of the Montsant massif have, in just a few short years, become an internationally renowned sport-climbing destination.

In its early days Margalef seemed rather limited in potential when compared to nearby Siurana and Montsant, but in recent times it has shown its true worth and the zone can now rightly claim to be one of the biggest sport-climbing attractions in Catalunya, if not the whole of Europe.

The conglomerate is generally of excellent quality and is often extremely steep, giving powerful and sustained pocket pulling. The fact that there are more 9th grade routes here than in the rest of the region's zones put together speaks for itself. That said, vertical walls and even slabs *do* occur here, offering the mid-grade climber plenty to keep them busy.

One of Margalef's many attractions is that climbing is possible here throughout the year, with an equal split of north and south facing sectors providing good conditions whatever the temperature, although fog can occasionally be a problem during the winter months.

For many years the lifeblood of Margalef climbing was the *Refugi Can Severet* located in the village itself, but this has recently been superseded by a much larger and more modern Refugi/Albergue *El Racó de la Finestra* situated just down the road.

Our selection of sectors and routes has been strongly influenced by a desire not to detract from sales of the regularly updated low-cost/low-tech local guidebook (a vitally important source of funding for new route development in the area) and all topos reproduced here have been done so with the permission and cooperation of the Refugi.

And finally, the remarks in the general introduction to the guidebook, regarding the etiquette and personal behaviour of visiting climbers, are particularly pertinent here in Margalef: Do NOT use farmers' fields as toilets! Do NOT block the roads by inconsiderate parking!

**Approaches**

We have split the zone into three distinct areas in order to simplify approach information.

**Sub-Zone 1**

This encompasses the sectors situated on the northern side of the valley below the Margalef Reservoir, about 2km northeast of the village. Approximately 2km after the *Km-6* signpost on the T-713 (heading towards the village of Margalef) turn left onto a tarmac road entering a narrow valley (approaching from the village there is a slightly closer turn-off onto the same road). There are some waste recycling bins 350m from the junction. *Note:* the only 'official' parking areas for the following five sectors are the ones identified in the descriptions and

on the map, and approach times are given from these points. However, people often park in lay-bys and passing places at various points along the road, and if you choose to do this then the approach times will be reduced (though make absolutely sure your vehicle poses no problems for through traffic).

**Can Torxa:** from the recycling bins continue driving along the road for approximately 350m then, as the first climbing sectors appear on the left (*Cingles de Molí* – not described) turn right into a parking area (P1). Continue walking down the road for a further 300m then scramble up a short bank on the left to the base of the routes (3 min).

**El Laboratori:** this long roadside sector starts 200m beyond *Can Torxa* (500m/5 min. from P1). Alternatively park at camping/picnic area P2 (see below) and walk back along the road (5 min).

Approximately 500m beyond the end of *El Laboratori* (1.65km from the recycling bins) a right turn onto a narrow surfaced track leads down into an extensive parking/picnic area (P2) often used as a free campsite by visiting climbers (although there are, as yet, no toilet facilities).

**Can Llepafils:** this sector is situated immediately above *El Laboratori* and is reached by following a path starting just beside an electricity pylon, 50m right of the right-hand end of *El Laboratori*. The path leads up and left to the base of the sector (8 min from P1). *Note:* when approaching this sector great care is needed to avoid sending stones down onto the road below.

**La Braseria:** instead of turning right into the parking/picnic area (described above) continue along the main road for a further 600m to where it ends at another parking area (P3) beside the reservoir. Walk back down the road for 70m then turn right onto a well-marked path zigzagging up the hillside. Follow this, passing between two small sectors (not described) to a small rock band which is climbed using fixed ropes to reach cleared ledges at the base of the sector (10 min). Routes 1-4 are situated on a separate buttress 20m up and to the left of the main crag.

**Can si fa o no Fot:** the crag is clearly visible on the hillside immediately above P3 at the end of the road. Walk 20m back down the road then scramble up and right to reach a path which runs diagonally up and right to below the left-hand end of the sector. Traverse right (exposed) to reach a broad ledge below the sector (5 min). The last few metres require hands as well as feet — unsuitable for non-climbers and dogs.

**Racó de l'Espadelles & Cingle de les Solanes:** at the recycling bins turn left onto a track (only recently surfaced) and follow this up the very steep hillside for approximately 2.5km to a parking area (P4) where the track levels out and the surfacing finishes.

*Continued on page 315* ▷

*Destino Final* (Proj)
La Catedral • Margalef
Vicent Palau *(Pag. 346)*

*Magrana* 6b+
El Racó de la Finestra
Margalef • Lindsay Falls *(Pag. 355)*

◁ *Continued from page 312*
On foot, follow a well-marked path down and slightly left then use fixed ropes to descend a rocky glacis (needs care by non-climbers). This soon leads to the foot of the first routes on the extreme left-hand end of the sector and the path continues rightwards along the base of the wall (10-20 min). A slightly faster alternative for those approaching from Cornudella is to turn left off the C-242 and onto an unsurfaced track approximately 600m after passing the *Km-23* signpost. Follow the track without deviation for 4.5km to the same parking area (P4) and continue as before.

### Sub-Zone 2 - 'The Canyon'
This covers the canyon which branches southwards off the main valley. From P2 walk back up to the main road and continue towards *El Laboratori* for a further 140m (270m from the parking area) before turning left onto a concrete-surfaced track. Follow this, and the subsequent dirt-track, downhill for approximately 300m to a flat grassy area on the edge of cultivated fields.

**La Catedral**: cross the river using stepping-stones then take the right-hand fork where the path splits. Continue into the valley, ignoring two side-paths leading up and right. The main path eventually swings up and right itself, climbing the slope to the base of the wall. The first routes on *La Catedral* lay 25m to the right (20 min from P2). For the routes on the right-hand part of the sector continue walking rightwards below the wall for a further 80m (passing the short roof-routes) to where the path meets the rock, then scramble up leftwards onto a broad terrace below the routes (25 min).

**La Visera de la Coma**: as for the previous approach but on reaching the wall turn left and continue across a scree slope leading up to a belay area beside a huge detached block (25 min from P2).

**Racó de la Coma Closa**: from the huge detached block continue leftwards along the base of the wall to reach a terrace below a series of stunning tufas (30 min from P2).

### Sub-zone 3
This covers the lower reaches of the *Barranc de Sant Salvador*, another valley situated just east of the village. From the T-702 road as it passes through the village of Margalef, cross the River Montsant via a bridge. Pass the hotel *Els Tres Pins* then take the left-hand fork where the road splits and continue driving up into the narrow valley for 2km, before turning left just past a huge boulder (*Bloc del Pork*) and following a surfaced track for 150m to an extensive parking area (P5)

**Bloc del Pork**: from the parking area walk back along the track towards the road to reach the huge boulder (2 min).

**Racó de les Tenebres & Racó de la Finestra**: from the *Bloc del Pork* cross the road and follow a well-marked trail up the hillside to the base of the cliffs. For *Racó de les Tenebres* turn right, scramble up a short chimney then continue along an obvious level path until it drops down slightly to the sector (10 min from the road). For *Racó de la Finestra* start as for the previous approach, but on reaching the foot of the wall turn left. The routes are reached in between 5 and 15 minutes. *Note:* the three routes on the extreme right-hand side of this sector actually start from the beginning of the path heading towards *Racó de les Tenebres*.

**Maps on pages 320 - 321.**

**Introducció:** Les parets de roca conglomerada de Margalef, situades a la banda nord del massís del Montsant, s'han convertit en pocs anys en un destí internacionalment reconegut de l'escalada esportiva.

Margalef semblava una mica limitat quan es comparava amb les seves veïnes Siurana i Montsant, però avui ens mostra les seves veritables possibilitats i ara pot reclamar un lloc entre les millors zones d'Espanya, potser fins i tot d'Europa pel que fa a aquest tipus d'escalada.

El conglomerat, amb forats, és d'una qualitat excepcional i sovint forma parets desplomades a l'inici de moltes vies. La qual cosa fa de l'escalada un exercici de força i resistència. El fet que hi hagi més vies de 9è grau que a la resta de zones juntes ja ho diu tot. A Margalef també hi trobarem murs verticals i plaques que ofereixen a l'escalador de grau mig suficients metres de roca per disfrutar d'una bona temporada.

Un dels atractius de Margalef és la possibilitat d'escalar durant tot l'any. Parets amb tot tipus d'orientacions us permetran tenir bones condicions, encara que a l'hivern hi pot haver boira.

Durant molts anys, l'ànima de l'escalada a Margalef ha estat el refugi *Can Severet* situat al mig del poble. Recentment, s'ha inaugurat un local molt més gran i modern, el Refugi/Alberg *El Racó de la Finestra* situat a la carretera. A part d'oferir menjar i allotjament, el Refugi edita regularment una guia actualitzada "low-cost" (estil fotocòpia) que és imprescindible per assabentar-nos dels últims equipaments a la zona.

La nostra selecció ha estat influïda pel desig de no perjudicar aquesta guia local i reproduïm les ressenyes amb el permís i cooperació del Refugi.

Per acabar, els consells de la Introducció General sobre com comportar-se, són especialment importants. NO utilitzeu els camps de cultiu com una latrina! NO bloquegeu les carreteres, pistes i entrades als camps sota cap concepte!

*Continua a la pàgina 316* ▷

◁ *Ve de la pàgina 315*

**Aproximacions**

Hem dividit la zona en 3 àrees diferents per tal de simplificar la informació: Subzona 1 que inclou els sectors situats al nord de la vall sota el pantà de Margalef, uns 2km al nord-est del poble; Subzona 2 que inclou el canyó que va cap al sud de la vall principal; Subzona 3 concentrada en la part baixa del *Barranc de Sant Salvador*, una altra vall a l'est del poble.

**Subzona 1**

Aproximadament 2km després del senyal del *Km-6* de la T-713 que va cap al poble de Margalef, gireu a l'esquerra per una pista asfaltada que entra cap a una vall estreta (si veniu del poble hi ha un altre accés uns metres abans des de la mateixa carretera). Hi ha uns contenidors a 350 metres del desviament. *Nota:* les úniques zones autoritzades de pàrquing pels propers 5 sectors són les que identifiquem al mapa i els temps d'aproximació les hem calculat des d'aquests punts. No obstant, la gent normalment prefereix aparcar als eixamplaments que troben al llarg de la carretera. Per tant, si ho feu així, els temps d'aproximació es reduiran (sobretot, vigileu que el vostre vehicle no provoqui problemes de trànsit).

**Can Torxa:** des dels contenidors continueu conduint per la carretera durant aproximadament 350 metres i on trobeu el primer sector a l'esquerra (*Cingles de Molí* – no descrit) gireu a la dreta, baixeu uns metres per la pista i aparqueu (P1). Continueu caminant per la carretera 300 metres i després grimpeu un petit marge fins la base de les parets (3 minuts).

**El Laboratori:** aquest sector és ampli i es troba al costat de la carretera. Comença 200 metres més enllà de *Can Torxa* (500 metres/5 minuts des del P1). Com a alternativa, aparqueu a l'àrea de càmping/pícnic (P2, vegeu més avall) i retrocediu per la carretera (5 minuts).

Aproximadament 500 metres més enllà *d'El Laboratori* (1.65km des dels contenidors) en una corba a la dreta, una carretera estreta però asfaltada ens porta avall cap a un gran pàrquing i àrea de pícnic (P2) sovint utilitzat com a càmping lliure pels escaladors (tot i que no hi ha cap mena de serveis).

**Can Llepafils:** aquest sector està situat immediatament a sobre *d'El Laboratori* i hi accedireu seguint un sender que comença al costat d'un pal d'electricitat, 50 metres més enllà de l'extrem dret del sector *d'El Laboratori*. El sender porta cap a dalt i a l'esquerra fins la base del sector (8 minuts des del P1). *Nota:* en aproximar-vos a aquest sector heu de vigilar de no llençar pedres a la carretera.

**La Braseria:** enlloc de girar a la dreta cap al pàrquing o àrea de pícnic (descrit més amunt), continueu per la carretera "principal" 600 metres més, fins on s'acaba en una altra àrea de pàrquing (P3) al costat de l'embassament. Retrocediu per la carretera durant 70 metres i llavors agafeu a la dreta un sender ben marcat que en zig-zag va pujant pel vessant de la muntanya. Seguiu-lo (passareu per 2 petits sectors no descrits) fins una petita franja de roca que pujareu utilitzant cordes fixes arribant així a unes feixes sota la base del sector (10 minuts). Les vies 1-4 estan situades en un sòcol separat 20 metres més amunt i a l'esquerra de la paret principal.

**Can si fa o no Fot:** el sector es veu força bé a la falda de la muntanya directament sobre del P3 al final de la carretera. Retrocediu 20 metres per la carretera i grimpeu cap a dalt i la dreta fins arribar a un camí que recorre diagonalment la muntanya fins sota el costat esquerre del sector. Flanquegeu cap a la dreta (exposat) fins una ampla feixa a sota del sector (5 minuts). Els últims metres requereixen utilitzar mans i peus... o sigui, no apte per gossos i/o no escaladors.

**Racó de les Espadelles i Cingle de les Solanes:** als contenidors gireu cap a l'esquerra per una pista (recentment asfaltada) molt costeruda durant 2.5km fins al pàrquing (P4) on la pista es fa més planera i s'acaba l'asfalt. A peu, seguiu un camí ben marcat cap avall i lleugerament cap a l'esquerra, utilitzant unes cordes fixes per baixar el pendent rocós (cal vigilar si no sou escaladors). Aviat us trobareu al peu de les primeres vies de la part esquerra del sector. El camí continua cap a la dreta per la base de la paret (10-20 minuts) fins al final del sector. Els que vinguin de Cornudella per la C-242 ho poden fer per un camí alternatiu una mica més ràpid, a uns 600 metres del punt del *Km-23* agafeu una pista sense asfaltar a mà esquerra i seguiu-la sense desviar-vos durant 4.5km fins arribar al P4 i seguiu l'aproximació anterior.

**Subzona 2 - "El Canyó":**

Des del P2 aneu a trobar la carretera principal, camineu direcció *El Laboratori* durant uns 140 metres més (270 metres des de P2) i llavors agafeu una pista de formigó que hi ha a mà esquerra. Seguiu-la durant uns 120 metres i després agafeu una pista sense asfaltar que surt a mà dreta durant uns 300 metres fins a una zona plana i coberta d'herba a la vora d'uns camps de cultiu.

**La Catedral:** creueu el riu per sobre les pedres i després agafeu el trencall de la dreta. Continueu per la vall, ignorant els dos camins laterals que van cap a dalt i la dreta. El camí principal gira a la dreta costa amunt. Aquest camí us porta fins a la base de la paret. Les primeres vies de *La Catedral* les trobareu 25 metres cap a la dreta (20 minuts des del P2). Per les vies de la part dreta del sector, continueu caminant cap a la dreta per sota la paret durant 80 metres més (passareu per sota un sostre amb algunes vies curtes) fins on el camí toca a la roca i després haureu d'enfilar-vos cap a l'esquerra

*Toni Kaneloni* 8a+ El Racó de les Espadelles • Margalef
José Luis Palao

per poder arribar a una ampla feixa al peu de les vies (25 minuts).

***La Visera de la Coma***: igual que pel sector anterior, però en arribar a la paret gireu a l'esquerra i continueu per una costa de pedra solta fins arribar al peu de via al costat d'un gran bloc separat (25 minuts des del P2).

***Racó de la Coma Closa***: des del gran bloc separat, continueu cap a l'esquerra per la base de la paret fins arribar a una feixa sota d'unes xorreres espectaculars (30 minuts des del P2).

***Subzona 3 - Barranc de Sant Salvador***: des de la carretera T-702, al arribar al poble de Margalef, creueu el riu Montsant pel pont. Passeu l'hotel *Els Tres Pins* i agafeu el desviament de l'esquerra quan la carretera es divideix. Continueu per l'estreta vall durant 2km i llavors trenqueu a l'esquerra al passar un enorme bloc *(Bloc del Pork)*. Seguiu la pista asfaltada durant 150 metres fins a un gran pàrquing (P5).

***Bloc del Pork***: des del pàrquing, retrocediu fins a l'enorme bloc (2 minuts).

***Racó de les Tenebres i Racó de la Finestra***: des del *Bloc del Pork* creueu la carretera i seguiu un senderó força costerut i ben marcat fins a la base de la paret. Pel *Racó de les Tenebres* gireu a la dreta, enfileu-vos per una xemeneia curta i després continueu per un camí pla fins que arriba al costat del sector que us queda a la dreta i a baix (10 minuts des de la carretera). Pel *Racó de les Finestres* comenceu igual que l'altra aproximació, però en arribar al peu de la paret gireu a l'esquerra. En 5 minuts arribareu a les vies més properes i en 15 a les més llunyanes. *Nota*: les tres vies de l'extrem dret del sector comencen sobre el camí que us porta cap al *Racó de les Tenebres*.

***Mapes a les pàgines 320-321***.

*Introducción:* Las paredes de roca con-glomerada de Margalef, situadas en el lado norte del macizo del Montsant, se han convertido en pocos años en un destino internacionalmente reconocido de la escalada deportiva.

Margalef parecía estar algo limitado en cuanto a su potencial cuando se comparaba con sus vecinas Siurana y Montsant, pero hoy nos muestra sus ver-daderas posibilidades y ahora puede reclamar un lugar entre las mejores zonas de España y quizás de Europa.

El conglomerado con agujeros, es generalmente de una calidad excepcional y a menudo desplomado, especialmente al inicio de muchas vías, resultando una escalada de fuerza y resistencia. De hecho, aquí hay más vías de 9° grado que en el resto de todas las otras zonas juntas . Pero no todo es difícil en Margalef, también tenemos muros verticales y placas que ofrecen al escalador de grado medio su-ficientes metros de roca como para estar distraído una larga temporada.

Margalef nos permite escalar durante todo el año con paredes de todas las orientaciones y buenas condiciones, aunque en pleno invierno pueda haber niebla.

Durante muchos años, el alma de la escalada en Margalef ha sido el refugio *Can Severet* situado en centro del pueblo, pero recientemente se ha inagu-rado un local más grande y moderno, el Refugi/Alberg *El Racó de la Finestra* situado en la carretera.

*Perepunyetes* 6b
El Racó de les Espadelles
Margalef • Albert Cortés *(Pag. 332)*

Aparte de ofrecer comida y alojamiento, el Refugi edita regularmente una guía actualizada "low-cost" (estilo fotocopia) imprescindible para estar al día de los últimos equipamientos.

Nuestra selección ha sido influida por el deseo de no perjudicar la venta de esta guía local y las rese-ñas que os ofrecemos han sido seleccionadas con el consenso previo y la colaboración del Refugi.

Para acabar, los consejos de la Introducción Gene-ral sobre cómo comportarse, aquí son especial-mente importantes. ¡NO utilicéis los campos de cultivo como una letrina! ¡NO bloqueéis las carre-teras, pistas o entradas a los campos bajo ningún concepto!

### Aproximaciones

Hemos dividido la zona en 3 áreas diferentes para simplificar la información: Subzona 1 que incluye los sectores situados al norte del valle bajo el pan-tano de Margalef, unos 2km al nordeste del pueblo; Subzona 2 que incluye el Cañón que va hacia al sur del valle principal; Subzona 3 concentrada en la parte baja del *Barranc de Sant Salvador*, otro valle al este del pueblo.

### Subzona 1

Aproximadamente 2km después del poste *Km-6* de la T-713 que va hacia el pueblo de Margalef, girad a la izquierda por una pista asfaltada que entra hacia un valle estrecho (si venís del pueblo hay otro ac-ceso unos metros antes desde la misma carretera). Veréis unos contenedores a unos 352 metros del desvío. *Nota:* las únicas zonas autorizadas de apar-camiento para los próximos 5 sectores son las que identificamos en el mapa y los tiempos de aproxi-mación los hemos calculado desde estos puntos. No obstante, la gente habitualmente prefiere apar-car en los ensanches que se encuentran a lo largo de la carretera. Por lo tanto, si así lo hacéis, los tiempos de aproximación se reducirán (sobre todo vigilad que vuestro vehículo no cause problemas de tráfico).

*Can Torxa:* desde los contenedores continuad conduciendo por la carretera durante aproximada-mente 350 metros y cuando encontréis el primer sector a la izquierda (*Cingles del Molí* – no descrito) girad a la derecha, bajad unos metros por la pista y aparcad (P1). Continuad andando por la carretera 300 metros y después trepad un pequeño margen de roca y tierra hasta llegar a la base de las paredes (3 minutos).

*El Laboratori:* Este sector es amplio y se encuentra al lado de la carretera. Empieza 200 metros más allá de *Can Torxa* (500 metros/5 minutos desde el P1). Como alternativa, aparcad en el área de cam-ping/picnic (P2, ved más abajo) y retroceded por la carretera (5 minutos).

Aproximadamente 500 metros más allá de *El Labo-ratori* (1.65km desde los contenedores) en una

curva a la derecha, una carretera estrecha pero asfaltada, os lleva hacia abajo a un gran parking y área de picnic (P2) a menudo utilizado como camping libre por los escaladores (a pesar de que no hay ningún tipo de servicios).

**Can Llepafils**: este sector está situado inmediatamente por encima de *El Laboratori* y accederéis a éste siguiendo un sendero que empieza al lado de un poste de electricidad 50 metros más allá del extremo derecho del sector de *El Laboratori*. El sendero os lleva hacia arriba y a la izquierda hasta la base del sector (8 minutos desde el P1). *Nota:* al aproximaros a este sector tendréis que evitar tirar piedras ya que la carretera queda debajo.

**La Braseria**: En lugar de girar a la derecha hacia el parking o área de picnic (descrito más arriba), continuad por la carretera "principal" 600 metros más hasta donde se acaba en otra área de aparcamiento (P3) junto al embalse. Retroceded por la carretera durante 70 metros y entonces tomad a la derecha un sendero bien marcado que en zigzag sube por la falda de la montaña. Seguidlo (pasaréis por 2 pequeños sectores no descritos) hasta una franja de roca que subiréis usando unas cuerdas fijas alcanzando las repisas debajo la base del sector (10 minutos). Las vías 1-4 están situadas en un zócalo separado, 20 metros más arriba y a la izquierda de la pared principal.

**Can si fa o no Fot**: el sector se ve bien sobre la falda de la montaña, directamente sobre el P3 al final de la carretera. Retroceded 20 metros por la carretera y trepad hacia arriba y a la derecha hasta llegar a un camino que recorre diagonalmente la montaña hasta el extremo izquierdo del sector. Flanquead hacia la derecha (expuesto) hasta una amplia repisa debajo el sector (5 minutos). Los últimos metros requieren utilizar manos y pies... o sea, no apto para perros y/o no escaladores.

**Racó de les Espadelles y Cingle de les Solanes**: desde los contenedores girad hacia la izquierda por una pista (recientemente asfaltada) muy empinada y seguidla durante 2.5km hasta el parking (P4) donde la pista empieza a llanear y el asfalto se acaba. A pie, seguid un camino bien marcado hacia abajo y ligeramente hacia la izquierda, utilizando unas cuerdas fijas descended por una pendiente rocosa (vigilad si no sois escaladores). Enseguida encontraréis las primeras vías del extremo izquierdo del sector. El camino continúa hacia la derecha por la base de la pared (10-20 minutos) hasta el final del sector. Para los que vengáis de Cornudella por la C-242 hay una aproximación alternativa un poco más rápida: a unos 600 metros del punto *Km-23* tomad una pista a mano izquierda, seguidla sin desviaros durante 4,5km hasta el P4 y desde aquí seguid la aproximación anterior.

*Qué Pasa Neng?* 7a
El Racó de les Espadelles
Margalef • Cristina Schrank *(Pag. 337)*

*Continúa en la página 321* ▷

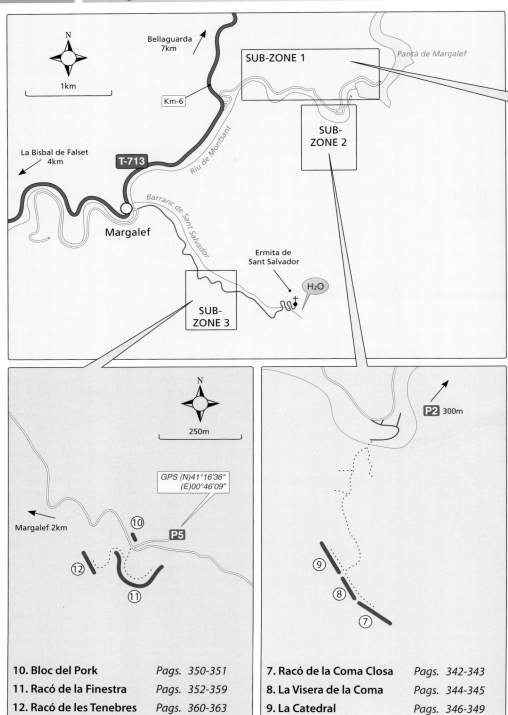

N

1km

Bellaguarda
7km

SUB-ZONE 1

Pantà de Margalef

Km-6

SUB-
ZONE 2

Riu de Montsant

La Bisbal de Falset
4km

T-713

Barranc de Sant Salvador

Margalef

Ermita de
Sant Salvador

H₂O

SUB-
ZONE 3

N

250m

GPS (N)41°16'36"
(E)00°46'09"

Margalef 2km

⑩

P5

⑫

⑪

P2 300m

⑨

⑧

⑦

| | |
|---|---|
| **10. Bloc del Pork**     *Pags. 350-351* | **7. Racó de la Coma Closa**     *Pags. 342-343* |
| **11. Racó de la Finestra**     *Pags. 352-359* | **8. La Visera de la Coma**     *Pags. 344-345* |
| **12. Racó de les Tenebres**     *Pags. 360-363* | **9. La Catedral**     *Pags. 346-349* |

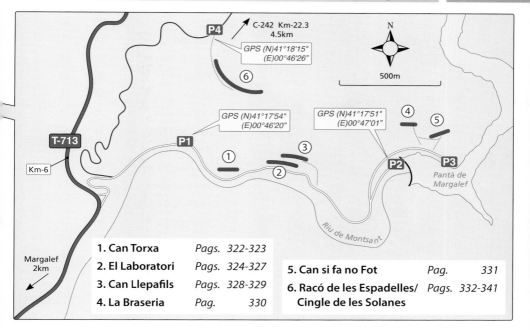

◁ *Viene de la página 319*

**Subzona 2 - "El Cañón"**

Desde el P2 volved a la carretera principal y continuad hacia *El Laboratori* durante 140 metros más (270 metros desde el P2) antes de girar a la izquierda por una pista asfaltada con cemento. Seguidla y continuad por una pista sin asfaltar hacia abajo durante unos 300 metros hasta una zona plana y herbosa junto a campos de cultivo cerca del río.

*La Catedral:* cruzad el río por las piedras y después coged el desvío a la derecha. Continuad por el valle, ignorando los dos caminos laterales que van hacia arriba y a la derecha. El camino principal gira a la derecha cuesta arriba. Este camino os lleva hasta la base de la pared. Las primeras vías de *La Catedral* las encontraréis 25 metros a la derecha (20 minutos desde el P2).

Para las vías de la parte derecha continuad andando hacia la derecha por debajo de la pared durante 100 metros más (pasaréis por debajo de un techo con algunas vías cortas) hasta donde el camino llega a la roca y después trepad hacia arriba y a la izquierda hasta una ancha repisa al pie de las vías (25 minutos).

*La Visera de la Coma:* igual que para el sector anterior, pero al llegar a la pared girad a la izquierda y continuad por una pendiente de piedra suelta hasta alcanzar el pie de vía al lado de un gran bloque separado (25 minutos desde el P2).

*Racó de la Coma Closa:* desde el gran bloque separado, continuad hacia la izquierda por la base de la pared hasta llegar a una repisa bajo unas chorreras espectaculares (30 minutos desde el P2).

**Subzona 3 - Barranc de Sant Salvador**

Desde la carretera T-702 y cuando ésta pasa por el pueblo de Margalef, cruzad el río Montsant por el puente. Pasad el hotel *Els Tres Pins* y cuando la carretera se divide tomad el desvío de la izquierda. Continuad conduciendo por el estrecho valle durante 2km y justo al pasar un bloque enorme girad a la izquierda (Bloc del Pork). Seguid la pista asfaltada durante 150 metros hasta un gran parking (P5).

*Bloc del Pork:* desde el parking, retroceded hasta el enorme bloque (2 minutos).

*Racó de les Tenebres y Racó de la Finestra:* desde el *Bloc del Pork* cruzad la carretera y seguid un sendero con una fuerte pendiente y bien marcado hasta la base de la pared.

Para el *Racó de les Tenebres* girad a la derecha, trepad por una chimenea corta y después continuad llaneando por un camino hasta llegar al lado del sector que queda a la derecha y abajo (10 minutos desde la carretera).

Para el *Racó de les Finestres* empezad igual que la anterior aproximación pero al llegar a pie de pared girad a la izquierda. En 5 minutos llegaréis a las vías más cercanas y en 15 a las más alejadas.

*Nota:* las tres vías en el extremo derecho del sector empiezan, de hecho, sobre el camino que lleva al *Racó de les Tenebres*.

**Mapas en las páginas 320-321.**

| N° | Nm | Dif | Mts | ✓ |
|----|-----|-----|-----|---|
| 1 | **Calatrava** | 5+ | 10 | ☐ |
| 2 | **Trumfus Peluts** | 5+ | 18 | ☐ |
| 3 | **L'Escorpí** | 6a | 18 | ☐ |
| 4 | **Juli Vert** | 6a+ | 18 | ☐ |
| 5 | **Somiatruites** | 6b+ | 18 | ☐ |
| 6 | **Follet Tortuga** | 5+ | 17 | ☐ |
| 7 | **Overbooking** | 6a+ | 17 | ☐ |
| 8 | **Iván Tres Potes** | 7a+ | 18 | ☐ |
| 9 | **Supercalcàrea** | 6c+ | 18 | ☐ |
| 10 | **Chachi qui Chapi** | 7a | 16 | ☐ |
| 11 | **Escalagmita** | 6a+ | 18 | ☐ |
| 12 | **Las Avispas** | 7a | 18 | ☐ |
| 13 | **Delicatessen** | 6c | 20 | ☐ |
| 14 | **Freekandó** | 6b | 20 | ☐ |
| 15 | **El Free Pendó** | 6b+ | 20 | ☐ |
| 16 | **Brigada Txocolata** | 6c | 20 | ☐ |
| 17 | **Senyor Esperó** | 5+ | 16 | ☐ |

*Freekandó* 6b
Can Torxa • Margalef
Anna Cáceres *(Pag. 322)*

*Escalagmita* 6a+
Can Torxa • Margalef
Anna Cáceres *(Pag. 322)*

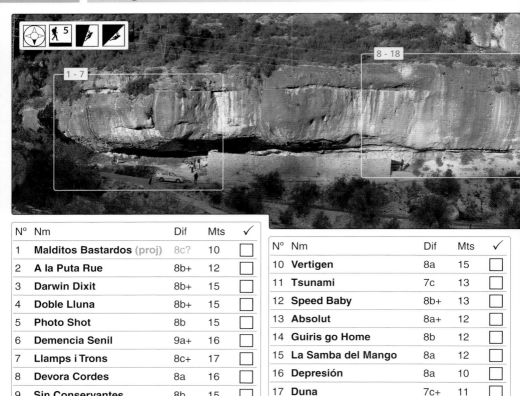

| N° | Nm | Dif | Mts | ✓ |
|---|---|---|---|---|
| 1 | **Malditos Bastardos** (proj) | 8c? | 10 | ☐ |
| 2 | **A la Puta Rue** | 8b+ | 12 | ☐ |
| 3 | **Darwin Dixit** | 8b+ | 15 | ☐ |
| 4 | **Doble Lluna** | 8b+ | 15 | ☐ |
| 5 | **Photo Shot** | 8b | 15 | ☐ |
| 6 | **Demencia Senil** | 9a+ | 16 | ☐ |
| 7 | **Llamps i Trons** | 8c+ | 17 | ☐ |
| 8 | **Devora Cordes** | 8a | 16 | ☐ |
| 9 | **Sin Conservantes ni Colorantes** | 8b | 15 | ☐ |

| N° | Nm | Dif | Mts | ✓ |
|---|---|---|---|---|
| 10 | **Vertigen** | 8a | 15 | ☐ |
| 11 | **Tsunami** | 7c | 13 | ☐ |
| 12 | **Speed Baby** | 8b+ | 13 | ☐ |
| 13 | **Absolut** | 8a+ | 12 | ☐ |
| 14 | **Guiris go Home** | 8b | 12 | ☐ |
| 15 | **La Samba del Mango** | 8a | 12 | ☐ |
| 16 | **Depresión** | 8a | 10 | ☐ |
| 17 | **Duna** | 7c+ | 11 | ☐ |
| 18 | **??** | 7c | 12 | ☐ |

Can Llepafils (Pags. 328-329)

19 - 44 (Pags. 326-327)

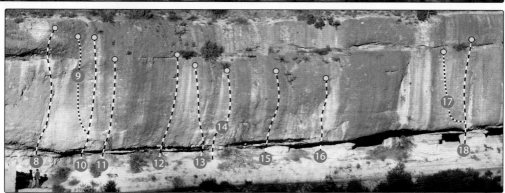

**Bumbayé** 8c+
El Laboratori • Margalef
Dani Andrada (Pag. 326)

| N° | Nm | Dif | Mts | ✓ |
|---|---|---|---|---|
| 19 | **Austin Power** | 7c+ | 11 | ☐ |
| 20 | **Memòria de Peix** | 8b+ | 13 | ☐ |
| 21 | **Borobil Session** | 8b+ | 11 | ☐ |
| 22 | **Sarau Nocturn** | 8a | 11 | ☐ |
| 23 | **Experience** | 8b | 11 | ☐ |
| 24 | **24 Hours Party People** | 8c | 11 | ☐ |
| 25 | **Voladerum** | 7c | 12 | ☐ |
| 26 | **Miguel el Casero** | 7c+ | 12 | ☐ |
| 27 | **La Bombi** | 8b | 10 | ☐ |
| 28 | **Muntanyisme** | 6b+ | 13 | ☐ |
| 29 | **Integrisme Balsàmic** | 6a | 13 | ☐ |
| 30 | **Guitler** | 6b | 13 | ☐ |
| 31 | **Directa a la Zona** | 8b | 11 | ☐ |

| N° | Nm | Dif | Mts | ✓ |
|---|---|---|---|---|
| 32 | **Zona 30** | 8b | 11 | ☐ |
| 33 | **??** | 7b+ | 15 | ☐ |
| 34 | **Incomodín** | 8b | 15 | ☐ |
| 35 | **When we were Kings** | 8b+ | 15 | ☐ |
| 36 | **La Ley Indignata** (proj) | 9a+? | 15 | ☐ |
| 37 | **La Ley Innata** | 8c+/9a | 15 | ☐ |
| 38 | **First Ley** (39 > 37) | 9a+ | 15 | ☐ |
| 39 | **First Round First Minute** | 9b | 15 | ☐ |
| 40 | **Bumbayé** | 8c+ | 16 | ☐ |
| 41 | **Toro Salvaje** (proj) | ?? | 16 | ☐ |
| 42 | **Kulebras Gemelas** (proj) | ?? | 15 | ☐ |
| 43 | Proj. | ?? | 12 | ☐ |
| 44 | **Sikau Tot** | 7c | 10 | ☐ |

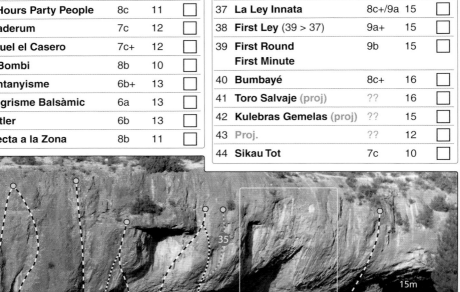

36 - 41 (Pag. 327)

15m

*Demencia Senil* 9a+
El Laboratori • Margalef
Chris Sharma *(Pag. 324)*

31 32 33 34 35

36 37 38 39 40 41

| Nº | Nm | Dif | Mts | ✓ |
|----|------|-----|-----|---|
| 1 | **Tampak** | 4+ | 12 | ☐ |
| 2 | **A Morro** | 5 | 12 | ☐ |
| 3 | **Sexie Movie** | 6a | 12 | ☐ |
| 4 | **Korroskada** | 6a+ | 12 | ☐ |
| 5 | **Eskorbuto** | 6a | 12 | ☐ |
| 6 | **Sociedad Alcohólica** | 5+ | 12 | ☐ |
| 7 | **Titacorta** | 5+ | 13 | ☐ |
| 8 | **Torrada Negra** | 5+ | 13 | ☐ |
| 9 | **Bombarda** | 6a | 13 | ☐ |
| 10 | **Les Mosques també Dormen** | 6a+ | 15 | ☐ |
| 11 | **Avi que no has vist Livingstone** | 6b | 15 | ☐ |

| N° | Nm | Dif | Mts | ✓ |
|----|----|-----|-----|---|
| 12 | **Smuc** | 6a+ | 15 | ☐ |
| 13 | **Besalgato** | 6b | 15 | ☐ |
| 14 | **Callaunrato** | 6a+ | 15 | ☐ |
| 15 | **Puerto Hurraco** | 6a | 15 | ☐ |
| 16 | **Desakato** | 6a | 15 | ☐ |
| 17 | **Llepafils** | 5+ | 15 | ☐ |
| 18 | **Pampa Mix** | 5 | 14 | ☐ |
| 19 | **Trans** | 4+ | 13 | ☐ |
| 20 | **Txak-pak** | 4 | 12 | ☐ |
| 21 | **A mi Plin** | 5 | 10 | ☐ |
| 22 | **Piule Socarraet** | 5+ | 10 | ☐ |
| 23 | **Miss Tela** | 6a+ | 10 | ☐ |
| 24 | **Tronco Quemao** | 4 | 13 | ☐ |

| N° | Nm | Dif | Mts | ✓ |
|----|----|-----|-----|---|
| 25 | **Katulina** | 4+ | 13 | ☐ |
| 26 | **Rosco Guarro** | 5 | 12 | ☐ |
| 27 | **L Home Flor** | 5 | 13 | ☐ |
| 28 | **Cutty Shark** | 4 | 14 | ☐ |
| 29 | **Raticulín** | 5 | 14 | ☐ |
| 30 | **Tio Raro** | 5 | 14 | ☐ |
| 31 | **Air Bamba** | 5 | 14 | ☐ |
| 32 | **Fa Fong** | 5 | 10 | ☐ |
| 33 | **Jungle-Jungle** | 6a | 9 | ☐ |
| 34 | **Akimaturo** | 5+ | 9 | ☐ |
| 35 | **Passagana** | 4+ | 12 | ☐ |
| 36 | **Margalefistan** | 4 | 12 | ☐ |
| 37 | **Top rope Tabalets** | 3 | 12 | ☐ |

| N° | Nm | Dif | Mts | ✓ |
|----|----|-----|-----|---|
| 1 | **Entrecot** | 6c | 10 | ☐ |
| 2 | **Vía del Eco** | 6a+ | 10 | ☐ |
| 3 | **Yoyo** | 6b | 10 | ☐ |
| 4 | **Calá Profunda** | 6a | 10 | ☐ |
| 5 | **Bufalo** | 6c | 17 | ☐ |
| 6 | **Tabletón** | 6b | 17 | ☐ |
| 7 | **Frente Boquerón** | 6a+ | 17 | ☐ |

| N° | Nm | Dif | Mts | ✓ |
|----|----|-----|-----|---|
| 8 | **El Boquerón Vacilón** | 6a+ | 17 | ☐ |
| 9 | **Churrasco** | 6a | 17 | ☐ |
| 10 | **Parrillades** | 6a | 18 | ☐ |
| 11 | **Viernes Trece** | 6a+ | 18 | ☐ |
| 12 | **Cascarillo Brillo** | 6a+ | 18 | ☐ |
| 13 | **Vía del Barril** | 5+ | 18 | ☐ |

*La Perla* 8b+
El Racó de la Coma Closa
Margalef • Dani Andrada *(Pag. 343)*

| Nº | Nm | Dif | Mts | ✓ |
|----|----|-----|-----|---|
| 1 | Proj. | ?? | 20 | |
| 2 | **Dr. Explosión** | 7c | 20 | |
| 3 | **Pilsen** | 6c+ | 20 | |
| 4 | **Cop de Cap** | 6c | 20 | |
| 5 | **Porrero Rocher** | 7b | 20 | |
| 6 | **Catacrac** | 7a+ | 20 | |
| 7 | **Figogol** | 7a | 20 | |
| 8 | **Tocats pels Bolets** | 7a+ | 20 | |
| 9 | **Txana** | 6c | 20 | |
| 10 | **Via del Mingo** | 6c+ | 20 | |
| 11 | **Gure Leku** | 6c | 23 | |
| 12 | **Diedre Txiripa** | 6b | 23 | |
| 13 | **Tomàtic** | 7a+ | 13 | |

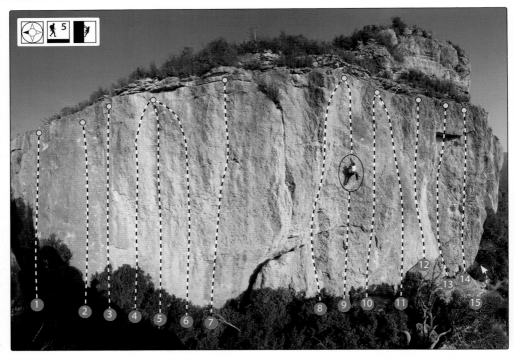

| N° | Nm | Dif | Mts | ✓ |
|----|----|----|----|----|
| 1 | **Per Molts Anys** | 6a | 15 | |
| 2 | ?? | 6a+ | 15 | |
| 3 | **No M'agradaria ser Martell** | 6b | 16 | |
| 4 | ?? | 6b | 16 | |
| 5 | **Perepunyetes** | 6b | 16 | |
| 6 | ?? | 6b+ | 16 | |
| 7 | **In Extremis** | 6c+ | 16 | |

| N° | Nm | Dif | Mts | ✓ |
|----|----|----|----|----|
| 8 | **Reventuning** | 7a | 18 | |
| 9 | ?? | 6c+ | 18 | |
| 10 | ?? | 6c+ | 18 | |
| 11 | **Max-heedrom** | 7a+ | 20 | |
| 12 | **Supermaña** | 6c | 20 | |
| 13 | **Iler Crack** | 6c+ | 20 | |
| 14 | **Guirlache** | 6c | 20 | |
| 15 | **Overbooking** | 6c | 20 | |

***Artisans*** 7c+
Cingle de les Solanes
Margalef • Òscar Giménez *(Pag. 338)*

P4
~ 10 min

| N° | Nm | Dif | Mts | ✓ |
|----|----|-----|-----|---|
| 16 | **Sudoku** | 7c | 23 | ☐ |
| 17 | **Draculín** | 7a+ | 23 | ☐ |
| 18 | Proj. | ?? | 25 | ☐ |
| 19 | **Gravity Globe** | 7c+/8a | 25 | ☐ |
| 20 | **Maligna** | 7c+ | 25 | ☐ |

| N° | Nm | Dif | Mts | ✓ |
|----|----|-----|-----|---|
| 21 | **La Gomorra** | 7b+ | 12 | ☐ |
| 22 | **El Sistema** | 7c+ | 25 | ☐ |
| 23 | **Los Últimos Vampiros Hippies** | 8c | 25 | ☐ |
| 24 | **Variante Vampiros** | 8b+ | 25 | ☐ |
| 25 | **El Tango del Jabalí** | 8b+ | 25 | ☐ |

| Nº | Nm | | Dif | Mts | ✓ |
|----|----|----|-----|-----|---|
| 26 | **El Ball del Tríceps** | | 8b | 25 | ☐ |
| 27 | **Alzeimer Brothers** | | 8b+ | 25 | ☐ |
| 28 | **Salmorra** | | 8b | 25 | ☐ |
| 29 | **Don Limpio** | | 7b+ | 25 | ☐ |
| 30 | **Enemigo Público Nº 1** | | 8c+/9a | 25 | ☐ |
| 31 | **Pal Oeste** | | 8c+ | 25 | ☐ |
| 32 | **Pal Norte** | | 8c+ | 25 | ☐ |

| Nº | Nm | | Dif | Mts | ✓ |
|----|----|----|-----|-----|---|
| 33 | **Pal Este** | | 8c | 25 | ☐ |
| 34 | **Pal Sur** | | 8a | 25 | ☐ |
| 35 | **Ximpleta** | | 8a | 25 | ☐ |
| 36 | **Toni Kaneloni** | | 8a+ | 25 | ☐ |
| 37 | **La Drecera** | | 7b | 25 | ☐ |
| 38 | **ONG** | | 8a+ | 23 | ☐ |
| 39 | **Fil per Randa** | | 8b+ | 23 | ☐ |
| 40 | **Oki** | L1 | 7c+ | 18 | ☐ |
| | | L1+L2 | 8a | 25 | ☐ |

| Nº | Nm | Dif | Mts | ✓ |
|----|----|----|-----|---|
| 41 | **Colocón de Resina** | 7c+ | 25 | ☐ |
| 42 | **Telemaster** | 8a | 25 | ☐ |
| 43 | **La Riera** | 8a+ | 25 | ☐ |
| 44 | **Viote, my Friend** | 7c+ | 25 | ☐ |
| 45 | **Beta de Boira** | 7a | 25 | ☐ |

| Nº | Nm | Dif | Mts | ✓ |
|----|----|----|-----|---|
| 46 | ?? | 7a+ | 23 | ☐ |
| 47 | ?? | 7a+ | 23 | ☐ |
| 48 | **Repòs Actiu** | 6c+ | 20 | ☐ |
| 49 | **Punto de Gravedad Cero** | 6b+ | 20 | ☐ |
| 50 | **Zona Mixta** | 7b | 20 | ☐ |

| N° | Nm | Dif | Mts | ✓ |
|----|----|-----|-----|---|
| 51 | **Tastavins** | 6c | 20 | ☐ |
| 52 | **Memoria Histérica** | 6b+ | 20 | ☐ |
| 53 | **Corporació Antiestètica** | 7c | 12 | ☐ |
| 54 | **Malasombra** | 7c+ | 25 | ☐ |
| 55 | **Braguetasso** | 8a+ | 25 | ☐ |

| N° | Nm | Dif | Mts | ✓ |
|----|----|-----|-----|---|
| 56 | **Batuka** | 8b | 25 | ☐ |
| 57 | **Transilvania** | 8a | 25 | ☐ |
| 58 | **Drole de Vie** | 7c+ | 25 | ☐ |
| 59 | **Amb Pal no dona Pal** | 7b | 25 | ☐ |
| 60 | **Franja de Ponent** | 7a | 25 | ☐ |
| 61 | **Qué pasa Neng?** | 7a | 24 | ☐ |

| Nº | Nm | Dif | Mts | ✓ |
|----|----|----|-----|---|
| 1 | **Per Començar** | 6a+ | 20 | ☐ |
| 2 | **Pa nar Fent** | 6b+ | 20 | ☐ |
| 3 | **Matabichos** | 6b | 20 | ☐ |
| 4 | **Punt X** | 6b+ | 20 | ☐ |
| 5 | **Sobredosi de Rocaina** | 6c+ | 21 | ☐ |
| 6 | **Baby Siter** | 7a | 22 | ☐ |
| 7 | **Artisans** | 7c+ | 20 | ☐ |
| 8 | **Supernani** | 7c+ | 22 | ☐ |
| 9 | **Rocaina Dura** | 8b/+ | 27 | ☐ |

| Nº | Nm | Dif | Mts | ✓ |
|----|----|----|-----|---|
| 10 | **Rocaina Dura Directa** (10 > 9) | 8b+ | 27 | ☐ |
| 11 | **Cocaina Pura i Dura** (9 >11) | 8b+/c | 25 | ☐ |
| 12 | **Cocaina Pura i Dura Directa** (proj - 10 > 9 >11) | 8c? | 25 | ☐ |
| 13 | **La Travesía de la Bongada** (proj - 9 >13 >15) | 8c? | 33 | ☐ |
| 14 | **Roddicai** (proj - 9 >13 >16) | ?? | 35 | ☐ |
| 15 | **La Bongada** (proj) | 8c+/9a? | 25 | ☐ |
| 16 | Proj. (15 > 16) | ?? | 27 | ☐ |

Routes / Vies / Vías
17 - 23 (Pag. 341)   30m

*Maligna* 7c+
El Racó de les Espadelles
Margalef • Cristina Schrank *(Pag. 334)*

| Nº | Nm | Dif | Mts | ✓ |
|----|----|-----|-----|---|
| 17 | **Gest d'Innocència** | 6b+ | 20 | ☐ |
| 18 | **Pas per la Vida** | 6c+ | 20 | ☐ |
| 19 | **Impetu Volador** | 6c | 20 | ☐ |
| 20 | **Contractura Mandibular** | 6c+ | 20 | ☐ |
| 21 | **Mirada Perduda** | 6b+ | 20 | ☐ |

| Nº | Nm | Dif | Mts | ✓ |
|----|----|-----|-----|---|
| 22 | **Malefici** (proj) | ?? | 22 | ☐ |
| 23 | **Knuckleduster** | 8b | 22 | ☐ |

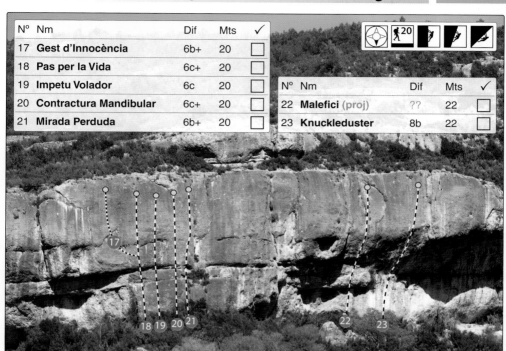

*Enemigo Público Nº 1* 8c+/9a
El Raco de les Espadelles
Margalef • Iker Pou *(Pag. 335)*

La Catedral
(Pags. 346 - 349)

Racó de la Coma Closa

La Visera de la Coma
(Pag. 344)

| N° | Nm | | Dif | Mts | ✓ |
|----|----|----|-----|-----|---|
| 1 | **Desiquilibrio Mundial** | | 8a | 25 | ☐ |
| 2 | **Columns** | | 7c+ | 20 | ☐ |
| 3 | Proj. | | 8c? | 25 | ☐ |
| 4 | **Magullo** | | 8a | 30 | ☐ |
| 5 | **Preparado para** | L1 | 8a | 25 | ☐ |
| | **Luchar** | L1+L2 | 8b+ | 30 | ☐ |
| 6 | **Preparado para** | | 8c? | 30 | ☐ |
| | **Morir** (proj) | | | | |

| N° | Nm | | Dif | Mts | ✓ |
|----|----|----|-----|-----|---|
| 7 | **La Nevera Severa** | | 8c+/9a | 30 | ☐ |
| 8 | **Me Equivoqué** | L1 | 7a | 10 | ☐ |
| | Proj. | L1+L2 | 8c? | 30 | ☐ |
| 9 | **La Perla** | | 8b+ | 30 | ☐ |
| 10 | **Via del Joan** | | 8a/+ | 27 | ☐ |
| 11 | **El Baile Chungo** | | 8b+ | 30 | ☐ |
| 12 | **Toni Tolo Negro** (proj) | | ?? | ?? | ☐ |

| N° | Nm | Dif | Mts | ✓ |
|---|---|---|---|---|
| 1 | **20 Pasos hacia Delante** (proj) | 8c? | 40 | ☐ |
| 2 | Proj. | 8b/+? | 40 | ☐ |
| 3 | **Fin del Conflicto** | 8c | 50 | ☐ |
| 4 | **Conflicto en el Vasco** | 8b+ | 50 | ☐ |
| 5 | Proj. | 8c? | 50 | ☐ |
| 6 | Proj. | 9a+? | 50 | ☐ |

| N° | Nm | Dif | Mts | ✓ |
|---|---|---|---|---|
| 7 | **Dependencia Bendita** (proj) | 9a+? | 50 | ☐ |
| 8 | **Políticamente Corruptos** | 8c+/9a | 50 | ☐ |
| 9 | **Coma Sant Pere** | 8c+ | 50 | ☐ |
| 10 | **Era Vella** | 9a | 50 | ☐ |
| 11 | **Tierra Negra** (proj) | 9a? | 50 | ☐ |

*Era Vella* 9a
La Visera de la Coma
Margalef • Edu Marín (Pag. 344)

Fixed Rope
Corda Fixa
Cuerda Fija

| N° | Nm | Dif | Mts | ✓ |
|---|---|---|---|---|
| 1 | **La Última Ruta** | 8a | 33 | ☐ |
| 2 | **MC Hammer** (proj) | ?? | 30 | ☐ |
| 3 | **Moonwalker** | 8a | 30 | ☐ |
| 4 | **Ayatollah** | 8b | 30 | ☐ |
| 5 | **Destino Final** (proj) | ?? | 33 | ☐ |
| 6 | **Bud Spencer** | 8b | 40 | ☐ |
| 7 | **Terence Hill** | 8b+ | 40 | ☐ |
| 8 | **Hard Krit** | 8a/+ | 40 | ☐ |

| N° | Nm | Dif | Mts | ✓ |
|---|---|---|---|---|
| 9 | **Mortal Komba** | 8a | 40 | ☐ |
| 10 | **Xiqueteta** | 8a+/b | 32 | ☐ |
| 11 | **La Perdonavidas** | 8a | 33 | ☐ |
| 12 | **Oro Parece** | 8b/+ | 33 | ☐ |
| 13 | **Apreté como nunca, Fracasé como siempre** | 8b | 33 | ☐ |
| 14 | **La Conjura de los Necios** | 8a | 35 | ☐ |

Routes / Vies / Vías
15 -33 (Pags. 348-349) 50m

| Nº | Nm | Dif | Mts | ✓ |
|---|---|---|---|---|
| 15 | **No Inventes** | 8a | 10 | ☐ |
| 16 | Proj. | ?? | 10 | ☐ |
| 17 | **Días Contados** | 8a+ | 10 | ☐ |
| 18 | **Días de Dinamita** (17 > 18 > 19) | 8a+ | 10 | ☐ |
| 19 | **Nil Dinamita** | 8b+ | 10 | ☐ |
| 20 | **Espléndida** | 8b | 10 | ☐ |
| 21 | **Colossus** | 7c/+ | 18 | ☐ |
| 22 | **Operación Bikini** | 8a+ | 22 | ☐ |
| 23 | **Directa DBM** | 8b | 22 | ☐ |

| Nº | Nm | Dif | Mts | ✓ |
|---|---|---|---|---|
| 24 | **DBM** | 8a | 22 | ☐ |
| 25 | **The Beautiful People** | 8a | 22 | ☐ |
| 26 | **Muerte entre las Flores** | 8a+/b | 22 | ☐ |
| 27 | **El Perdedor** | 7c+ | 20 | ☐ |
| 28 | **Manolete** | 7c+/8a | 20 | ☐ |
| 29 | **Urbi et Orbi** | 6c+ | 22 | ☐ |
| 30 | **Don Bastón** | 7a+ | 20 | ☐ |
| 31 | **Colors de Tardor** | 7b | 20 | ☐ |
| 32 | **El Ilusionista** | 7a | 20 | ☐ |
| 33 | **Cumpanyer** | 6c+ | 20 | ☐ |

| N° | Nm | Dif | Mts | ✓ |
|----|----|-----|-----|---|
| 1 | **Bianqui** | 4+ | 12 | ☐ |
| 2 | **Metona** | 4+ | 12 | ☐ |
| 3 | **Wesdel** | 4 | 12 | ☐ |
| 4 | **Vía del Pollo** | 5 | 12 | ☐ |
| 5 | **Vía del Pollito** | 5 | 12 | ☐ |
| 6 | **Maxi-kosi** | 4+ | 12 | ☐ |
| 7 | **Mis Primeros Pasitos** | 4+ | 12 | ☐ |
| 8 | **Lo Morissec Assasí** | 5+ | 10 | ☐ |
| 9 | **Tot és Igual** | 6a+ | 13 | ☐ |
| 10 | **Six veu ques Fàcil** | 6b | 13 | ☐ |
| 11 | **Cube** | 6c | 16 | ☐ |
| 12 | **Un Paso de M** | 7a | 17 | ☐ |
| 13 | **Destralman** | 6c | 17 | ☐ |
| 14 | **Draps Bruts** | 7b+ | 16 | ☐ |
| 15 | **Divieto e Vietato** | 6a+ | 12 | ☐ |
| 16 | **Shucran** | 6a+ | 12 | ☐ |
| 17 | **Nyaps i Cols** | 7b+ | 12 | ☐ |
| 18 | **Salopela Jones** | 6c | 12 | ☐ |

*Wesdel* 4 • Bloc del Pork • Margalef
Marina Solé Rius *(Pag. 351)*

*Escalofrios* 7c+
Racó de les Tenebres
Margalef • Andrea Chlebova *(Pag. 360)*

Racó de la Finestra

1 - 18

19 - 48

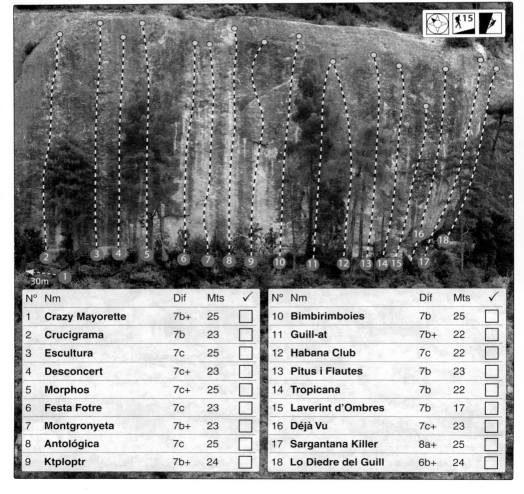

| Nº | Nm | Dif | Mts | ✓ |
|---|---|---|---|---|
| 1 | **Crazy Mayorette** | 7b+ | 25 | |
| 2 | **Crucigrama** | 7b | 23 | |
| 3 | **Escultura** | 7c | 25 | |
| 4 | **Desconcert** | 7c+ | 23 | |
| 5 | **Morphos** | 7c+ | 25 | |
| 6 | **Festa Fotre** | 7c | 23 | |
| 7 | **Montgronyeta** | 7b+ | 23 | |
| 8 | **Antológica** | 7c | 25 | |
| 9 | **Ktploptr** | 7b+ | 24 | |

| Nº | Nm | Dif | Mts | ✓ |
|---|---|---|---|---|
| 10 | **Bimbirimboies** | 7b | 25 | |
| 11 | **Guill-at** | 7b+ | 22 | |
| 12 | **Habana Club** | 7c | 22 | |
| 13 | **Pitus i Flautes** | 7b | 23 | |
| 14 | **Tropicana** | 7b | 22 | |
| 15 | **Laverint d'Ombres** | 7b | 17 | |
| 16 | **Déjà Vu** | 7c+ | 23 | |
| 17 | **Sargantana Killer** | 8a+ | 25 | |
| 18 | **Lo Diedre del Guill** | 6b+ | 24 | |

Racó de les Tenebres
(Pags. 360 - 363)

| N° | Nm | Dif | Mts | ✓ |
|----|----|-----|-----|---|
| 19 | **La Sombra del Viento** (proj) | ?? | 23 | ☐ |
| 20 | **El Mañaneo** | 8a+ | 25 | ☐ |
| 21 | **Cubata + Chupito 3€** | 8a+ | 25 | ☐ |
| 22 | **Margalefas** | 8b+ | 25 | ☐ |

| N° | Nm | | Dif | Mts | ✓ |
|----|----|---|-----|-----|---|
| 23 | **Aeroplástica** | L1 | 7c+ | 18 | ☐ |
| | | L1+L2 | 8a | 25 | ☐ |
| 24 | **Niña Mala** | | 8b | 25 | ☐ |
| 25 | **Flash Over** | | 8b+ | 25 | ☐ |
| 26 | **Zipayorik Ez!!** | | 8c | 25 | ☐ |

*Niña Mala* 8b
Racó de la Finestra
Margalef • Daila Ojeda *(Pag. 353)*

| Nº | Nm | Dif | Mts | ✓ |
|----|----|-----|-----|---|
| 30 | **Directa Nueva Vida** (30 > 28) | 8c | 16 | ☐ |
| 31 | **Directa Vieja Vida** (30 > 28 > 29 > 35) | 8b+ | 16 | ☐ |
| 32 | **Jefe de Obra** (proj) | 8c+? | 16 | ☐ |
| 33 | **E.H. Sukarra Directa** (33 > 35 > 29 > 28) | 8c+/9a | 16 | ☐ |
| 34 | **E.H. Sukarra** (33 > 35) | 8c+ | 16 | ☐ |
| 35 | **Mini Sukarra** | 8c | 16 | ☐ |
| 36 | **Black Nail** | 8a | 15 | ☐ |
| 37 | **Pipón Carajillo de Ron** | 7a | 15 | ☐ |
| 38 | **Entretres** | 7a+ | 18 | ☐ |
| 39 | **Fenoman** | 7b+ | 20 | ☐ |
| 40 | **Okemaka** | 6c | 23 | ☐ |
| 41 | **La Estampa** | 7a+ | 23 | ☐ |
| 42 | **Coraje al Forao** | 7a+ | 23 | ☐ |
| 43 | **Collons Pelats** | 7c | 25 | ☐ |
| 44 | **Collons Plens** | 7b+ | 25 | ☐ |
| 45 | **Ingravitus** | 7a | 25 | ☐ |
| 46 | **Ni con Ellas ni sin Ellas** | 7c | 25 | ☐ |
| 47 | **Magrana** | 6b+ | 25 | ☐ |
| 48 | **Cine Exín** | 7b+ | 25 | ☐ |

| Nº | Nm | Dif | Mts | ✓ |
|----|----|-----|-----|---|
| 27 | **La Cadera de Oro** | 8c | 20 | ☐ |
| 28 | **Nueva Vida** | 8b+ | 17 | ☐ |
| 29 | **Vieja Vida** (28 > 29 > 35) | 8b | 18 | ☐ |

| N° | Nm | Dif | Mts | ✓ |
|---|---|---|---|---|
| 49 | **Caña a España** | 8b | 15 | |
| 50 | **Mejorando Imagen** (proj) | 9a? | 30 | |
| 51 | **Víctimas Pérez** | 9a | 30 | |
| 52 | **Samfaina** | 9a | 30 | |
| 53 | **Gancho Perfecto** | 9a | 30 | |

| N° | Nm | | Dif | Mts | ✓ |
|---|---|---|---|---|---|
| 54 | **Perfecto Mundo** (proj) | | 9b+? | 30 | |
| 55 | **Víctimes del** | L1 | 8c | 23 | |
| | **Passat** | L1+L2 | 8c+ | 28 | |
| 56 | **Víctima Perfecta** | | 8c+/9a | 30 | |
| | (55 > 53) | | | | |
| 57 | **Víctimes del Futur** | | 8c+ | 30 | |
| 58 | **Carlota** (proj) | | 9b? | 33 | |
| 59 | **Mareando la Perdiz** | | 8c | 25 | |
| 60 | **Combifetis** | | 8c | 33 | |
| 61 | **El Fustigador** | | 8a+ | 33 | |
| 62 | **Aitzol** | | 8b+ | 33 | |
| 63 | **Via del Quim** | | 8b+ | 33 | |
| 64 | **La Organizadora** | | 8c/+ | 32 | |
| 65 | **La Organizadora Abertxale** (66 > 64) | | 8a | 32 | |
| 66 | **Esquerda Abertxale** | | 7b+ | 28 | |
| 67 | **Dando Brea** | | 8a | 15 | |

*Víctimas Pérez* 9a
Racó de la Finestra
Margalef • Chris Sharma *(Pag. 357)*

| N° | Nm | Dif | Mts | ✓ |
|----|-----|-----|-----|---|
| 68 | **Oblicue** | 6c | 22 | ☐ |
| 69 | **Action Man** | 6c | 22 | ☐ |
| 70 | **Loba** | 6c+ | 22 | ☐ |
| 71 | **La Xispero** | 6c+ | 20 | ☐ |
| 72 | **Llarga i Gorda** | 6c+ | 22 | ☐ |
| 73 | **Vells Temps** | 7a | 25 | ☐ |
| 74 | **Garotiña** | 7a | 25 | ☐ |
| 75 | **Reemoc** | 6c+ | 28 | ☐ |

| N° | Nm | Dif | Mts | ✓ |
|----|-----|-----|-----|---|
| 76 | **Los Plafoneros Calientes** | 7b+ | 24 | ☐ |
| 77 | **Super Héroes de Barrio** | 7b+ | 24 | ☐ |
| 78 | **Vangock** | 6c+ | 25 | ☐ |
| 79 | **Doña Inés** | 7a | 25 | ☐ |
| 80 | **Prolegomens** | 7b+ | 20 | ☐ |

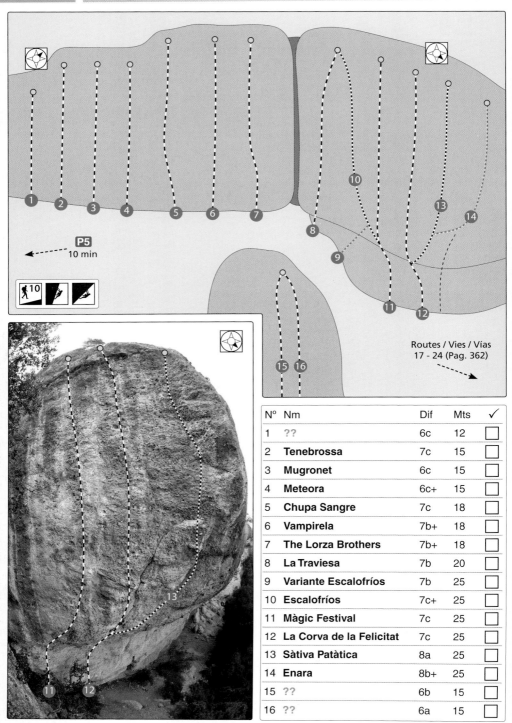

**P5**
10 min

Routes / Vies / Vías
17 - 24 (Pag. 362)

| Nº | Nm | Dif | Mts | ✓ |
|----|----|----|----|----|
| 1 | ?? | 6c | 12 | ☐ |
| 2 | **Tenebrossa** | 7c | 15 | ☐ |
| 3 | **Mugronet** | 6c | 15 | ☐ |
| 4 | **Meteora** | 6c+ | 15 | ☐ |
| 5 | **Chupa Sangre** | 7c | 18 | ☐ |
| 6 | **Vampirela** | 7b+ | 18 | ☐ |
| 7 | **The Lorza Brothers** | 7b+ | 18 | ☐ |
| 8 | **La Traviesa** | 7b | 20 | ☐ |
| 9 | **Variante Escalofríos** | 7b | 25 | ☐ |
| 10 | **Escalofríos** | 7c+ | 25 | ☐ |
| 11 | **Màgic Festival** | 7c | 25 | ☐ |
| 12 | **La Corva de la Felicitat** | 7c | 25 | ☐ |
| 13 | **Sàtiva Patàtica** | 8a | 25 | ☐ |
| 14 | **Enara** | 8b+ | 25 | ☐ |
| 15 | ?? | 6b | 15 | ☐ |
| 16 | ?? | 6a | 15 | ☐ |

*Sàtiva Patàtica* 8a
Racó de les Tenebres
Margalef • Andrea Chlebova *(Pag. 360)*

| N° | Nm | Dif | Mts | ✓ |
|----|------|-----|-----|---|
| 17 | **404** | 8c | 25 | ☐ |
| 18 | **Proj.** (19 > 18) | 9a? | 25 | ☐ |
| 19 | **400** | 8c+ | 25 | ☐ |
| 20 | **401** (21 > 20 > 19) | 8c+ | 27 | ☐ |

| N° | Nm | Dif | Mts | ✓ |
|----|------|-----|-----|---|
| 21 | **403** | 8c/+ | 25 | ☐ |
| 22 | **402** | 8b | 25 | ☐ |
| 23 | **Pequeñas y Poderosas** (proj) | 9? | 28 | ☐ |
| 24 | **Grandes y Poderosas** | 8b+ | 30 | ☐ |

# Llaberia
# +
# Tivissa

**Introduction**: As a final chapter we offer a small 'taster' selection of diverse zones and sectors situated in the *Serra de Tivissa* and *Serra de Llaberia* ranges, the most southerly area covered in the guidebook.

The scenery here is often spectacular, while the climbing is extremely varied, with roofs and tufas complimenting the standard Tarragona 'diet' of crimps and pockets.

Access from Reus is via the T-310, while from Cornudella the fastest route travels through Alforja, Les Borges del Camp and Riudoms (before joining up with the T-310).

**Masriudoms**

The awe-inspiring cave *La Cova d'en Marian* situated in the beautiful hills just north of the village of Masriudoms cannot fail to impress. With barely more than twenty routes this is by no means an extensive sector, but what it lacks in quantity it more than makes up for in quality. The routes invariably follow tufa-lines of exceptional steepness, with some of the longer pitches demanding the highest levels of endurance.

Facing south/south-east and protected from cold winds by the enfolding landscape, Masriudoms is the perfect venue for mid-winter. However, late afternoons and evenings in spring and autumn, once the sun has disappeared from the main wall, can also provide good climbing conditions. It also has the dis-

tinction of being one of the few places in Tarragona where it is possible to climb in the rain.

*Note:* the cave and its approach are situated on private land and it is of the utmost importance that visiting climbers behave responsibly!

**Approach**: turn off the C-44 midway between *Km-4* and *Km-5* into the village of Masriudoms. Follow the main road *Carrer Major* through the centre of the village then, immediately after passing a font, fork right onto *Carrer de Sant Josep*. As this narrow road leaves the village it turns into a track, surfaced at the beginning, and marked by a signpost *PRC-90/Riu de Llastres/Mas de L'Abella*. Continue driving for approximately 630m to a parking area on the left of the track, just after a broad left-hand bend (P1).

On foot, continue along the track for 70m then turn right onto a well-marked footpath, which is followed for approximately 370m to where it re-joins the track (effectively cutting out a large loop) shortly before reaching an old farmhouse, *Mas del Cota*. The track/path continues past the farmhouse and down into the riverbed (usually dry). Here turn right and walk down the riverbed for 70m before turning left onto a well-marked path zigzagging up the wooded slope to the base of the sector (15 min). **Map on Page 370**.

**Tivissa**

Although this zone is better known as a trad-climbing area, an excellent high-standard sport-sector
*Continued on page 366* ▷

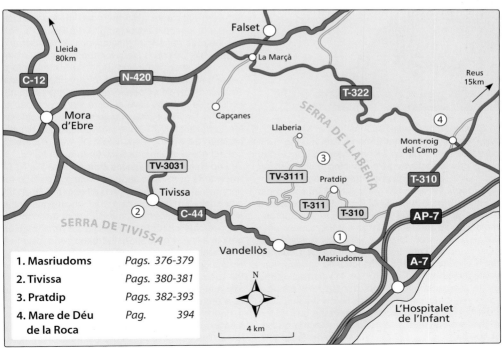

Te Veo Verde 7b
Coves de La Llena
Tivissa • Miki Cardona (P. 380)

◁ *Continued from page 365*
has recently been established around the twin caves of *Coves de La Llena*. The caves face due west, providing favourable climbing conditions on both winter afternoons and summer mornings.

**Approach**: the town of Tivissa lies 48km southwest of Reus. Turn off the C-44 at the first exit signposted *Tivissa* and continue straight ahead for approximately 600m to reach a large parking area on the left (P2). On foot, follow a very well marked and signposted walkers' trail, *El Cami de La Llena,* up the hillside towards the cliffs, ignoring various signposts indicating the way to the *Via Ferrata Tormo de la Margarida*. After approximately 15 minutes walking the trail passes directly below the first cave (routes 1-5). The upper, cave where the bulk of the routes are situated, is a couple of minutes further up the path.    ***Map on Page 371**.*

## Pratdip

In climbing terms the towering cliffs above the village of Pratdip undoubtedly constitute Tarragona's 'wild side'. The first sport-routes here appeared in the early nineties, but between the remoteness of the location and prohibitions placed in order to encourage an expansion in the population of *Bonelli's Eagle,* the area has never seen the attention from climbers it undoubtedly deserves.

Despite the bird-bans we are still left with some stunning sectors on which it is possible to climb legally, either for a part of or for the whole year. The crags range from the popular roadside *Paret dels Rappels* to rarely visited sectors such as *Al Lao Bacalao* and *Plaza Les Coles*, both of which require a long walk-in. For those seeking routes in the higher grades *L'Escletxa de Cal Carboner* must be one of the most impressive cliffs in the entire province!

*Note 1:* on sector *L'Escletxa de Cal Carboner*, although the bolts are mostly 12mm (10mm is the norm) the majority of bolt *hangers* are home-made, either from sheet steel or angle iron. It goes without saying that these do not meet U.I.A.A specifications!

*Note 2:* apart from those on *Paret dels Rappels* many of the routes in Pratdip have had very few ascents and therefore the information presented here should be treated with a certain degree of caution!

**Approaches** - **Paret dels Rappels**: approaching Pratdip from the south-east on the T-310, directly opposite the second entrance to the village (on the left) turn right onto a narrow road (at the junction there is a signpost advertising "Art a Pratdip"). Follow the road passing signposts for *GR-192/Barranc de les Valls/Coll de la Llena* for approximately 2.1km then, at a sharp left-hand bend, turn right onto a cement-surfaced track (there is an *Espai Natural Protegit/Serra de Llaberia* signpost at the junction). Follow this passing several more signposts (one of which is for *Paret dels Rappels (Vies d'Escalada)* for approximately 730m to where it passes directly beneath the sector. Park below the wall (P3) being careful not to cause problems for through traffic.

***Al Lao Bacalao & Plaza les Coles***: follow the T-311 westwards from the village of Pratdip. Continue for approximately 5km then turn right onto the TV-3111, a twisting, turning mountain road which ends at the tiny village of Llaberia, some 8km from the junction. Approximately 350m after passing the *Km-7* marker, park in a lay-by on a sharp left-hand bend, next to a large signpost providing information about climbing restrictions in the zone (P4). Walk 15m back along the road towards Pratdip then turn left onto a narrow footpath which starts immediately to the right of a prominent pine tree. Follow the path, passing a signpost for *Cami Marrades/ Pratdip* after a few metres and then numerous blue paint marks on the rocks. The trail is vague in places, more like a goat-track than a footpath, but the blue paint marks make it difficult to lose the way. About 50m after passing a small rocky mesa (300m from the road) the path splits: take the left-hand fork (blue paint marks) following the path down into, and then out of, a dry streambed. The path soon splits again: take the right fork, following more blue paint marks (the left fork heads up and left onto the plateau above the cliffs). Continue for approximately 90m to a cairn, where the path splits once again. Here take the left-hand fork, an even more vague trail heading uphill. Confusingly, this side-path is also furnished with blue paint marks (which appear to have been done more recently so are fresher). After a few minutes the path reaches the top of the eastern end of a long band of cliffs, where there is a trig-point. From here a short descent leads to the base of the wall. On the first section of rock there are four equipped routes for which no information is available. Continue rightwards below the cliffs (passing several more unknown but superb-looking routes) still following regular blue paint marks. After approximately 450m an impressive dry riverbed is reached. Follow the blue paint marks down the smooth rocks of the riverbed for about 60m, then scramble up and left on a vague trail heading directly up the shrubby hillside, passing just to the left of a low rocky outcrop, to reach the base of the sectors (40 min).

*Note:* when these two sectors were originally equipped, in the early 1990's, the approach was exclusively by rappel. Also, several of the climbs began from hanging belays placed immediately above the steeper lower section of the cliff. At some point in time an unknown climber, or climbers, decided to transform the cliff into a more traditional 'ground-up' sector, removing the rappel-access installations. The hanging belays have also been removed, and new 'direct' starts added to the affected routes. Furthermore, several excellent-looking and completely new climbs have been established. This is all well and good, except for the fact that, try as we might, we have been unable to track down either the perpertrator/s or any info regarding these changes. When this info becomes available (as it surely will) details will be posted on our *Tarragona Climbs* blog-site (www.tarragonaclimbs.com). In the meantime the grades of certain routes, which once started from hanging belays but now have direct starts, are accompanied by a question mark (?).

**Kalifato**: approximately 300m after P4 there is a grassy lay-by on the left-hand side of the road: park here (P5). On foot, walk 50m back up the road towards Pratdip then turn left onto a cement-surfaced track. Follow this downhill, passing a locked metal barrier (to prevent access by car) after 15m. Approximately 450m from the gate there is a T-junction: continue following the track (now unsurfaced) leading directly ahead and running parallel to a dry riverbed. As the track nears the top of the cliffs it swings back to the left in a sharp hairpin bend. Approximately 350m from the aforementioned T-junction, where the track begins to ascend and is again concrete-surfaced, leave it, heading up and rightwards to reach the top of the cliffs (actually, directly above sectors *Al Lao Bacalao* and *Plaza les Coles*). Continue uphill keeping to within 5-15m of the cliff-edge (and passing a very occasional cairn) for approximately 250m to a stand of three weather-beaten trees (cairn here). Using the furthest tree as the first anchor point, and an in-situ lower-off on the cliff-edge (at the top of the route *Tú, no quires Na* - V+) as the second, rappel 30m to the base of the wall (15 min + rappel).

*Note 1:* those unsure of their ability to climb V+ should leave the rappel rope in place!

*Note 2:* it is also possible to reach this sector from the base of *Plaza les Coles* by continuing rightwards below the cliffs through spiky vegetation for approximately 100m, passing a superb-looking bolted project on the way (50 min from P4).

**El Vaticano**: as for sector *Kalifato* but on reaching the three weather-beaten trees continue walking uphill close to the cliff-edge, dropping into and then out of a dry streambed at one point, and always aiming for the prominent rocky headland on the skyline. On the very top of the headland (the highest land in the immediate vicinity) there is a concrete trig-point. From here continue downhill, soon reaching the top of a steep gully. Descend this with great care — a slip could have serious consequences. In the lower, steeper part of the gully there are some fixed ropes (one ancient, the other more recent) which enable you to rappel the last few vertical metres. At the base of the gully walk rightwards (facing out) following the base of the cliffs for approximately 300m (no path!) to the sector (40 min). *Note:* the gully descent/ascent makes this approach unsuitable for non-climbers and impossible for dogs.

**El Gos**: as for the previous sector but at the base of the gully follow a vague path leftwards (looking out) along the foot of the cliffs for approximately 100m to the first routes of the sector (35 mins).

**L'Escletxa de Cal Carboner**: follow the TV-3111 towards the village of Llaberia. Approximately 280m after passing the *Km-3* sign park in a small lay-by on the right-hand side of the road (P6). There is an *Àrea Privada de Caça* signpost here. The lay-by is only big enough for two or three vehicles but there is a similarly-sized space just around the next bend. From the first parking area follow a vague path (cairn at the beginning) up the wooded hillside and then leftwards, passing several more cairns. After about 150m the path joins a dirt track. Turn left and

*Continued on page 368* ▷

◁ *Continued from page 367*
follow this for approximately 160m to where it fades out by a circular stone formation. Continue in the same direction, now on a small but reasonably well-marked path, keeping to the crest of the ridge, which offers magnificent vistas of the valley below. Roughly 10 minutes after leaving the parking area the path reaches the top of a steep gully. Descend this, joining a more prominent path coming in from the left after 20m, and passing both blue, and yellow/green paint marks on the rock. There is an old fixed rope on one slightly tricky section. At the bottom of the gully there is a small signpost with information about climbing restrictions in the area. Turn right here (facing out) and follow a path along the foot of some impressive walls. There are several routes here, but this part of the cliff falls inside the year-round bird-ban zone. Approximately 80m from the base of the gully the path splits: take the right fork (blue paint marks) continuing along the foot of the wall and passing more 'banned' climbs. About 250m from the gully another restriction signpost is reached: this is where the sector begins (20 mins). *Note:* a bird-ban is in place on this sector prohibiting climbing between January 10th and July 31st. The sector immediately left and right of the descent gully — *Portell del Carreter* (not described) has a year-round ban.    **Maps on page 373**.

### Mare de Déu de La Roca — Can Pere Botero
An excellent and unusual little sector offering routes of moderate difficulty on superb quality sandstone. The Ermita is well worth a visit and the panoramic views out across the farmland towards the Mediterranean provide a wonderful backdrop. A word of warning: the Ermita is a popular tourist attraction so those seeking solitude should avoid weekends and holiday periods.
**Approach**: coming from Reus, turn right off the T-310 at a roundabout between *Km-15* and *Km-16* and follow the T-323 into the town of Mont-roig del Camp. Approximately 180m from the roundabout there is a crossroads: go straight across then follow the T-322 westwards (signposted *Falset*). Approximately 2.5km from Mont-roig turn right onto a narrow road, following signposts for *Mare de Déu de La Roca*. Continue driving for approximately 900m to a large car park (P7) below the impressive hilltop Ermita. The sandstone totxo of *Can Pere Botero* lies on the hillside about 100m above the parking area, reached by a path signposted *Mirador/Sender de L'Areny* (1 min). *Note:* there is also some excellent bouldering here, which is situated further up the hillside than the totxo (keep following the path).
**Map on page 373**.

**Introducció:** Com a capítol final us oferim quelcom diferent: un petit "tastet" de diverses zones i sectors situats a la *Serra de Tivissa* i a la *Serra de Llaberia*, l'àrea més al sud coberta per aquesta guia. El paisatge és francament espectacular, mentre que l'escalada és variada amb sostres i xorreres que complementen el menú habitual de regletes i forats de les zones de Tarragona.
L'accés des de Reus és per la T-310 i des de Cornudella l'opció més ràpida passa per Alforja, Les Borges del Camp i Riudoms (abans d'unir-se a la T-310).

### Masriudoms
La sorprenent *Cova d'en Marian,* situada en uns preciosos turons al nord del poble de Masriudoms us impressionarà. Aquest sector no és molt extens, només hi ha una vintena de vies, però el que l'hi manca en quantitat ho té en qualitat. Quasibé totes les vies segueixen xorreres extremadament desplomades i algunes de vies més llargues exigeixen un alt nivell de resistència.
Orientat al sud/sud-est i protegit dels vents del nord pel paisatge que l'envolta, Masriudoms és el lloc perfecte pels dies freds de l'hivern. Encara que les tardes d'estiu i primavera, un cop el sol marxa de les parets, us oferiran bones condicions. També és un dels pocs llocs de Tarragona on es pot escalar mentre plou. *Nota:* la cova i el camí per arribar-hi estan en terrenys privats, per tant és importantíssim comportar-se adequadament.
**Aproximació**: deixeu la C-44 entre els Km 4 i 5 cap al poble de Masriudoms. Seguiu la carretera principal, *Carrer Major*, pel mig del poble i immediatament després de passar una font, gireu a la dreta pel *Carrer de Sant Josep*. Quan aquesta carretera estreta deixa el poble, es converteix en una pista, asfaltada a l'inici i marcat per un senyal *(PRC-90/Riu de Llastres/Mas de l'Abella)*. Continueu conduint durant uns 630 metres fins a una àrea de pàrquing a l'esquerra de la pista, després d'una corba ampla a l'esquerra. A peu, continueu per la pista durant 70 metres i després gireu a la dreta per un camí ben marcat: seguiu-lo durant 370 metres fins on s'uneix a la pista just abans d'arribar a una antiga masia, el *Mas del Cota*. La pista/camí continua més enllà de la masia cap a el llit del riu (normalment sec). Llavors gireu a la dreta i baixeu pel llit del torrent durant 70 metres abans de girar a l'esquerra per un camí ben marcat que puja mes en ziga-zaga pel bosquet fins la base del sector (15 min).
**Mapa a la pàgina 370**.

### Tivissa
Tot i que aquesta zona és més coneguda per les seves vies d'escalada clàssica, darrerament s'ha equipat un excel·lent sector d'esportiva d'alta dificultat: *Les Coves de La Llena*. Aquestes tenen orientació oest així que el millor temps per escalar-hi és durant les tardes hivern i els matins de l'estiu.

*Aproximació:* el poble de Tivissa està a 48km al sud-oest de Reus. Deixeu la C-44 al primer senyal per Tivissa i continueu recte durant uns 600 metres fins arribar a una gran àrea de pàrquing a l'esquerra (P2). A peu, seguiu un camí d'excursionisme molt ben marcat - el *Camí de La Llena* - cap a les parets, ignoreu els senyals que indiquen el camí cap a la *Via Ferrata Tormo de la Margarida*. Després d'haver caminat uns 15 minuts arribareu a la primera cova (vies 1-5). L'altra cova on hi ha la majoria de vies està una mica més amunt seguint el camí (2 minuts).

**Mapa a la pàgina 371.**

## Pratdip

Pel que fa a l'escalada, les espectaculars parets sobre el poble de Pratdip constitueixen, sense cap mena de dubte, la part "salvatge" de Tarragona. Les primeres vies esportives van aparèixer a principis dels 90, però degut a la situació remota del lloc i prohibicions per tal de protegir les àligues que hi ha per la zona, l'àrea no ha rebut l'atenció que es mereix per part dels escaladors.

Malgrat les prohibicions per la protecció de rapinyaires, encara queden alguns magnífics sectors en els que s'hi pot escalar legalment durant una part o tot l'any. Les parets van des de la popular *Paret dels Rappels* al costat de la carretera a altres sectors com *Al Lao Bacalao* i *Plaza Les Coles* on us caldrà caminar força estona per accedir-hi. Pels que busquin més grau, *L'Escletxa de Cal Carboner* és una de les cingleres més impressionants de tota la província.

*Nota 1:* al sector *L'Escletxa de Cal Carboner*, tot i que els parabolts són majoritàriament de 12mm (10mm és el normal) la majoria de les plaquetes són casolanes, fetes ja sigui amb planxa d'acer o amb angle de ferro. No cal dir que no estan homologades per la UIAA!

*Nota 2:* apart de les vies de la *Paret dels Rappels*, moltes de les vies de Pratdip tenen poques ascensions i per tant la informació que donem s'ha de tractar amb cura.

## Aproximacions

*Paret dels Rappels:* si us aproximeu a Pratdip des del sud-est per la T-310, just davant de la segona entrada al poble (a l'esquerra), gireu a la dreta per una carretera estreta (a l'encreuament hi ha un senyal "Art a Pratdip"). Seguiu la carretera passant els senyals pel *GR-192/Barranc de les Valls/Coll de la Llena*, aproximadament uns 2.1km i després, en una corba tancada a l'esquerra, gireu a la dreta per una pista cimentada (hi ha un senyal d'*Espai Natural Protegit/Serra de Llaberia* a l'encreuament). Seguiu la pista passant alguns senyals més alguns d'ells indiquen la *Paret dels Rappels (Vies d'Escalada)* durant uns 730 metres fins que passa directament sota el sector. Aparqueu sota la paret (P3) anant en compte de no causar problemes de trànsit.

*Al Lao Bacalao/Plaza las Coles:* des del poble de Pratdip seguiu la T-311 cap l'oest. Continueu aproximadament durant 5km i gireu a la dreta per la TV-3111, una carretera de muntanya amb corbes i estreta que acaba al petit poble de Llaberia, a uns 8km de l'encreuament. Aproximadament uns 350 metres després de passar el punt *Km-7* hi ha una corba tancada a l'esquerra on un gran cartell explica les restriccions de l'escalada a la zona, aparqueu aquí (P4). Camineu 15 metres per la carretera cap a Pratdip i gireu a l'esquerra per un corriol estret però ben marcat que comença al costat d'un pi força evident. Seguiu el camí passant un senyal *Camí Marrades/Pratdip* després d'uns metres i després moltes marques de pintura blava sobre les roques. El camí a vegades es poc clar, com un camí de cabres, però les marques de pintura blava fan que sigui fàcil de seguir. Uns 50 metres després de passar una petita plataforma rocosa (uns 300 metres des de la carretera) el camí es divideix: agafeu el trencall esquerre (marques de pintura blava) seguint el camí avall cap a dins i després fora del llit d'un torrent sec. El camí aviat es torna a dividir: un trencall va amunt i cap a l'esquerra per sobre de les parets i el que vosaltres agafareu va cap a la dreta (marques de pintura blava). Continueu uns 90 metres fins una fita on el camí es torna a dividir. Aquí agafeu el trencall de l'esquerre, que és fins i tot més perdedor que l'anterior i que va cap amunt. Aquest camí també té marques de pintura blava (que semblen més recents). Després d'uns minuts, el camí arriba a la part superior de l'extrem est de la cinglera on hi ha un vèrtex geodèsic. Des d'aquí, descendiu ràpidament fins la base de la paret. A la primera secció de roca que trobeu hi ha 4 vies equipades de les que no tenim informació. Continueu cap a la dreta per sota les parets (passant més vies desconegudes, però molt interessants) encara seguint les marques de pintura blava. Després d'aproximadament 450 metres arribareu a un impressionant llit de riu totalment sec. Seguiu les marques blaves avall per sobre de roques polides durant 60 metres, i després trenqueu a l'esquerra per un corriol poc evident que puja pel vessant de la muntanya amb bastant vegetació, passant justament per l'esquerra d'una formació rocosa, fins arribar a la base dels sectors (40 min).

*Nota:* quan aquests dos sectors es van equipar, a principis dels 90, l'aproximació era exclusivament en ràpel. A més, algunes de les vies començaven des de reunions penjades situades damunt de les parts més desplomades de la paret. Ara, les instal·lacions de ràpel s'han eliminat i l'aproximació als sectors es fa caminant. Les reunions a mitja paret, des d'on algunes vies començaven, també s'han retirat i s'han equipat inicis més directes.

*Continua a la pàgina 370* ▷

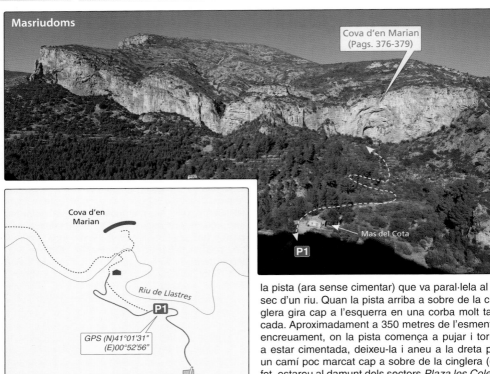

Masriudoms

Cova d'en Marian
(Pags. 376-379)

Mas del Cota

Cova d'en
Marian

Riu de Llastres

P1

GPS (N)41°01'31"
(E)00°52'56"

Masriudoms

C-44

N

500m

A-7

4.5km

◁ Ve de la pàgina 369

A més a més, hi ha noves vies que semblen molt interessants. Tot això està molt bé excepte pel fet que, per molt que ho hem intentat, no hem esbrinat qui és el responsable d'aquests fets i per tant no tenim cap informació d' aquests canvis. Quan aquesta informació es faci pública informarem dels detalls al nostre bloc (www.tarragonaclimbs.com). De moment, els graus de les vies més antigues que començaven a mitja paret i ara tenen inicis directes des del terra apareixen amb un signe d'interrogació.

**Kalifato**: uns 300 metres després del P4 hi ha una esplanada a mà esquerra, aparqueu aquí (P5). Camineu 50 metres per la carretera cap a Pratdip i després gireu a l'esquerra per una pista cimentada. Seguiu-la avall passant una barrera metàl·lica tancada al cap de 15 metres. Uns 450 metres després de la barrera hi ha un encreuament: continueu per la pista (ara sense cimentar) que va paral·lela al llit sec d'un riu. Quan la pista arriba a sobre de la cinglera gira cap a l'esquerra en una corba molt tancada. Aproximadament a 350 metres de l'esmentat encreuament, on la pista comença a pujar i torna a estar cimentada, deixeu-la i aneu a la dreta per un camí poc marcat cap a sobre de la cinglera (de fet, estareu al damunt dels sectors *Plaza les Coles* i *Al Lao Bacalao*). Continueu costa amunt mantenint-vos a uns 5-15 metres de la vora de la cinglera (i de vegades, passant alguna fita) durant uns 250 metres fins a un punt on hi ha 3 arbres força fets malbé per les inclemències del temps (aquí hi ha una fita). Utilitzant l'arbre més llunyà com a punt d'ancoratge i una reunió a dalt de la cinglera (al final de la via *Tú, no quieres Na* V+) com a segon punt d'ancoratge, rapeleu 30 metres fins a la base de la paret (15 minuts + ràpel).

*Nota1:* els que no estiguin segurs de poder fer V+ haurien de deixar el ràpel muntat! *Nota 2:* també és possible arribar a aquest sector des de la base de *Plaza les Coles* continuant cap a la dreta per sota les parets a través de vegetació força punxosa durant uns 100 metres (50 minuts des del P4).

**El Vaticano**: igual que pel sector *Kalifato* però en arribar als 3 arbres, continueu caminant costa amunt per la vora de la cinglera i després entrant i sortint del llit d'un torrent sec, sempre anant amunt fins que arribareu el punt més elevat de tota la zona propera, on hi trobareu un vèrtex geodèsic. Des d'aquí continueu avall, aviat arribareu a una canal ben pendent. Baixeu amb molt de compte – una relliscada podria tenir conseqüències molt serioses. A la part més pendent de la canal hi ha algunes cordes fixes (una molt vella, l'altra més nova) que us permetran rapelar els metres finals. Un cop a la base de la canal, camineu cap a la dreta (mirant enfora) seguint la paret (no hi ha camí) durant uns 300 metres fins a la base del sector (40 minuts). *Nota:* el pujar i baixar per la canal fa que aquesta aproximació sigui impossible pels gossos i/o no escaladors.

**El Gos***:* igual que pel sector anterior, però a la base de la canal seguiu un corriol una mica perdut cap a l'esquerra (mirant enfora) pel peu de les parets durant uns 100 metres fins a trobar les primeres vies del sector (35 minuts).

**L'Escletxa de Cal Carboner***:* seguiu la TV-3111 cap al poble de Llaberia. Aproximadament uns 280 metres després de passar el senyal del *Km-3* aparqueu en una petita explanada al costat dret de la carretera (P6). Hi ha un cartell d'*Àrea Privada de Caça*. Al P6 només hi caben 2 o 3 cotxes però hi ha un altre pàrquing a la següent corba. Des del P6, seguiu un corriol poc evident (fita al principi) amunt per una zona boscosa i després cap a l'esquerra, passant algunes fites més. Al cap d'uns 150 metres el corriol s'uneix a una pista. Gireu a l'esquerra i seguiu-la uns 160 metres fins on desapareix al costat d'un muntet de pedres que formen una rodona  bastant gran. Continueu en la mateixa direcció, ara per un petit però ben marcat corriol, mantenint-vos al costat de la carena del cingle, on hi ha unes magnífiques vistes de la vall que tenim a sota. Uns 10 minuts després del P6, el camí arriba a la part superior d'una canal vertical i amb molta vegetació. Baixeu-hi fins a trobar un camí més ample que ve de l'esquerra 20 metres més enllà, anireu passant marques blaves i grogues-verdes sobre la roca. Hi ha una corda fixa vella en una de les seccions més difícils. Al peu de la canal hi ha un petit cartell que ens informa de les restriccions de l'escalada en aquesta àrea. Gireu a la dreta (mirant enfora) i seguiu el camí pel peu d'unes impressionants parets. Trobareu algunes vies però part d'aquestes parets estan incloses en la prohibició d'escalar durant tot l'any. Uns 80 metres des de la base de la canal, el camí es divideix: agafeu el trencall dret (pintura blava) que continua pel peu de la paret. A uns 250 metres de la canal, després de passar més vies d'escalada "prohibides", arribareu a un altre senyal informatiu de les restriccions: aquí és on el sector comença (20 minuts). *Nota:* la restricció en aquest sector és del 10 de gener fins el 31 de juliol. El sector immediatament a l'esquerra i a la dreta de la canal — *El Portell de Carreter* (no descrit) té prohibida l'escalada durant tot l'any.

*Mapes a la pàgina 373.*

### Mare de Déu de La Roca — Can Pere Botero

Un sector petit,  excel·lent i inusual que ens ofereix vies de dificultat moderada en una roca d'arenisca magnífica. Val la pena visitar l'ermita i les vistes panoràmiques del paisatge que ens envolta que s'allarguen fins la Mediterrània. El que fa d'aquesta

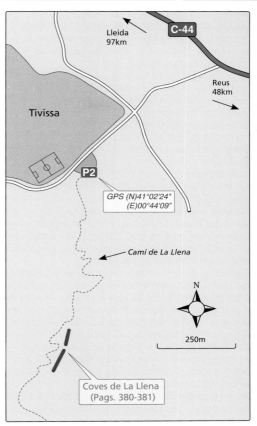

GPS (N)41°02'24"
(E)00°44'09"

*Camí de La Llena*

250m

Coves de La Llena
(Pàgs. 380-381)

zona un conjunt meravellós. Cal tenir en compte que L'ermita és un punt turístic molt visitat: si busqueu tranquil·litat, eviteu els caps de setmana i les vacances.

*Aproximació:* si veniu des de Reus, gireu a la dreta en la rotonda de la T-310 entre els Km 15 i 16 i seguiu la T-323 fins al poble de Mont-roig del Camp. Uns 180 metres des de la rotonda hi ha un encreuament: aneu recte i continueu per la T-322 cap a l'oest (senyalitzat *Falset*). Uns 2.5km després de Mont-roig gireu a la dreta per una carretera estreta seguint els senyals per la *Mare de Déu de La Roca*. Continueu conduint durant uns 900 metres fins a un gran pàrquing (P7) sota l'espectacular Ermita dalt del turó. El totxo d'arenisca del sector de *Can Pere Botero* està al vessant de la muntanya, uns 100 metres per damunt del pàrquing i s'hi arriba per un camí senyalitzat *Mirador/Sender de L'Areny* (1 minut). *Nota:* en aquesta zona hi ha també escalada en bloc de molta qualitat situada una mica més amunt del vessant de la muntanya, per sobre del totxo (senzillament, seguiu el mateix camí).

*Mapa a la pàgina 373.*

***Introduccción:*** Como capítulo final os ofrecemos algo diferente: una pequeña "muestra" de diversas zonas y sectores situados en la *Serra de Tivissa* y la *Serra de Llaberia*, el área más al sur que cubre esta guía.

El paisaje es francamente espectacular, mientras que la escalada es muy variada, con techos y chorreras que complementan el menú habitual de regletas y agujeros de las zonas de Tarragona.

El acceso desde Reus es por la T-310 y desde Cornudella la opción más rápida pasa por Alforja, les Borges del Camp y Riudoms (antes de unirse a la T-310).

### Masriudoms

La increíble *Cova d'en Marian*, situada en unas preciosas colinas justo al norte del pueblo de Masriudoms, impresiona a todo el mundo. Éste no es un sector muy extenso, sólo encontraréis una veintena de vías, pero de gran calidad. Las vías siguen chorreras desplomadas y las más largas pondrán a prueba vuestro nivel de resistencia.

Orientado al sur/sureste y protegido de los vientos del norte, Masriudoms es el lugar perfecto para los fríos días de invierno. Aunque las tardes de verano y primavera, cuando el sol se esconde, también os ofrecerán buenas condiciones. Es uno de los pocos lugares de Tarragona donde podréis escalar mientras llueve, ya que los desplomes os protegerán.

*Nota:* La cueva y su aproximación discurren por terrenos privados, por tanto, es muy importante comportarse adecuadamente.

***Aproximación:*** dejad la C-44 entre los Km-4 y 5 hacia el pueblo de Masriudoms. Seguid la calle principal, *Carrer Major*, por el centro del pueblo e inmediatamente después de pasar una fuente, girad a la derecha por el *Carrer de Sant Josep*. Cuando esta estrecha calle deja el pueblo se convierte en una pista, asfaltada al principio y marcada por una señal *(PRC-90/Riu de Llastres/Mas de L'Abella)*. Continuad aproximadamente 630 metros hasta un aparcamiento a la izquierda de la pista, después de una ancha curva a la izquierda (P1).

A pie, continuad por la pista durante 70 metros y después girad a la derecha por un camino bien marcado y seguidlo durante 370 metros hasta donde se une otra vez a la pista, justo antes de llegar a una antigua masía el *Mas del Cota*. La pista/camino continúa, pasando la masía y desciende hacia el lecho del río (normalmente seco). Entonces girad a la derecha y bajad por el lecho del torrente durante 70 metros antes de girar a la izquierda por un camino bien marcado que sube en zigzag por el bosquecillo hasta la base del sector (15 minutos).

*Mapa en la página 370.*

### Tivissa

Aunque esta zona es más conocida por la escalada clásica, últimamente se ha equipado un excelente sector deportivo de alta dificultad, situado alrededor de las cuevas gemelas de Les Coves de la Llena. Éstas tienen orientación oeste y por tanto os ofrecerán condiciones muy favorables durante los mediodías-tardes de invierno y las mañanas veraniegas.

***Aproximación:*** el pueblo de Tivissa está unos 48km al suroeste de Reus. Dejad la C-44 en la primera señal por Tivissa, continuad recto durante unos 600 metros hasta llegar a la gran área de parking a la izquierda (P2). A pie, seguid un camino excursionista muy bien marcado — el *Camí de La Llena* – hacia las paredes, ignorando otras señales que indican el camino hacia la *Via Ferrata Tormo de la Margarida*. Después de unos 15 minutos de caminata, el camino pasa directamente por debajo de la primera cueva (vías 1-5). La cueva superior, donde se encuentran la mayoría de las vías, está a unos 2 minutos más arriba (15 minutos).

*Mapa en la página 371.*

### Pratdip

En términos de escalada, las espectaculares paredes sobre el pueblo de Pratdip constituyen, sin ninguna duda, la parte "salvaje" de Tarragona. Las primeras vías deportivas aparecieron a principios de los 90, pero debido a la remota situación y a las prohibiciones con motivo de protección de rapaces que habitan en el lugar, el área nunca ha recibido la atención que se merece.

A pesar de estas prohibiciones, todavía quedan algunos magníficos sectores en los que podréis escalar legalmente en parte o todo el año. Las paredes van desde la popular *Paret dels Rappels* al lado de la carretera a otros sectores como *Al Lao Bacalao* y *Plaza Les Coles*, para los cuales se deberá de andar un buen rato. Para los que busquen más grado, *L'Escletxa de Cal Carboner* es una de las paredes más impresionantes de toda la provincia.

*Nota 1:* en el sector *L'Escletxa de Cal Carboner*, aunque los parabolts son mayoritariamente de 12mm (10mm es el normal) la mayoría de las chapas son caseras, fabricadas ya sea con plancha de acero o con ángulo de hierro y no están homologadas por la UIAA.

*Nota 2:* aparte de las vías de la *Paret dels Rappels* muchas de las vías de Pratdip tienen pocas ascensiones y por tanto, la información que damos debe tratarse con mucha precaución.

### Aproximaciones

***Paret dels Rappels***: si os aproximáis a Pratdip desde el sureste por la T-310, justo delante de la segunda entrada al pueblo (a la izquierda), girad a la derecha por una carretera estrecha (en el cruce hay una señal "Art a Pratdip"). Seguid la carretera pasando las señales para el *GR-192/Barranc de les Valls/Coll de la Llena*, durante unos 2.1km y después

*Continúa en la página 374* ▷

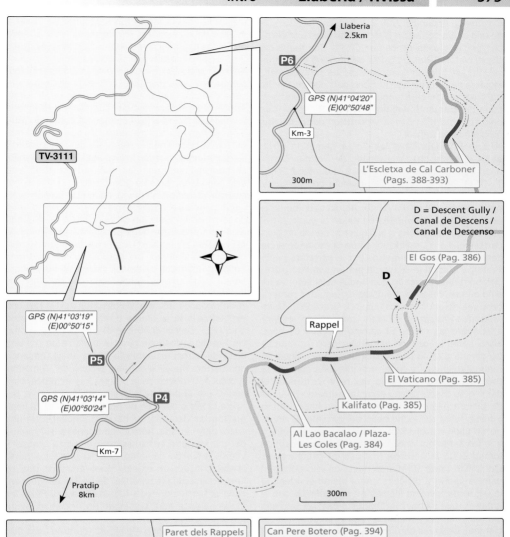

TV-3111

N

Llaberia
2.5km

P6

GPS (N)41°04'20"
(E)00°50'48"

Km-3

300m

L'Escletxa de Cal Carboner
(Pags. 388-393)

D = Descent Gully /
Canal de Descens /
Canal de Descenso

El Gos (Pag. 386)

D

Rappel

El Vaticano (Pag. 385)

Kalifato (Pag. 385)

GPS (N)41°03'19"
(E)00°50'15"

P5

GPS (N)41°03'14"
(E)00°50'24"

P4

Km-7

Al Lao Bacalao / Plaza-
Les Coles (Pag. 384)

Pratdip
8km

300m

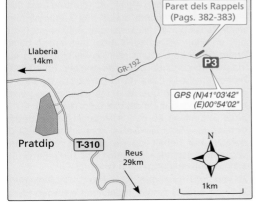

Paret dels Rappels
(Pags. 382-383)

Llaberia
14km

GR-192

P3

GPS (N)41°03'42"
(E)00°54'02"

Pratdip

T-310

Reus
29km

N

1km

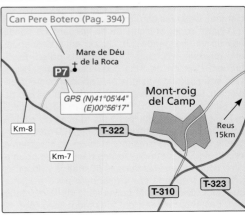

Can Pere Botero (Pag. 394)

Mare de Déu
de la Roca

P7

GPS (N)41°05'44"
(E)00°56'17"

Mont-roig
del Camp

Km-8

T-322

Km-7

Reus
15km

T-310

T-323

◁ *Viene de la página 372*

de una curva cerrada a la izquierda, girad a la derecha por una pista de cemento (hay una señal de *Espai Natural Protegit/Serra de Llaberia* en el cruce). Seguid la pista pasando algunas señales más, algunas de ellas indican la *Paret dels Rappels (Vies d'Escalada)* durante unos 730 metros hasta que pasa directamente debajo el sector. Aparcad debajo la pared (P3) con la precaución de no causar problemas de tráfico.

**Al Lao Bacalao/Plaza les Coles:** seguid la T-311 hacia el oeste desde el pueblo de Pratdip. Continuad durante unos 5km y girad a la derecha por la TV-3111, una carretera de montaña con curvas y estrecha que acaba en el pequeño pueblo de Llaberia, a unos 8km del cruce. Aproximadamente a unos 350 metros después de pasar el punto *Km-7* hay una curva cerrada a la izquierda donde un gran cartel explica las restricciones de la escalada en la zona (P4). Andad 15 metros por la carretera hacia Pratdip y girad a la izquierda por un sendero estrecho pero bien marcado que empieza al lado de un pino que sobresale entre el resto. Seguid el camino, después de unos metros pasaréis una señal *Camí Marrades/Pratdip* y muchas marcas de pintura azul sobre las rocas. El camino a veces es poco claro, como un camino de cabras, pero las marcas de pintura azul lo hacen fácil de seguir. Unos 50 metros después de pasar una pequeña plataforma rocosa (unos 300 metros desde la carretera) el camino se divide: tomad el ramal izquierdo (marcas de pintura azul) siguiendo el camino hacia dentro y hacia fuera del lecho seco del torrente. El camino se vuelve a dividir: un ramal va hacia arriba y a la izquierda por encima de las paredes; vosotros tomad el de la derecha (marcas de pintura azul). Continuad unos 90 metros hasta un hito donde el camino vuelve a dividirse. Aquí tomad el ramal de la izquierda, camino incluso menos definido que el anterior, que va hacia arriba. Este camino, también tiene marcas de pintura azul (que parecen más recientes). Después de unos minutos, el camino llega a la parte superior izquierda de las paredes donde hay un vértice geodésico. Desde aquí, descenderéis rápidamente hasta la base de la pared. En la primera sección de roca que encontramos hay 4 vías equipadas de las que no disponemos de información. Continuad hacia la derecha, por debajo de las paredes (pasando más vías desconocidas pero muy interesantes) siguiendo las marcas de pintura azul. Después de aproximadamente 450 metros llegaréis al impresionante lecho de un río totalmente seco. Seguid las marcas azules hacia abajo por encima de rocas pulidas durante 60 metros y después girad a la izquierda por un sendero poco evidente que sube directamente por la falda de la montaña con bastante vegetación, pasando justo por la

izquierda de una formación rocosa, hasta llegar a la base de los sectores (40 minutos). *Nota:* cuando estos dos sectores se equiparon, a principios de los 90, la aproximación era exclusivamente en rapel. Además, algunas de las vías empezaban desde reuniones colgadas ubicadas inmediatamente por encima de las partes más desplomadas de la pared. Ahora, las instalaciones de rapel se han eliminado y la aproximacion a los sectores es andando. También, se han retirado las reuniones que había a media altura, desde donde algunas vías empezaban, y se han añadido nuevos inicios más directos. A más, se han equipado algunas vías nuevas. Todo esto está muy bien, excepto por el hecho, que por mucho que lo hemos intentado, no hemos podido averiguar quien es el responsable de esto y por lo tanto no tenemos información de estos cambios. Cuando esta información se haga pública informaremos de los detalles en nuestro blog (www.tarragonaclimbs. com). De momento, los grados de las vías más antiguas, que empezaban a media pared y ahora tienen inicios directos, aparecen con un signo de interrogación.

**Kalifato:** unos 300 metros después del P4 hay una explanada a la izquierda de la carretera: aparcad aquí (P5). Caminad 50 metros por la carretera hacia Pratdip y después girad a la izquierda por una pista de cemento. Seguidla hacia abajo, pasando una barrera metálica cerrada al cabo de 15 metros. A unos 450 metros de la barrera hay un cruce: continuad por la pista (ahora sin asfaltar) que va paralela al lecho seco de un río. Cuando la pista llega encima las paredes, va hacia la izquierda en una curva muy cerrada. Aproximadamente a 350 metros del mencionado cruce, la pista empieza a subir y vuelve a ser de cemento, dejadla y dirigíos hacia la derecha por un camino poco marcado que os lleva encima de las paredes (de hecho, estaréis encima de los sectores del *Al Lao Bacalao* y *Plaza les Coles*). Desde aquí continuad ascendiendo, siempre a unos 5-15 metros del borde de las paredes (y a veces, encontrando algún hito) durante unos 250 metros hasta un punto donde hay 3 árboles muy maltratados por las inclemencias del tiempo (aquí hay un hito). Utilizando el árbol más lejano como punto de anclaje y una reunión de alguna de las vías como segundo punto de anclaje, rapelad 30 metros hasta la base de la pared (15 minutos + rapel). *Nota1:* los que no estén seguros de poder hacer V+ deberían de dejar el rapel montado.

*Nota 2:* también se puede llegar al sector desde la base de *Plaza les Coles,* continuando hacia la derecha por debajo de las paredes a través de vegetación espinosa, durante unos 100 metros (50 minutos desde el P4)

**El Vaticano:** igual que para el sector *Kalifato* pero al llegar a los 3 árboles, continuad andando hacia arriba, cerca del borde de las paredes. En un momento dado, introducíos en el lecho seco de un torrente siempre en dirección a una zona rocosa en el horizonte. Cuando estéis arriba del todo (el punto más elevado de toda la zona más cercana) hay un vértice geodésico. Desde aquí continuad hacia abajo y pronto llegaréis a una canal con fuerte pendiente. Bajad con mucho cuidado – un resbalón podría tener consecuencias muy serias. En la parte más baja de la canal hay algunas cuerdas fijas (una muy vieja, otra más nueva) que os permitirán rapelar los metros finales. Una vez en la base de la canal, caminad hacia la derecha (mirando hacia afuera) siguiendo la pared durante unos 300 metros (sin camino ) hasta la base del sector, 40 minutos desde el parking. *Nota:* los perros y/o los no escaladores no podrán subir o bajar por la canal, por lo que esta aproximación es para ellos imposible.

*El Gos:* igual que para el sector anterior, pero una vez en la base de la canal (mirando hacia afuera), seguid un sendero hacia la izquierda un poco perdido por el pie de las paredes durante unos 100 metros, donde encontraréis las primeras vías del sector (35 minutos).

*L'Escletxa de Cal Carboner:* seguid la TV-3111 hacia el pueblo de Llaberia. Aproximadamente a unos 280 metros después de pasar la señal del *Km-3* aparcad en una pequeña explanada al lado derecho de la carretera (P6). Hay un cartel de *Àrea Privada de Caça.* En éste sólo caben 2 o 3 coches pero también podréis aparcar en la siguiente curva. Desde el P6, seguid un sendero poco evidente (hito al principio) hacia arriba por una zona boscosa y después hacia la izquierda, pasando algunos hitos más. Al cabo de unos 150 metros el sendero se une a una pista. Girad a la izquierda y seguidla unos 160 metros hasta donde desaparece en un montículo de piedras circular. Continuad en la misma dirección, ahora por un pequeño pero bien marcado sendero, siempre discurriendo por la parte superior de la pared, que nos ofrece magníficas vistas del valle que tenemos debajo. Unos 10 minutos después del P6 el camino llega a la parte superior de una canal con mucha vegetación. Bajad por ésta hasta encontrar un camino más ancho que viene desde la izquierda al cabo de 20 metros y pasando marcas azules y amarillo/verdes sobre la roca. Hay una vieja cuerda fija en la parte más difícil de ésta. Al pie de la canal hay un pequeño cartel que os informa de las restricciones de la escalada en esta área. Girad a la derecha (mirando hacia afuera) y seguid el camino por el pie de unas impresionantes paredes. Encontraréis algunas vías pero parte de estas paredes están incluidas en la prohibición de escalar durante todo el año. Aproximadamente a unos 80 metros desde la base de la canal, el camino se divide: tomad el ramal derecho (pintura azul) que

continúa por el pie de vía. A unos 250 metros de la canal, después de pasar más vías de escalada "prohibidas", llegaréis a otra señal informativa de las restricciones: aquí es donde empieza el sector (20 minutos). *Nota:* la restricción en este sector es del 10 de enero al 31 de julio. El sector inmediatamente a la izquierda de la canal — el *Portell de Carreter* (no descrito) tiene prohibida la escalada durante todo el año. ***Mapa en la página 373.***

### Mare de Déu de La Roca — Can Pere Botero

Un pequeño sector excelente e inusual que os ofrece vías de dificultad moderada sobre una roca de arenisca magnífica. Merece la pena visitar la ermita y las vistas panorámicas del paisaje que nos envuelve que se alargan hasta el Mediterráneo, convierten esta zona en un conjunto maravilloso. Advertencia: la ermita es un lugar turístico muy visitado, por lo que si buscáis tranquilidad, evitad los fines de semana y los periodos vacacionales.

*Aproximación:* si venís desde Reus, girad a la derecha en una rotonda de la T-310 entre los Km-15 y 16 y seguid la T-323 hasta el pueblo de Mont-roig del Camp. Aproximadamente a unos 180 metros de la rotonda hay un cruce: seguid recto y continuad por la T-322 hacia el oeste (señalizado *Falset).* Unos 2.5km después de Mont-roig, girad a la derecha por una carretera estrecha siguiendo las señales hacia la *Mare de Déu de La Roca.* Continuad conduciendo durante unos 900 metros hasta un gran parking (P7) debajo la espectacular Ermita que se ve encima de la montaña. El tocho de arenisca del sector de *Can Pere Botero* está en la ladera de la montaña unos 100 metros por encima del parking y accederéis a éste por un camino señalizado *Mirador/Sender de L'Areny* (1 minuto). *Nota:* en esta zona hay también escalada en bloque de mucha calidad, situada un poco más arriba de la ladera de la montaña, por encima del tocho donde están las vías (sencillamente, seguid el mismo camino).

***Mapa en la página 373.***

*Homemade Bolt-Hanger/ Plaqueta Casolana/ Chapa Casera* L'Escletxa de Cal Carboner • Pratdip

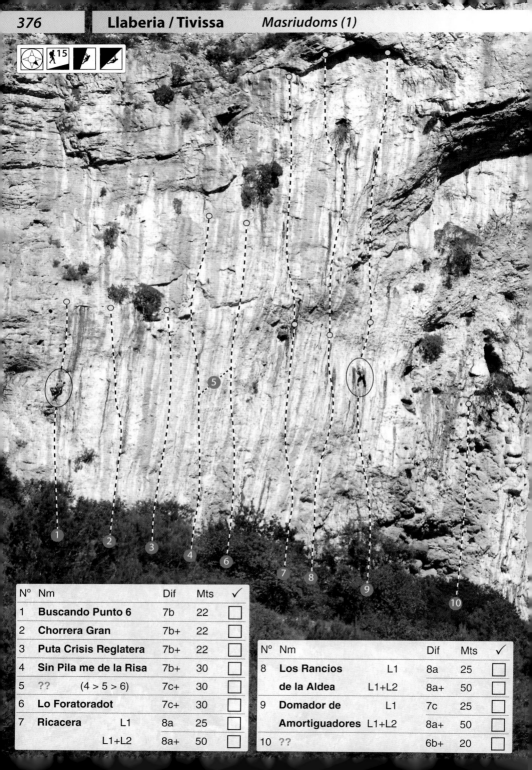

| N° | Nm | | Dif | Mts | ✓ |
|----|-----|-----|-----|-----|---|
| 1 | **Buscando Punto 6** | | 7b | 22 | ☐ |
| 2 | **Chorrera Gran** | | 7b+ | 22 | ☐ |
| 3 | **Puta Crisis Reglatera** | | 7b+ | 22 | ☐ |
| 4 | **Sin Pila me de la Risa** | | 7b+ | 30 | ☐ |
| 5 | **??**   (4 > 5 > 6) | | 7c+ | 30 | ☐ |
| 6 | **Lo Foratoradot** | | 7c+ | 30 | ☐ |
| 7 | **Ricacera** | L1 | 8a | 25 | ☐ |
| | | L1+L2 | 8a+ | 50 | ☐ |

| N° | Nm | | Dif | Mts | ✓ |
|----|-----|-----|-----|-----|---|
| 8 | **Los Rancios** | L1 | 8a | 25 | ☐ |
| | **de la Aldea** | L1+L2 | 8a+ | 50 | ☐ |
| 9 | **Domador de** | L1 | 7c | 25 | ☐ |
| | **Amortiguadores** | L1+L2 | 8a+ | 50 | ☐ |
| 10 | **??** | | 6b+ | 20 | ☐ |

*Lo Foratoradot* (7c+) • Cova d'en Marian
Masriudoms • Javi Alarcón *(Pag. 376)*

Via Ferrata

P1

15 min

| Nº | Nm | | Dif | Mts | ✓ |
|----|----|----|-----|-----|---|
| 11 | **Inhumano al Forn de Pa** | | 6c+ | 20 | ☐ |
| 12 | **Superforn** (10 > 11) | | 7b+ | 30 | ☐ |
| 13 | **Sin P.P.** | | 6c+ | 20 | ☐ |
| 14 | **ATP** (13 > 14) | | 7c | 30 | ☐ |
| 15 | **ATPC** | L1 | 8a | 38 | ☐ |
|    | (13 > 14 > 15) | L1+L2 | 8a+/b | 50 | ☐ |
|    | Proj. | L1+L2+L3 | ?? | ?? | ☐ |
| 16 | **Sandokan** (15 > 16) | | 8b | 60 | ☐ |
| 17 | **Gollum** (13 > 17) | | 7b+ | 30 | ☐ |

| Nº | Nm | | Dif | Mts | ✓ |
|----|----|----|-----|-----|---|
| 18 | **Pinche Lupita** | | 8a | 30 | ☐ |
| 19 | **Corta y Dura** | | 7a+ | 15 | ☐ |
| 20 | **Blokeo Profundo** | | 8b+ | 25 | ☐ |
| 21 | **Ajo Power** | | 8a+ | 25 | ☐ |
| 22 | **Tango Feroz** | | 8a | 25 | ☐ |
| 23 | **Col·lecció de Pops** | L1 | 8b+/c | 25 | ☐ |
|    | | L1+L2 | 8c/+ | 45 | ☐ |

*Ricacera (L1)* 8a
Cova d'en Marian
Masriudoms • Pata *(Pag. 376)*

| N° | Nm | Dif | Mts | ✓ |
|---|---|---|---|---|
| 1 | **Master Crack** | 7b+ | 22 | ☐ |
| 2 | **A la Una a les Dos** (proj) | 8a? | 16 | ☐ |
| 3 | **A les 3 pujo a La Llena** | 7b+ | 16 | ☐ |
| 4 | **A les 4 El Manou** | 7b | 16 | ☐ |
| 5 | **A les 6 a La Devessa** | 7a | 15 | ☐ |
| 6 | **La Pota del Mamut** | 8a+ | 18 | ☐ |
| 7 | **El Jabatillo** | 8a+ | 18 | ☐ |
| 8 | **Graf School** (proj) | ?? | 18 | ☐ |
| 9 | **Finestra d'Actuació** (proj) | ?? | 25 | ☐ |
| 10 | **Que Vingi el Bou** | 8b | 18 | ☐ |

| N° | Nm | Dif | Mts | ✓ |
|---|---|---|---|---|
| 11 | **Santa Oliva Forever** | 8a+ | 16 | ☐ |
| 12 | **Tivissa Forever** | 7c+ | 20 | ☐ |
| 13 | **??** | 7c+ | 23 | ☐ |
| 14 | **??** | 7c | 18 | ☐ |
| 15 | **Te Veo Verde** | 7b | 20 | ☐ |
| 16 | **Biógrafo** | 8a+/b | 22 | ☐ |
| 17 | **El que no corre Vola** (proj) | 8a? | 22 | ☐ |
| 18 | **Variant** | 7c | 22 | ☐ |
| 19 | **El Cant del Gall** | 7a | 20 | ☐ |
| 20 | **La Leona** | 7a+ | 18 | ☐ |
| 21 | **En Busca del León Rojo** | 7b | 18 | ☐ |
| 22 | **Bimbo Pong** | 7b | 17 | ☐ |
| 23 | **La Puta Enveja** | 8a+ | 28 | ☐ |
| 24 | **La Paparreta** | 6b+ | 15 | ☐ |

Pratdip 2.8km

P3

| N° | Nm | Dif | Mts | ✓ |
|----|------|--------|-----|---|
| 1 | ?? | V | 15 | ☐ |
| 2 | ?? | 6a | 15 | ☐ |
| 3 | ?? | 6a | 15 | ☐ |
| 4 | ?? | V+/6a | 15 | ☐ |
| 5 | ?? | V+/6a | 15 | ☐ |
| 6 | ?? | ?? | 15 | ☐ |
| 7 | **Onofre** | 6a | 15 | ☐ |
| 8 | ?? | 6a/+ | 15 | ☐ |
| 9 | ?? | 6a+/b | 15 | ☐ |
| 10 | **Octubre** | 6a | 17 | ☐ |
| 11 | ?? | 6c+/7a | 18 | ☐ |
| 12 | ?? | 6a | 18 | ☐ |
| 13 | ?? | 6a | 18 | ☐ |
| 14 | ?? | V | 20 | ☐ |
| 15 | ?? | 6c/+ | 20 | ☐ |
| 16 | ?? | 6c | 20 | ☐ |
| 17 | ?? | 6a | 20 | ☐ |
| 18 | ?? | 6a+/b | 22 | ☐ |
| 19 | ?? | 6a | 22 | ☐ |

*Pratdip • Serra Llaberia*

L'Escletxa de Cal Carboner
(Pags. 388-393)

| N° | Nm | Dif | Mts | ✓ |
|----|----|-----|-----|---|
| 1 | **Pretendiente y con Carrera + Ent. Directa** | 7b? | 33 | ☐ |
| 2 | **Coitus Interruptus** | 7a | 35 | ☐ |
| 3 | **Chapi, Chapa la Chapa** | 7a+ | 35 | ☐ |
| 4 | **??** | ?? | 35 | ☐ |
| 5 | **??** | ?? | 30 | ☐ |
| 6 | **??** | ?? | 30 | ☐ |
| 7 | **??** | ?? | 35 | ☐ |
| 8 | **La Cantinera + Ent. Directa** | ?? | 35 | ☐ |

| N° | Nm | Dif | Mts | ✓ |
|----|----|-----|-----|---|
| 9 | **El Mesonero + Ent. Directa** | 7b+? | 38 | ☐ |
| 10 | **Martínez el Facha + Ent. Directa** | 7a+? | 35 | ☐ |
| 11 | **Cantos Vascos + Ent. Directa** | 6c+? | 35 | ☐ |
| 12 | **Esperó Mohame** L1 6b+, L2 6a+ | 6b+ | 35 | ☐ |
| 13 | **Abadie** | 6a | 18 | ☐ |
| 14 | **En Montañejos están más Lejos** | 6c+/7a | 33 | ☐ |
| 15 | **Miami Country** | 7b | 32 | ☐ |

Access by Rappel
Accés en Rappel
Acceso en Rappel

P5 15 min

Kalifato

16

17 18 19

20   21

| N° | Nm | Dif | Mts | ✓ |
|---|---|---|---|---|
| 16 | **Tú, no quire Na?** | V+ | 25 | ☐ |
| 17 | **Tú, no quire bixa, Paisa?** | V+ | 15 | ☐ |
| 18 | **Tú no quire na, Paisa?** | V+ | 15 | ☐ |
| 19 | **Bueno, Bonito, Barato** | V+ | 15 | ☐ |
| 20 | **Jhálame el Cus-Cús** | 6c+ | 25 | ☐ |
| 21 | **Salam Pratdip** | 7a | 25 | ☐ |
| 22 | **El Vicario** | 7a | 25 | ☐ |
| 23 | **Sang i Sac** | 7c | 28 | ☐ |
| 24 | **El Sibarita** (proj) | 8? | 25 | ☐ |

A
E
S
**ASSOCIACIÓ D'ESCALADA**
**SOSTENIBLE**

El Vaticano

23

24

Descent Gully
Canal de Descens       250m
Canal de Descenso

50m      22

| N° | Nm | Dif | Mts | ✓ |
|----|-----|-----|-----|---|
| 1 | **Mi Torero tiene Gafas** | 7b+ | 20 | ☐ |
| 2 | **L'Home dels Caramels** | 7b | 25 | ☐ |
| 3 | **Canne Canina** | 7b+ | 25 | ☐ |
| 4 | **??** | 6b | 28 | ☐ |
| 5 | **He, Ma de Lo Ma** | 6b | 30 | ☐ |

| N° | Nm | Dif | Mts | ✓ |
|----|-----|-----|-----|---|
| 6 | **He, Ma Peó** | 6a+ | 30 | ☐ |
| 7 | **He, Ma Mejó** | 6a | 30 | ☐ |
| 8 | **Natural Místic** (proj) | 7c+? | 30 | ☐ |
| 9 | Proj. | 8a? | ?? | ☐ |
| 10 | ?? | 7b+ | 20 | ☐ |

28-35 (Pag. 393)

11 - 18 (Pag. 390)

19 - 27 (Pag. 391)

1 - 10

 = ✕ 10 Jan - 31 Jul

| N° | Nm | | Dif | Mts | ✓ |
|---|---|---|---|---|---|
| 1 | **Energie Renouvelable** | | 7c+/8a | 35 | ☐ |
| 2 | **État d'Espirit** | | 7c+ | 35 | ☐ |
| 3 | **Espirit d'État** | L1 | 7c+ | 18 | ☐ |
| | | L1+L2 | 7c+ | 34 | ☐ |
| 4 | **La Guerre** | L1 | 6c+ | 18 | ☐ |
| | **a la Luna** | L1+L2 | 7c+ | 34 | ☐ |
| 5 | **Asset sur Image** | | 7c | 34 | ☐ |
| 6 | **La Parte des Coulairs du Temps** (proj) | | ?? | 32 | ☐ |
| 7 | **Le Plaisir et l'Angoisse** | | 7c+ | 25 | ☐ |
| 8 | **Los Gabachos** | | 7c+ | 25 | ☐ |
| 9 | **King of Bongo** | | 8a/+ | 27 | ☐ |
| 10 | **Olor de Porchezigas** | | 7b+ | 25 | ☐ |

| Nº | Nm | | Dif | Mts | ✓ |
|---|---|---|---|---|---|
| 11 | **Le Voleur** | L1 | 6c+ | 15 | ☐ |
| | **de Vuillet** | L1+L2 | 7c | 30 | ☐ |
| 12 | **Wawanko** | L1 | 6b+ | 15 | ☐ |
| | | L1+L2 | 7b | 30 | ☐ |
| | | L1+L2+L3 | 7c+ | 35 | ☐ |
| 13 | **Patchanka** | L1 | 6a+ | 15 | ☐ |
| | | L1+L2 | 7c+ | 35 | ☐ |
| 14 | **Cuidado al Bonzai** | | 6a | 15 | ☐ |

| Nº | Nm | | Dif | Mts | ✓ |
|---|---|---|---|---|---|
| 15 | **Diedre Suspendu** | L1 | 7c | 35 | ☐ |
| | | L1+L2 | 8a | 45 | ☐ |
| 16 | **Une Dose de EPO** | L1 | 7a+ | 18 | ☐ |
| | | L1+L2 | 8a+ | 40 | ☐ |
| 17 | **Rififi au Tour** | L1 | 7b | 25 | ☐ |
| | **de France** | L1+L2 | 8a | 35 | ☐ |
| 18 | **Viva Festina** | L1 | 7b | 18 | ☐ |
| | | L1+L2 | 8a | 40 | ☐ |

| N° | Nm | | Dif | Mts | ✓ |
|----|----|----|----|----|----|
| 19 | 3ème Millénaire | L1 | 7c | 30 | ☐ |
| | | L1+L2 | 8a | 45 | ☐ |
| 20 | Un Monde du Brutes | | 8a+ | 40 | ☐ |
| 21 | La Voie du Siècle | | 8a | 42 | ☐ |
| 22 | La Reina de las Columnas | | 8a | 35 | ☐ |
| 23 | ?? (22 > 23 > 24) | | 8a+ | 35 | ☐ |

| N° | Nm | Dif | Mts | ✓ |
|----|----|----|----|----|
| 24 | La Guapa en Peligro | 8a | 35 | ☐ |
| 25 | Monzón | 7c/+ | 32 | ☐ |
| 26 | Paraíso de los Limpiadores | 7b+ | 32 | ☐ |
| 27 | Le Fernec | 7b/+ | 25 | ☐ |

P5 20 min

= 10 Jan - 31 Jul

*La Reina de las Columnas* 8a
L'Escletxa de Cal Carboner • Pratdip
Mariona Martí *(Pag. 391)*

= ✖ 10 Jan - 31 Jul

| Nº | Nm | | Dif | Mts | ✓ |
|----|----|----|-----|-----|---|
| 28 | **La Mort de Près** | | 6c/+ | 28 | ☐ |
| 29 | **Clandestino** | | 6b/+ | 35 | ☐ |
| 30 | **EZLN** | L1 | 5+ | 30 | ☐ |
| | | L1+L2 | 6a | 50 | ☐ |
| 31 | **Les Bobos** | L1 | 5+ | 25 | ☐ |
| | | L1+L2 | 6a | 40 | ☐ |

| Nº | Nm | | Dif | Mts | ✓ |
|----|----|----|-----|-----|---|
| 32 | **L'Odyssée du passeur d'aùrores** | | ?? | 35 | ☐ |
| 33 | **Fourchelongue** | L1 | 6a | 35 | ☐ |
| | | L1+L2 | 6a | 50 | ☐ |
| 34 | **Zone d'Impact** | L1 | 6b | 22 | ☐ |
| | | L1+L2 | 6b | 45 | ☐ |
| 35 | **Crépescule** | L1 | ?? | 22 | ☐ |
| | **Nuclaïre** | L1+L2 | ?? | 45 | ☐ |

| Nº | Nm | Dif | Mts | ✓ |
|----|----|-----|-----|---|
| 1 | **Conill de Rocabruna** | 4 | 12 | ☐ |
| 2 | ?? | 3+ | 12 | ☐ |
| 3 | **Dolce & Gabbana** | 4 | 14 | ☐ |
| 4 | ?? | 4+ | 14 | ☐ |
| 5 | ?? | 4+ | 14 | ☐ |
| 6 | ?? | 5+ | 14 | ☐ |
| 7 | **Sala de la Cruz** | 6a+ | 14 | ☐ |

Totxo "Can Pere Botero"

Mare de Déu de la Roca

Can Pere Botero

VAUDE
The Spirit of Mountain Sports

EDELRID

The following is a list of people who have equipped or re-equipped routes listed in this guidebook. Some climbers record their routes using their full names; others prefer to be known solely by their christian, or even nick-names. Bold text indicates a major activist in a zone i.e. someone who has equipped 10 or more routes. The list also includes the names of people who, while not involved in the actual bolting of a particular climb, may have assisted in other ways — cleaning, etc. To those we have inadvertently missed off the list entirely, please accept our deepest apologies.

La següent llista reprodueix els noms dels equipadors o re-equipadors de les vies incloses en aquesta guia. Alguns escaladors no utilitzen els seus noms complerts; altres només el primer nom o fins i tot un motiu. El text en negreta indica que es tracta d'un equipador "principal", per exemple, algú que ha equipat 10 o més vies. La llista també inclou els noms de persones, que encara que no hagin estat involucrats en l'equipament, han col.laborat d'una altra manera - netejant, etc. A aquells que sense voler ens hem descuidat, accepteu les nostres més sinceres disculpes.

La siguiente lista representa a la gente que a equipado o reequipado vías incluídas en esta guía. Algunos escaladores usan su nombre y apellidos, otros solo el nombre y otros incluso un apodo El texto en negrita indica un equipador "principal" de la zona, por ejemplo, con 10 o más vías. La lista también incluye los nombres de los que, aún sin estar involucrados en el equipamiento de vías, han ayudado de otra forma - limpiando, etc... A los que nos hemos olvidado de mencionar, nuestras más sinceras disculpas.

*LA RIBA:* F. Alegre • P. Alegre • J. Banzo • **J. Besora** • X. Besora • A. Bonet • J. Cabau • R. Castellví
**J. Chaparro** • A. Cortés • P. Diañez • P. Duret • S. Figuerola • J. Grau • X. Hombrado • José Luis • J. Magriñà
Q. Magriñà • J. Macias • **P. Masip** • A. Melendez • J. Olivé • F. Peña • J. Picanyol • J.M. Plana
P.X. Porta • A. Renom • J. Robles • J. Saez • J. Santacana • S. Solé • **J. Vallvé** • Wuicho

*ELS COGULLONS:* A. Bayonas • **J. Besora** • P. Besora • **D. Brascó** • A. Campo • **J. Olivé** • **M. Sanromà**

*EL PENITENT:* Alex • **J. Besora** • A. Cabeza • R. Castellví • D. Ferrer • Jonathan • J. Magriñà • J. Martí
D. Mestres • P. Poblet

*MONT-RAL:* O. Albertí • L. Alfonso • A. Alonso • **P. Bagué** • D. Brascó • J. Cano • D. Casulleres • R. Català
J.Duran • **S. Eudald** • P. Farré • **J. Feliu** • M. Ferrer • D. Ferrer • H. Ferrer • C. Gascó • N. Gel • P. Gorjao
**T. Itxart** • Jan • Jenny • Jimi • M. Jubete • T. Lozano • Ma. José • J.M. Macias • A. Martí • J.C. Martin
I. Martínez • P. Masip • F. Mora • J. Moro • **J. Naranjo** • Nell • J. Olmo • **P. Pascual** • Pepe • O. Pie • X.Pie
J. Pijoan • A. Pomar • G. Pujal • Ramonet • R. Reina • René • L. Reverté • M. Riera • Roser • Salva
M. Segura • Shiva A. Simon • O. Solé • J. Soler • X. Teixidó • Toni • Txalmet • **E. Viana** • Willy • Xavi • Yuri

*LA MUSSARA:* S. Alegre • P. Alegre • C. Alegre • L. Alfonso • A. Alonso • J. Artigas • P. Bagué • A. Ballart
Q. Barberà • J. Besora • S.Bielsa • P. Boixadós • C. Brascó • J. Cano • **M. Capdevila** • J.E. Castellnou
**J. Chaparro** • Chiri • P. Diañez • B.V. Dierendonik • Dolores • M. Durán • J. Durán • P. Duret • R. Enric
A. Esterich • J. Farré • P. Farré • J. Feliu • C. Fortea • J. García • C. Gascó • J. Gasset • F. Gel • P. Gorjao
T. Götz • J. Grau • J. Guerrero • M. Jubete • J. Luis • A. Martinez • **I. Martinez** • J.Mas • P. Masip • **A. Mateu**
F. Mora • J. Padrell • J. Palau • P. Pascual • R. Pelegrina • X. Pie • O. Pie • J. Pijuan • B. Piñón • Pochas
A. Queralt • P. Reina • R. Rei • René • L. Reverte • R. Riera • J. Saenz • A. Salmerón • J. Salvador
V. Sánchez • Sancho J. Sans • M. Segura • J. Serra • Shiva • J.Solé • Takashi • C. Trujillo • Q. Ugidos
**J. Vallvé** • E.Viana • J. Wenceslao • M. Whysser

*VILANOVA DE PRADES:* O. Alcaraz • **P. Bagué** • P. Camacho • Catx • Cesar • **V. Fernández** • **S. García**
**T. Guíu** • **X. Guíu** • C. Jove • R.Jove • **Kik** • M. Martí • T. Menasanch • J. Morales • R. Navidad • Paco • Pau
**S. Rodriguez** • X. Sabadell • Teti • **D. Viladrich** • X. Villanueva

*MONTSANT:* Àlex • D. Andrada • **T. Arbonés** • Boris • **D. Brascó** • C. Brascó • N. Caçador • E. Camacho
P. Carod • M. Cercós • N. del Rio • Endika • **J. Feliu** • A. Ferré • S. García • Ò. Giménez • O. Gonfaus
G. Juncosa • **Kik** • **J. Lara** • **J. Llasera** • I. Martínez • P. Masip • A. Melendez • Mercé • F. Miló • M. Miranda
F. Mora • P. Ortega • P. Pascual • Pata • R. Povedano • M. Richard • **M. Riera** • M.L. Romero
**Q. Santacatalina** • G. Seoane • Sergio G • **L. Triay** • Txell • T. Vila

**SIURANA:** **T. Albero** • L. Alfonso • J. M. Alsina • **D. Andrada** • M. Aranda • **T. Arbonés** • Baldiri • A.Batalla
M. Bock • N. Bohigues • P. Boixadós • Boris • **D. Brascó** • **C. Brascó** • S. Brulles • **E. Burgada** • J. Cabau
N.Campillo • O. Cañellas R. Cano • **M.Cardona** • P. Carod • J.C. Castellví • R. Català • M. Cercós
**J. Chaparro** • J. Ciller • J. Coll • S. Corominas • I. Cortés • E. Corull • N. del Rio • M. Diethelm • **Endika**
E. Enguita • R. Enric • E. Español • **V. Esteve** • Fali • P. Farré • J. Feliu • V. Fernández • I. García • S. Garcia
J. Gasset • **Ò. Giménez** • J. Giner • O. Gonfaus • T. Götz • J. Grau • J. Guianchini • Y. Hirayama • G.Hörhager
**A. Huber** • A. Ibáñez • J. Jané • Joshi • **Kik** • A. Killenbraun • Kroma • **J. Lara** • S.Llorenç • A. Lopez
M. Lozano • J. Macias M. • Maeso • **V. Mans** • Martin • I. Martinez • O. Mas • J. Massana • T. Massana
M. Millan • M. Miranda • J. Morales • Moro • D. Muñoz • F. Muñoz • J. Naranjo • Néstor • Noe • J. Olivé
D. Orpinell • A. Pamplona • M. Pascual • **Pata** • Pedro • L. Penin • D. Pentinat • A. Pérez • R. Planells
P.X.Porta • Q. Puertas • C. Pujadas • A. Queralt • M. Quevedo • Rastafish • M.T. Richart • J.M. Roelofs
C. Rosell • J. Rustullet • J. Saez de Pablo • P. Salvatella • P. Schäffler • J.M. Sedó • M. Segura • C. Seidel
C. Sharma • J. Solá • C. Soler • Sutri • D. Teijeiro • M. Torroella • J.M. Toset • L. Triay • J.M. Trin-thieu
A. Van Der Horst • J. Wenceslao • M. Wiser

**ARBOLÍ:** Aisit • Alba • Anabel • T. Albero • P. Alegre • Àlex • **Álvaro** • P. Bagué • Bernardo • D. Brascó
J. Carbó • **M. Cardona** • Carlos • **P. Castro** • D. Casulleres • Daniel • **Domènech** • M.Domingo • **Enano**
Endika • Esteve • **J. Feliu** • Ferran • D. Ferrer • Flor • J. Gasset • Ò. Giménez • O. Gonfaus • **X.Granell**
Guille • W. Hamuz • Hilari • Q. Iborra • Isa • Jennie • Joan • J. Juncosa • **Kik** • P. López • Magec • Manolo
Manu • Mari Luz • P. Mauriño • Miquelet • Mercè • Moises • **F. Mora** • Moro • Oriol • Oscar • **Pedrin**
F. Peñas • Pere • Pierre • Pipeta • A.Queralt • **M. Riera** • M. Ruiz • Salva • Samba • A.San Juan • A.Segura
J.Serrano • Sergio • Tom • Toni • Txalmet • Vago • E. Vianna • T. Vila

**MARGALEF:** Agustí • T. Albero • H. Alemán • **D. Andrada** • J. Ballester • P. Barbero • C. Barril • C. Bernat
M. Bock • E. Bou • D. Brascó • M. Cabestany • O. Cañellas • M. Cardona • M. Carasol • **A. Cortés** • Darío
David • Doménech • **V. Fernández** • P. Forés • D. Fuertes • D. Gambus • **O. Giménez** • P.Girard • **Guill**
Guillermo • Ignasi • Isaac • Jaume • Juanjo • Kiku • J. Lara • R. Lara • Magí • Maribel • Mikel • Miquel
V. Montilla • R. Moulin • S. Muñoz • Olga • T. Ortiz • **V. Palau** • Penya Lerisda • Pepe • A. Pérez • I. Pou
**J. Pou** • Remko • **J. Ribera** • A. Ribera • Q. Santacatalina • **C. Sharma** • L. Triay • **Txaku** • J. Vargas
G.M Vendrell • Xavi

**LLABERIA/TIVISSA:** D. Andrada • T. Arbonés • D. Brascó • **M. Cardona** • **J.E. Castellnou** • **J. Chaparro**
D. de la Cruz  Ò. Giménez • **D. Grimal** • Kik • J. Macias • **I. Martínez** • Manolo • Pata • Fernando Pieruz
C. Rosell • A. Sala • J. Vallvé

*Patagucci* 6c/+
Ca L'Onassis • Siurana
Miriam Caravaca *(Pag. 203)*

*Soliombra* 6b
La Penya Darrera El Piló
La Riba • Quico Magriñà *(Pag. 41)*

*Chorrera Gran* 7b+
Masriudoms
Samuel Joubert *(Pag. 376)*

Batusi IV+
Penya Roja • La Biba
Laura Cortés

*El Tango del Jabalí* 8b+
Racó de Les Espadelles
Margalef • Òscar Giménez *(Pag. 335)*

*El Premio 7b+*
*Can Piqui Pugui • Siurana*
*Maria Kirchner (Pag. 223)*

*Elegosentrik* 6a+
Lo Soterrani • La Mussara
Andy Sinclair *(Pag. 127)*

*Brut com Un Xino* 6a+
La Penya Darrera El Piló
La Riba • Rebeca *(Pag. 41)*

*Ricacera (L1)* 8a
Masriudoms
Luis Justamante (Pag. 376)

*The Beautiful People* 8a
La Catedral • Margalef
Dani Andrada *(Pag. 349)*

**Siurana**
(N. Campo, D. Brascó 2010)

**Guia d'Escalades a Siurana**
(T. Arbonés, M. Caravaca 2009)

**Montsant - Vertiente Sur**
(Supercrack Ed. 2009)

**Arbolí**
(Supercrack Ed. 2002)

**Escalades en Mont-ral y La Mussara**
(Supercrack Ed. 2001)

**Bloc - Muntanyes de Prades**
(Màrius Riera, Jordi Feliu)

**Arbolí**
(Endika, X. Granell 2012)

**La Mussara**
(Refugi La Mussara)

**Margalef**
(J. Pou)